GESCHLECHT MACHT KARRIERE IN ORGANISATIONEN

efas
economics feminism and science

Gertraude Krell
Daniela Rastetter
Karin Reichel (Hg.)

GESCHLECHT MACHT KARRIERE IN ORGANISATIONEN

Analysen zur Chancengleichheit
in Fach- und Führungspositionen

Mit einem Beitrag zu zehn Jahren efas-Netzwerk
von Heidrun Messerschmidt

edition sigma

Bibliografische Information der Deutschen Nationalbibliothek

Die Deutsche Nationalbibliothek verzeichnet diese
Publikation in der Deutschen Nationalbibliografie;
detaillierte bibliografische Daten sind im Internet
über http://dnb.d-nb.de abrufbar.

ISBN 978-3-8360-3583-5

© Copyright 2012 by edition sigma, Berlin.

Alle Rechte vorbehalten. Dieses Werk einschließlich aller seiner Teile ist urheberrechtlich geschützt. Jede Verwertung außerhalb der engen Grenzen des Urheberrechtsgesetzes ist ohne schriftliche Zustimmung des Verlags unzulässig und strafbar. Das gilt insbesondere für Vervielfältigungen, Mikroverfilmungen, Übersetzungen und die Einspeicherung in elektronische Systeme.

Umschlagillustration: © Yvonne Prancl – Fotolia.com

Druck: Rosch-Buch, Scheßlitz   Printed in Germany

Inhalt

Das Ökonominnen-Netzwerk efas – *economics, feminism and science* 7
Zehn Jahre mit dem Blick auf die Frauen und die Geschlechtergerechtigkeit in der Ökonomie
Heidrun Messerschmidt

Einleitung 11
Gertraude Krell, Daniela Rastetter, Karin Reichel

„Geschlecht", „Führung", „Karriere" und deren Verschränkungen als diskursive Fabrikationen 17
Gertraude Krell

Wichtig? Unwichtig? Welche Rolle spielt Geschlecht in der Karriere? 41
Anett Hermann, Guido Strunk

Die Berufseinmündung von Absolventinnen und Absolventen wirtschaftswissenschaftlicher Studienrichtungen 59
Susan Ulbricht

Berufliche Geschlechtersegregation und Verdienste in Führungspositionen 81
Anne Busch, Elke Holst

„Women on Boards" 99
Wie kann Deutschland von Norwegen lernen?
Katrin Hansen, Andrea D. Bührmann, Vibeke Heidenreich

Frauen in Aufsichtsräten 123
Status quo, Erklärungen, Implikationen
Jana Oehmichen

Geschlechtsunterschiede in der Verhandlungsführung – Schlüssel für die Karriere? 139
Andrea Ruppert, Martina Voigt

„... und schon gar nicht Tränen einsetzen" 157
Gender, Emotionsarbeit und Mikropolitik im Management
Doris Cornils, Daniela Rastetter

(Betriebliches) Demographiemanagement als (mikro-)politische Arena 179
Eine Chance für mehr Geschlechtergerechtigkeit?
Karin Reichel

Verzeichnis der AutorInnen 202

Das Ökonominnen-Netzwerk *efas – economics, feminism and science*
Zehn Jahre mit dem Blick auf die Frauen und die Geschlechtergerechtigkeit in der Ökonomie

Heidrun Messerschmidt

Das Ökonominnen-Netzwerk *efas*[1] setzt mit dieser Publikation die Tradition fort, interdisziplinäre Forschung mit Geschlechterbezug aus verschiedenen Perspektiven der Fachdisziplinen Volkswirtschaftslehre und Betriebswirtschaftslehre zu diskutieren. *efas* versteht sich als ein deutschsprachiges Netzwerk von Ökonominnen und Wissenschaftlerinnen aus angrenzenden Disziplinen, für die Geschlecht als strukturierende und strukturierte Kategorie eine wichtige wirtschafts- und gesellschaftspolitische Bedeutung hat. Auch bildet Geschlecht als vertikale und horizontale Dimension der (Re-)Produktion von sozialer Ungleichheit die Basis für den aktuellen Diskurs und die Vernetzung von Wirtschaftsakademikerinnen, die in Lehre, Forschung und Praxis tätig sind.

Ein zentrales Anliegen von *efas* war und ist deshalb der fachliche Austausch, um Geschlechterfragen an der Schnittstelle von Wissenschaft und Praxis systematisch aufzubereiten, Ansätze aus der Frauen- und Geschlechterforschung in anderen Disziplinen zu integrieren und Frauen aus verschiedenen Statusgruppen in ihrer Profession zu unterstützen (vgl. Andresen 2007). Seit nunmehr zehn Jahren dokumentieren und kommentieren die Mitglieder von *efas* die Befunde zur Heterogenität und Komplexität von Geschlecht als Querschnittskategorie in kritischen und feministischen Analysen auf der gesellschaftlichen, institutionellen und individuellen Ebene – und forschen auch selbst in diesem Feld. Ein kritisch-feministischer Blick auf die Entwicklungen in der Wirtschaft und in den Wirtschaftswissenschaften ist genauso erforderlich wie vor zehn Jahren. In der Politik, der Wirtschaft und in der breiten Öffentlichkeit wird noch immer kontrovers über die Wirksamkeit von Frauenförderung und Gleichstellungspolitik diskutiert. Beispielgebend hierfür ist der vielfach emotional besetzte Disput zur Einführung einer Frauenquote in der Wirtschaft und über den Anteil von Professorinnen an Hochschulen. Der Frauenanteil lag mit einem geringen Anstieg bei den Führungskräften in Deutschland im Jahr 2010 bei 27,7 Prozent (Statistisches

---

[1] Vgl. dazu auch die Internetpräsenz des Ökonominnen-Netzwerks: efas: http://efas.htw-berlin.de/ [16.01.2012].

Bundesamt 2011) und bei den hauptberuflichen Professorinnen bei 18,2 Prozent (Statistisches Bundesamt 2010). Diese Fakten begründen einmal mehr den Handlungsbedarf.

Wir verstehen das Netzwerk *efas* als eine Institution, in der Vielfalt in methodischer, disziplinärer und paradigmatischer Hinsicht einen Platz hat und der Marginalisierung von Geschlecht gemeinsam entgegnet werden kann. Die Kompetenzen der Mitglieder beruhen auf dem Expertinnenwissen zu ökonomischen Fragen verbunden mit Geschlechterfragen. In diesem Sinn sehen sich die Mitglieder des Netzwerks als Multiplikatorinnen an der Schnittstelle von Wissenschaft, Wirtschaft und Politik.

Geschlechterbezogene Strukturen und Stereotypisierungen, die im sozialen Handeln ihre Ausprägung finden, wurden auf den vorangegangenen *efas*-Fachtagungen unter anderem im Kontext der Feminisierung von Erwerbsarbeit, beruflicher Segregation, gläserner Decke und den damit verbundenen geringen Aufstiegschancen von Frauen, der Lohnungleichheit, der Vereinbarkeit von Beruf und Familie, des demographischen und sozialen Wandels sowie der Marginalisierung von Geschlechteraspekten in Lehre und Forschung thematisiert – jeweils mit den entsprechenden Implikationen für die Wirtschaftswissenschaften, die Wirtschaft, die Politik und die Gesellschaft. Schon vor der Gründung von *efas* im Jahr 2000 fand ein reger wissenschaftlicher Austausch unter kritischen Ökonominnen und anderen Sozial- und Geisteswissenschaftlerinnen zu Geschlechteridentitäten und deren (De-)Konstruktionen, zu (Re-)Traditonalisierungs- und Modernisierungstendenzen statt, der im Anschluss daran im Rahmen des Netzwerks gebündelt werden konnte. Die weitgehend asymmetrische Geschlechterordnung in Organisationen und deren Ursachen und Wirkungsmechanismen werden von den *efas*-Frauen ebenso wissenschaftlich untersucht und aufbereitet wie die Vernachlässigung, Marginalisierung oder auch Essentialisierung der sozialen Kategorie „Geschlecht" in der Wirtschaft und den Wirtschaftswissenschaften sowie den angrenzenden Wissenschaftsdisziplinen.

Dieser Sammelband ist die vierte Publikation des efas-Netzwerks.[2] Seine Beiträge führen den Leserinnen und Lesern zum einen eine Momentaufnahme der Vielfältigkeit der wissenschaftlichen Vorträge auf der *efas*-Jahrestagung 2011 vor Augen und geben zugleich einem breiteren Publikum einen Einblick in den aktuellen Forschungsstand zu „Geschlecht – Karriere – Organisation". Zum anderen können so die wissenschaftlichen Ergebnisse der Projekte im Nachklang der Tagung detaillierter dargestellt und auch gerahmt werden.

Das Netzwerk *efas* hebt durch seine Arbeit gleichermaßen die Bedeutung der Karriereplanung, der Beseitigung von Barrieren und den Anspruch auf eine kontinuierliche Karriereentwicklung von Frauen hervor. Seit dem Jahr 2008 gibt

---

2 Die anderen *efas*-Publikationen sind im Literaturverzeichnis angeführt.

es ein institutionalisiertes Projekt der Nachwuchsförderung, das einem jährlichen Rhythmus folgt: Auf jeder *efas*-Tagung wird der *efas*-Nachwuchsförderpreis verliehen. Der Preis stellt eine wichtige Form der Anerkennung für exzellente wirtschaftswissenschaftliche Abschlussarbeiten auf dem Gebiet der Frauen- und Geschlechterforschung dar, die von Nachwuchswissenschaftlerinnen verfasst wurden. Die Doppelfunktion des Preises besteht darin, dass sowohl die wissenschaftliche Analyse geschlechtsspezifischer Fragestellungen verbunden mit einer kritischen Auseinandersetzung mit dem Mainstream der Fachdisziplin als auch gleichzeitig die Motivation für die Fortsetzung der wissenschaftlichen Karriere gestärkt werden sollen. Der Preis wird in Erinnerung an *Angela Fiedler*, ehemalige Professorin an der damaligen Fachhochschule für Technik und Wirtschaft, Berlin, verliehen, die als Mitinitiatorin des *efas*-Netzwerks sehr engagiert war und bis zu ihrem Tod im Jahr 2007 die Geschäftsstelle geleitet hat.

Der im Jahr 2008 neu gegründete Wissenschaftliche Ausschuss von *efas* setzt sich fortlaufend mit der inter- und transdisziplinären geschlechtsbezogenen Wissensproduktion und dem Wissenstransfer auseinander. Seine Mitglieder sehen ihren Arbeitsschwerpunkt in der wissenschaftlichen Ausrichtung des Netzwerks und sind außerdem für die Begutachtung der eingereichten Abschlussarbeiten der Studentinnen und Promovendinnen und schlussendlich die Auswahl der *efas*-Nachwuchspreisträgerin zuständig. Des Weiteren sind sie in die inhaltliche Tagungsvorbereitung involviert. Für die hilfreiche Unterstützung in der Vorbereitungsphase der inzwischen jährlich stattfindenden[3] zweitägigen *efas*-Tagung und die Auswahl der *efas*-Preisträgerin möchte ich mich sehr herzlich bei den Frauen aus dem Wissenschaftlichen Ausschuss von *efas* bedanken. Die Direktorin des Harriet Taylor Mill-Instituts an der Hochschule für Wirtschaft und Recht (HWR) Berlin, *Friederike Maier*, hat in einem besonderen Maß die *efas*-Geschäftsstelle seit den Anfängen unterstützt.

Eine tiefe Verbundenheit und ein besonders herzliches Dankeschön gilt der ehemaligen Frauenbeauftragten der Hochschule für Technik und Wirtschaft (HTW) Berlin, *Helga-Maria Engel*, die seit der Gründung von *efas* und bis zu ihrer Pensionierung im November 2011 die Netzwerkarbeit unermüdlich mit ihrem Wissen über die Frauenförderung und ihrer langjährigen Erfahrung an der HTW sowie mit personeller Unterstützung aus ihrem Bereich begleitete. Auch für die enge und sehr erfolgreiche Zusammenarbeit mit der *efas*-Geschäftsstelle und die personelle Unterstützung möchte ich mich herzlich bei ihr bedanken, denn beides war ein wichtiger Garant für das Gelingen der *efas*-Tagungen. Dem Präsidenten der Hochschule, *Michael Heine*, danke ich für die Unterstützung der *efas*-Geschäftsstelle an der Hochschule. Nur durch den Einsatz des Präsidenten und der gesamten Hochschulleitung ist die finanzielle Absicherung der Ge-

---

3 In einer früheren Phase gab es einen Zwei-Jahres-Rhythmus.

schäftsstellenarbeit gewährleistet, denn die Geschäftsstelle ist nun fester Bestandteil im Wirtschaftsplan der Hochschule. In diesem Sinn möchte ich mich auch dem Dank der Herausgeberinnen dieses Bandes an Michael Heine für die finanzielle Unterstützung anschließen, ohne die dieses Buchprojekt nicht erfolgreich umgesetzt hätte werden können.

Als Vertreterin der *efas*-Geschäftsstelle danke ich vor allem dem Herausgeberinnen-Team *Gertraude Krell, Daniela Rastetter* und *Karin Reichel,* das die Entstehung dieser Publikation initiiert und intensiv begleitet hat, sowie den Referentinnen und Referenten der Tagung und den anderen Autorinnen und Autoren, die den Sammelband mit ihren Beiträgen bereichert haben.

Literatur

Andresen, Sünne 2007: Efas – economics, feminism and science: Ökonominnen-Netzwerk zur Förderung geschlechtsbezogener Forschung und Lehre. In: Intervention, Jg. 4, H. 2, S. 246–251. Internet: http://www.journal-intervention.org/seiten/deutsch/download/An dresen_ efas_Intervention_Jg_4_Nr_2_2007.pdf [16.01.2012]

Fiedler, Angela/Förtsch, Nadja/Maier, Friederike (Hg.) 1999: Frauen und Wirtschaftswissenschaften an Hochschulen – Geschlechtsspezifische Aspekte in der Lehre, Projektdokumentation. Berlin

Maier, Friederike/Fiedler, Angela (Hg.) 2002: Gender Matters – Feministische Analysen zur Wirtschafts- und Sozialpolitik (fhw-forschung 42/43). Berlin

Maier, Friederike/Fiedler, Angela (Hg.) 2008: Verfestigte Schieflagen. Ökonomische Analysen zum Geschlechterverhältnis. Berlin

Statistisches Bundesamt Deutschland 2010: Frauenanteile nach akademischer Laufbahn. Internet: http://www.destatis.de/jetspeed/portal/cms/Sites/destatis/Internet/DE/Content/Statistiken/BildungForschungKultur/Hochschulen/Tabellen/Content50/FrauenanteileAkademi scheLaufbahn,templateId=renderPrint.psml [17.01.2012]

Statistisches Bundesamt Deutschland 2011: Pressemitteilung Nr. 215 vom 08.06.2011. Fast 28% der Führungskräfte sind weiblich – Höchststand in 2010. Internet: http://www. destatis.de/jetspeed/portal/cms/Sites/destatis/Internet/DE/Presse/pm/2011/06/PD11__21 5__132,templateId=renderPrint.psml [17.01.2012]

Einleitung

Gertraude Krell, Daniela Rastetter, Karin Reichel

Bei dem vorliegenden Sammelband handelt es sich um eine erweiterte Dokumentation der *efas*[1]-Jahrestagung 2010 zum Thema „Geschlecht – Karriere – Organisation". Diesem Themenfeld wird seit geraumer Zeit, und in den letzten Jahren noch einmal verstärkt, viel Aufmerksamkeit geschenkt: Davon zeugen sowohl Forschungsprogramme und -projekte sowie Tagungen und Publikationen zu „Frauen an die Spitze" (Forschungsprogramm des BMBF; vgl. z.B. BMBF 2011), „Frauen auf dem Sprung" („Brigitte"-Studie; vgl. z.b. Allmendinger 2009), „Führungskräfte-Monitor" (Holst et al. 2009; Holst/Busch 2010), „Mixed Leadership" (Fröse/Szebel-Habig 2009), „Wer führt in (die) Zukunft?" (Bischoff 2010) als auch Initiativen wie „gender-dax" (Domsch/Ladwig 2011), „FidAR – Frauen in die Aufsichtsräte" (Schulz-Strelow 2011) oder „Aktionärinnen fordern Gleichberechtigung. Erhöhung des Frauenanteils in Führungspositionen – insbesondere Aufsichtsratspositionen – deutscher Unternehmen" (djb 2010).

Vielfältig und widerstreitend sind zunächst die Argumente bzw. Begründungen für die Forderung nach mehr Frauen in Fach- und Führungspositionen: Nicht selten wird ein höherer Frauenanteil als ökonomischer Erfolgsfaktor angepriesen (vgl. z.B. Szebel-Habig 2009 und die dort angegebenen Quellen; McKinsey 2010; Oehmichen in diesem Band). Das wird wiederum unterschiedlich begründet: Ein gängiges Argument ist das des demographischen Wandels, der es erforderlich mache, im Rahmen des „Demographiemanagements" alle Talente zu fördern und zu nutzen (dazu kritisch: Reichel in diesem Band). Ein anderes ist, dass Frauen angeblich besser bzw. anders führen (dazu kritisch: Krell 2008 und in diesem Band). Während hier eine „Kapitalisierung der Geschlechterdifferenz" (Meuser 2009, S. 123) stattfindet, setzen andere Autor_innen – und auch wir – auf (Chancen-)Gleichheit bzw. -Gerechtigkeit. Diese ist sowohl rechtlich als auch moralisch bzw. ethisch geboten und kann durchaus auch mit ökonomischen Argumenten „beworben" werden – sollte es aber nicht um den Preis der Stereotypisierung oder gar der Essentialisierung von Geschlechterdifferenzen in Führungseigenschaften, -verhalten und -erfolg.

Vielfältig und widerstreitend sind auch die Erklärungen dafür, warum es trotz vieler und auch guter Gründe für mehr Frauen in Führungspositionen so

---

1 *efas – economics, feminism and science* ist ein deutschsprachiges Netzwerk von Ökonominnen und Frauen aus angrenzenden Berufsfeldern, das über die Grenzen der Bundesrepublik Deutschland hinaus aktiv ist; vgl. auch Messerschmidt (in diesem Band).

extrem langsam vorangeht. Gesucht und gefunden werden die Ursachen bei „den Unternehmen" (und anderen Arbeitsorganisationen), weil deren Personalpraktiken weibliche Führungs(nachwuchs)kräfte benachteiligen oder zumindest nicht genügend unterstützen (vgl. z.B. Krell 2010 sowie auch Ulbricht in diesem Band). In den Fokus genommen wird auch „der Staat": für die einen vor allem, weil er in Deutschland keine ausreichende Infrastruktur zur Kinderbetreuung zur Verfügung stellt, für die anderen, weil die aktuelle Regierung noch immer auf Freiwilligkeit und Selbstverpflichtung der Wirtschaft setzt und nicht per Gesetz Quoten vorschreibt wie z.B. in Norwegen, von dem Deutschland viel lernen kann bzw. könnte (vgl. dazu Hansen/Bührmann/Heidenreich in diesem Band). Früher oder später geraten auch „die Frauen" bzw. deren „Defizite" als Erklärungsfaktoren in den Blick – und das obwohl Studien mit „virtuellen Zwillingspaaren" gezeigt haben, dass auch bei gleichen Voraussetzungen[2] von Frauen und Männern (hier: Wirtschaftsakademiker_innen) die Geschlechtszugehörigkeit einen Unterschied macht (vgl. Hermann/Strunk und Ulbricht in diesem Band). Hier gibt es einen besonders großen Variantenreichtum. „Den Frauen" wird angekreidet, dass sie die falschen Studienfächer wählen, nach der Geburt von Kindern zu lange aussetzen und nach dem Wiedereinstieg nur noch Teilzeit arbeiten wollen. Ihnen wird nicht nur zugeschrieben, dass sie „besser" führen, sondern auch, dass sie „schlechter" führen bzw. für Top-Positionen nicht geeignet sind (vgl. z.B. Wippermann 2010). Defizite konstatiert werden nicht nur hinsichtlich der Führungskompetenz, sondern auch hinsichtlich der Aufstiegskompetenz, die durch Coaching verbessert werden kann (vgl. z.B. Cornils/Rastetter in diesem Band). Nicht nur die Unterrepräsentation von Frauen in (Top-)Führungspositionen, sondern auch die im Vergleich zu ihren männlichen Kollegen deutlich geringeren Verdienste weiblicher Führungskräfte (vgl. dazu Busch/Holst in diesem Band) werden unter anderem darauf zurückgeführt, dass Frauen nicht richtig verhandeln können oder wollen. Dass das so zu undifferenziert ist, zeigen Ruppert und Voigt (in diesem Band). Und nicht zuletzt wird Frauen auch eine niedrigere Aufstiegs- bzw. Führungsmotivation attestiert – bis hin zum Vorwurf der „Feigheit" (Mika 2011). Eine anders akzentuierte Erklärung ist, dass Frauen sich eine Karriere nicht antun wollen, weil sie das „Spiel der Männer um Macht und Status" nicht attraktiv oder gar abstoßend finden (so der Titel des „Stern" Nr. 40 vom 30. September 2010). Damit führt die Erkundung der Ursachen zu „den Männern". Diese geraten nicht nur wegen ihrer Status- und Machtspiele untereinander ins Visier, sondern auch als „Hüter der Gläsernen Decke" (Wippermann 2010). Praktiken der Dominanzsicherung bzw. der Behinderung von Frauen

---

2   Strunk und Hermann (in diesem Band) berücksichtigen nicht nur zahlreiche der im Folgenden angesprochenen Faktoren, sondern darüber hinaus auch z.B. die soziale Herkunft (vgl. ebd., Tab. 1).

Einleitung

werden sowohl mit Blick auf Männer als Kollegen und Vorgesetzte identifiziert (vgl. z.b. auch Doppler 2005; Rastetter 2005; Krell 2010) als auch mit Blick auf Männer als Partner bzw. Ehemänner (vgl. z.B. Behnke/Meuser 2003; Wimbauer et al. 2007). Für gut qualifizierte Frauen, die Karriere machen wollen, bedeutet das „Hürdenläufe in Partnerschaft und Arbeitswelt" (Cornelißen et al. 2011).

Irgendwie erinnert das Ganze an ein „Schwarze-Peter-Spiel": nicht nur zwischen Frauen und Männern, sondern auch zwischen Vertreter_innen von eher strukturell und eher individuell bzw. an Frauen als Gruppe orientierten Positionen. Wir plädieren eher für „Puzzle" und betrachten die in den einzelnen Beiträgen angesprochenen Aspekte und Facetten als Ausschnitte bzw. Teile eines Gesamtbilds.

Angesichts dieser ganz unterschiedlichen sowohl Beweggründe und Begründungen für „mehr Frauen in Führungspositionen" bzw. „Frauenkarrieren" als auch Erklärungen dafür, was dem entgegensteht, verwundert es nicht, dass auch die Vorstellungen darüber, was zu tun ist, um den Status quo (schneller) zu verändern, weit auseinanderklaffen: Die eher individualisierenden Erklärungen legen es nahe, die Frauen zu verändern. Andere setzen eher auf die Veränderung der Unternehmen, vor allem deren Personalpolitik, und der Männer als dort dominante Gruppe. Wie erwähnt, ist auch strittig, ob hier auf Selbsterkenntnis und -verpflichtung gesetzt werden soll oder Veränderungen durch Quoten auf gesetzlicher und/oder betrieblicher Ebene erzwungen werden müssen – und ob dabei noch einmal zwischen Aufsichtsräten, Vorständen und anderen Führungspositionen differenziert werden sollte (vgl. z.B. Wippermann 2010 sowie Oehmichen und Hansen/Bührmann/Heidenreich in diesem Band).

Und schließlich gibt es unter gleichstellungspolitisch Engagierten auch kritische Stimmen bzw. Vorbehalte gegenüber einer Schwerpunktsetzung auf „Frauenkarrieren" bzw. „Karrierefrauen", die auch im Rahmen unserer Tagung eine Rolle spielten. Zu den in diesem Zusammenhang vorgebrachten Einwänden zählen: Erstens betreffe das nur sowieso schon privilegierte Frauen und es gebe doch dringlichere gleichstellungspolitische „Baustellen" (vgl. z.B. Groß/Winker 2009). Zweitens finden sich Negativ-Bilder von „Karrierefrauen" und Programmen zur Unterstützung von „Frauenkarrieren" nicht nur bei den männlichen „Hütern der Gläsernen Decke", sondern auch bei Feministinnen: Die „Top Girls" erscheinen als Produkte bzw. Elemente des „neoliberalen Geschlechterregimes" (vgl. ebd. sowie McRobbie 2010). Drittens wurde und wird eingewendet, dass doch viele Frauen aus „guten politischen Gründen" gar nicht „an die Spitze" wollen. Und schließlich suggeriere der Hype um das Thema mehr Veränderung, als real stattfinde.

An all diesen Einwänden ist „etwas dran". In der Tat fokussiert Gleichstellungspolitik in der (Unternehmens-)Praxis sehr stark auf weibliche Führungsnachwuchskräfte, während die Arbeits- und Entgeltbedingungen an frauendominierten Arbeitsplätzen ein sehr viel seltener bearbeitetes Handlungsfeld bleiben (vgl. auch Krell 2011). Auch sind weibliche Führungskräfte nicht qua Geschlechtszugehörigkeit „Vorreiterinnen" in Sachen Chancengleichheit. So positionieren sich „Vorzeige-Karrierefrauen" öffentlich gegen Quoten. Aber hier stellt sich – wie auch bei dem ökonomisch orientierten „Frauen führen besser" – die Frage: Müssen Frauen „besser" in Sachen Chancengleichheit sein, um einen gleichberechtigten Zugang zu Führungspositionen beanspruchen zu dürfen? Etwas zugespitzt formuliert: Die gleichberechtigte Teilhabe von Frauen an Führungspositionen ist nicht die Lösung aller gleichstellungspolitischen Probleme, aber dennoch eine ebenso alte wie aktuelle gleichstellungspolitische Forderung – und damit auch *ein* wichtiger Forschungsgegenstand für kritische Wirtschaftswissenschaftlerinnen. Für diese sowie für Lehrende und Studierende auch aus anderen Disziplinen und nicht zuletzt für wissenschaftlich interessierte Praktiker_innen haben wir die Beiträge in diesem Band zusammengestellt.

An seiner Entstehung haben viele mitgewirkt, denen wir an dieser Stelle unseren Dank aussprechen möchten: Zunächst danken wir den Autor_innen dafür, dass sie uns die Beiträge zur Verfügung gestellt und auch – mehrfach – überarbeitet haben, was in Zeiten, in denen für die eigene wissenschaftliche Karriere nur noch Artikel in reviewten Journals zählen, keine Selbstverständlichkeit ist. Unser Dank geht auch an Heidrun Messerschmidt von der *efas*-Geschäftsstelle, die uns in vielfacher Hinsicht unterstützt hat, vor allem auch bei der Finanzbeschaffung, und das Buch um ein Geleitwort bereichert. Für die Finanzierung des Buches bedanken wir uns ganz herzlich bei der Hochschule für Technik und Wirtschaft (HTW) Berlin bzw. deren Präsidenten Michael Heine. Ein Dank für die konstruktive Zusammenarbeit geht an Rainer Bohn von edition sigma. Und schließlich danken wir Monika Neitzke, die das Manuskript mit der ihr eigenen Gründlichkeit Korrektur gelesen hat.

Zum Schluss noch eine Erläuterung zur geschlechtergerechten Schreibweise oder besser den geschlechtergerechten Schreibweisen: Soweit überhaupt erforderlich, baten wir als Herausgeberinnen darum, in den Beiträgen nicht die rein männliche Form zu verwenden – auch nicht in der Variante, Frauen seien „mitgemeint". Darüber hinaus haben wir allerdings von vereinheitlichenden Vorgaben abgesehen, um verschiedenen Vorlieben der Beitragenden gerecht zu werden und Raum zu geben. Deshalb gibt es in dem Band vielfältige Schreibweisen wie „Autor_innen", „Autorinnen und Autoren", „AutorInnen" und „Autor/innen".

Einleitung

Literatur

Allmendinger, Jutta 2009: Frauen auf dem Sprung. München
Behnke, Cornelia/Meuser, Michael 2003: Karriere zu zweit – Projekt oder Problem? Zum Verhältnis von beruflichem Erfolg und Lebensform. In: Hitzler, Ronald/Pfadenhauer, Michaela (Hg.): Karrierepolitik. Opladen, S. 189–200
Bischoff, Sonja 2010: Wer führt in (die) Zukunft? Männer und Frauen in Führungspositionen der Wirtschaft in Deutschland – die 5. Studie, hg. von der Deutschen Gesellschaft für Personalführung e.V. Bielefeld
BMBF – Bundesministerium für Bildung und Forschung (Hg.) 2011: Frauenkarrieren in Unternehmen – Forschungsergebnisse und Handlungsoptionen. Dokumentation der BMBF-Tagung vom 18.–19. November 2010 in Berlin. Berlin, Bonn
Cornelißen, Waltraud/Rusconi, Alessandra/Becker, Ruth (Hg.) 2011: Berufliche Karrieren von Frauen: Hürdenläufe in Partnerschaft und Arbeitswelt. Wiesbaden
djb – Deutscher Juristinnenbund 2010: Aktionärinnen fordern Gleichberechtigung. Erhöhung des Frauenanteils in Führungspositionen – insbesondere Aufsichtsratspositionen – deutscher Unternehmen, hg. vom BMFSFJ – Bundesministerium für Familie, Senioren, Frauen und Jugend. Berlin
Domsch, Michel E./Ladwig, Désirée H. 2011: genderdax – Top Unternehmen für hochqualifizierte Frauen. In: Krell et al. 2011, S. 555–558
Doppler, Doris 2005: Männerbund Management. München, Mering
Fröse, Marlies W./Szebel-Habig, Astrid (Hg.) 2009: Mixed Leadership: Mit Frauen in die Führung! Bern
Groß, Melanie/Winker, Gabriele 2009: Queer-/Feministische Praxen in Bewegung. In: Aulenbacher, Brigitte/Riegraf, Birgit (Hg.): Erkenntnis und Methode. Geschlechterforschung in Zeiten des Umbruchs. Wiesbaden, S. 51–64
Holst, Elke/Busch, Anne 2010: Führungskräfte-Monitor 2010, DIW Berlin. Politikberatung kompakt 56
Holst, Elke unter Mitarbeit von Busch, Anne/Fietze, Simon/Schäfer, Andrea/Schmidt, Tanja/ Tobsch, Verena/Tucci, Ingrid 2009: Führungskräftemonitor 2001–2006. Forschungsreihe des Bundesministeriums für Familie, Senioren, Frauen und Jugend, Band 7. Baden-Baden
Krell, Gertraude 2008: „Vorteile eines neuen, weiblichen Führungsstils": Ideologiekritik und Diskursanalyse. In: Krell, Gertraude (Hg.): Chancengleichheit durch Personalpolitik (5. Auflage). Wiesbaden, S. 319–330
Krell, Gertraude 2010: Führungspositionen. In: Projektgruppe GiB: Geschlechterungleichheiten im Betrieb. Berlin, S. 423–484
Krell, Gertraude 2011: Forschungsskizze: Von Frauenförderung zu Diversity – die Großunternehmen des Forum Frauen in der Wirtschaft von Mitte der 1990er Jahre bis 2010. In: Krell et al. 2011, S. 175–180
Krell, Gertraude/Ortlieb, Renate/Sieben, Barbara (Hg.) 2011: Chancengleichheit durch Personalpolitik (6. Auflage). Wiesbaden
McKinsey & Company 2010: Women matter 3: Women leaders, a competitive edge after the crisis. Internet: www.mckinsey.de/html/publikationen/women_matter [01.03.2011]

McRobbie, Angela 2010: Top Girls. Feminismus und der Aufstieg des neoliberalen Geschlechterregimes. Wiesbaden

Meuser, Michael 2009: Humankapital Gender. Geschlechterpolitik zwischen Ungleichheitssemantik und ökonomischer Logik. In: Andresen, Sünne/Koreuber, Mechthild/Lüdke, Dorothea (Hg.): Gender und Diversity: Albtraum oder Traumpaar? Wiesbaden, S. 95–109

Mika, Bascha 2011: Die Feigheit der Frauen. Rollenfallen und Geiselmentalität. Eine Streitschrift wider den Selbstbetrug. München

Rastetter, Daniela 2005: Gleichstellung contra Vergemeinschaftung. Das Management als Männerbund. In: Krell, Gertraude (Hg.): Betriebswirtschaftslehre und Gender Studies. Analysen aus Organisation, Personal, Marketing und Controlling. Wiesbaden, S. 247–266

Schulz-Strelow, Monika 2011: FidAR e.V.: Mehr Frauen in die Aufsichtsräte – nicht nur ein Gebot wirtschaftlicher Notwendigkeit. In: Krell et al. 2011, S. 551–554

Szebel-Habig, Astrid 2009: Mixed Leadership: eine Kosten-Nutzen-Analyse. In: Fröse/Szebel-Habig 2009, S. 59–83

Wimbauer, Christine/Henninger, Annette/Gottwald, Markus/Künzel, Annegret 2007: Gemeinsam an die Spitze – oder der Mann geht voran? (Un-)Gleichheit in Doppelkarrierepaaren. In: Dackweiler, Regina-Maria (Hg.): Willkommen im Club? Frauen und Männer in Eliten. Münster, S. 87–105

Wippermann, Carsten 2010: Frauen in Führungspositionen. Barrieren und Brücken, hg. vom Bundesministerium für Familie, Senioren, Frauen und Jugend. Berlin

"Geschlecht", "Führung", "Karriere" und deren Verschränkungen als diskursive Fabrikationen

Gertraude Krell

1. Rahmung

Die Geschlechterverhältnisse in Führungspositionen sind derzeit Gegenstand heftiger Debatten.[1] Umstritten sind die Fragen, warum diese Verhältnisse so sind, wie sie sind, warum sie so veränderungsresistent sind und – damit zusammenhängend – was getan werden sollte, um sie zu verändern, und was nicht. Einige "Kostproben" dazu finden sich in der Einleitung zu diesem Band. Sie verdeutlichen, dass es in diesem Forschungs- und Handlungsfeld vielfältige "Deutungskämpfe" (Jäger/Jäger 2007) gibt.

Auf solche Deutungskämpfe fokussieren kritische Diskursanalysen im Anschluss an Foucault. Dieser versteht Diskurse "als Praktiken [...], die systematisch die Gegenstände bilden, von denen sie sprechen" (Foucault 1981, S. 74). Butler (1997) spricht von "Performativität" als "die ständig wiederholende und zitierende Praxis, durch die der Diskurs die Wirkungen erzeugt, die er benennt" (ebd., S. 22). Jäger und Jäger (2007) zufolge lassen sich "Diskurse als gesellschaftliche Produktionsmittel auffassen. Sie produzieren Subjekte und vermitteln über diese [...] gesellschaftliche Wirklichkeiten" (ebd., S. 23f.). Keller (2007) versteht Diskurse

> "als mehr oder weniger erfolgreiche Versuche [...], Bedeutungszuschreibungen und Sinn-Ordnungen zumindest auf Zeit zu stabilisieren und dadurch eine kollektiv verbindliche Wissensordnung in einem sozialen Ensemble zu institutionalisieren". (Ebd., S. 7)

Aus der Perspektive der Diskursforschung können also "Geschlecht", "Führung", "Karriere" und deren Verschränkungen als diskursive Felder oder Diskursfelder, d.h. als Arenen im Sinne von Kampfplätzen bzw. Orten der Konkurrenz und der Konfliktaustragung, analysiert werden (vgl. ebd., S. 64; Schwab-Trapp 2006, S. 270ff.). Für die verschiedenen Diskurspositionen – verstanden als die politischen Standorte von Personen oder Medien (vgl. Jäger/Jäger 2007, S. 28) – fun-

---

1 Der Vortrag, den ich auf der *efas*-Tagung gehalten habe, deren erweiterte Dokumentation dieser Sammelband darstellt, war relativ eng an einer bereits existierenden Veröffentlichung (Krell 2010) orientiert. Deshalb geht dieser Beitrag darüber hinaus. Das betrifft zum einen die diskursanalytische (Neu-)Rahmung, zum anderen die Abschnitte zu Karriere sowie zu Karriere und Geschlecht.

giert der Diskurs „wie eine Art gemeinsames Spielfeld (ähnlich der Bourdieuschen ‚Feld'-Kategorie)" (Link 2006, S. 420).

Fundamental für an Foucault orientierte Beiträge zur Diskursforschung sind die Fragen nach subjektivierenden und objektivierenden Machtwirkungen von Diskursen. Die genealogischen Analysen Foucaults lenken den Blick darauf, dass Diskurse „Teil eines weiteren Macht- und Praxisfeldes" (Dreyfus/Rabinow 1994, S. 232) sind – und auch entsprechend analysiert werden können. Bei Foucault selbst steht im Mittelpunkt von „Überwachen und Strafen" die Analyse der objektivierenden Praktiken der Disziplinarmacht, z.b. die „Kunst der Verteilungen" (Foucault 1976, S. 181ff.). In „Der Wille zum Wissen" (Foucault 1983) und einem später erschienenen Aufsatz arbeitet Foucault heraus, dass und wie Diskurse aus Individuen Subjekte machen, und zwar im doppelten Sinn von „vermittels Kontrolle und Abhängigkeit jemandem unterworfen sein und durch Bewußtsein und Selbsterkenntnis seiner eigenen Identität verhaftet sein" (Foucault 1994, S. 246). Das soll hier zur Orientierung genügen.[2]

Im Folgenden werden „Geschlecht", „Führung" und „Karriere" jeweils zunächst als separate Diskurse bzw. Diskursstränge fokussiert und dann wird auf Diskurs(strang)verschränkungen (vgl. Jäger/Jäger 2007, S. 29f.) eingegangen. Als Material benutze ich schwerpunktmäßig ausgewählte nach 2000 erschienene deutschsprachige Fachbücher (Monographien, Sammelbände, Lehrbücher und Hand[wörter]bücher) zu diesen Themenfeldern. Zu „Frauenkarrieren", „Männerkarrieren", „Karrierefrauen" und „Karrieremänner" habe ich ergänzend eine Internetrecherche durchgeführt.[3] Die in den Quellen gefundenen „Erkenntnisse" werden kritisch betrachtet bzw. problematisiert und damit z.T. auch re-interpretiert. Dabei variiert der Grad der Eigenleistung: So werden im folgenden Teil zu „Geschlecht" nur bereits vorhandene Arbeiten skizziert und eingeordnet: auf Basis einer Differenzierung zwischen Arbeiten, die von *gegebenen Unterschieden* ausgehen, und solchen, in denen es um *gemachte Unterscheidungen und deren Effekte* geht. Diese Differenzierung liegt auch den folgenden Teilen zugrunde. Dort, insbesondere im Teil zu „Karriere und Geschlecht", werden auch eigene Analysen vorgenommen. Aber auch dabei handelt es sich nicht um eine systematische und umfassende Diskursanalyse. Zum einen gibt es keine systematische Feinanalyse,[4] sondern es wird nur skizziert, dass und wie „Geschlecht", „Führung" und „Karriere" diskursiv fabriziert werden. Zum anderen wird auf

---

2 Darstellungen verschiedener Ansätze der Diskursforschung sowie Anleitungen und Anwendungsbeispiele für Diskursanalysen finden sich beispielsweise bei Keller et al. (2004); Keller et al. (2006); Keller (2007); Jäger und Jäger (2007) sowie Diaz-Bone und Krell (2009).
3 Die Ergebnisse finden sich im 6. Abschnitt.
4 Eine solche Feinanalyse habe ich in meinem Beitrag zum Gender Marketing (Krell 2009) unternommen.

die mit diesen Fabrikationen verbundenen Machtwirkungen nur ausschnitthaft und ansatzweise eingegangen. Dennoch verstehe ich den Beitrag insgesamt als (m)eine – gleichstellungspolitisch motivierte – Beteiligung an den eingangs angesprochenen „Deutungskämpfen" bzw. an den „Spielen der Wahrheit"[5].

2. „Geschlecht"

Bekanntlich gibt es in der Geschlechterforschung vielfältige Verständnisse von und Perspektiven auf Geschlecht. Auf Geschlechts*unterschiede* fokussieren bspw. der sog. radikal-kulturelle Feminismus und der psychoanalytische Feminismus.[6] Zu Klassikern geworden sind Arbeiten zur „weiblichen Moral" (Gilligan 1984; vgl. auch Nunner-Winkler 2008) und zum unterschiedlichen Kommunikationsverhalten von Frauen und Männern (vgl. Tannen 1991; 1995). In (de-) konstruktivistisch orientierten Arbeiten der Geschlechterforschung geht es dagegen darum, wie Geschlechter*unterscheidungen* – und damit zugleich Zweigeschlechtlichkeit oder auch Geschlecht als Kategorie – produziert und bedeutsam gemacht werden und welche Machtwirkungen damit verbunden sind. Dass es auch innerhalb dieser Ansätze noch einmal vielfältige Perspektiven gibt, verdeutlichen bspw. die Beiträge in Pasero und Braun (2001) sowie der Überblicksartikel von Wetterer (2008).

Im Mittelpunkt der konstruktivistisch orientierten Forschungen zum „Doing Gender" (West/Zimmerman 1991) steht die alltägliche (inter-)aktive Herstellung von Geschlecht durch soziale Praktiken (vgl. auch Gildemeister 2008). Unter sozialen Praktiken bzw. sozialer Praxis werden nicht nur Verkörperungen und Verhaltensweisen verstanden. In ihrem Beitrag „Die Konstrukteure des Geschlechts auf frischer Tat ertappen?" lenkt Hagemann-White (2001) den Blick auf die Geschlechterforschung, die ja selbst soziale Praxis ist. So wirft sie bspw. die Frage auf:

> „Hat Gilligan nun im Kern doch viel eher die Konstruktion von Zweigeschlechtlichkeit, also ‚doing gender' im Bereich der Moral als eine früh angelegte Differenz ausgemacht?" (Ebd., S. 190f.)

Orientiert an Bourdieu analysieren Dölling und Krais (1997b) „Ein alltägliches Spiel: Geschlechterkonstruktion in der sozialen Praxis". Im Vorwort erläutern sie, dass Bourdieu für die feministische Diskussion unter anderem deshalb interessant ist, weil er „einen Bruch mit den Kategorien des Alltags fordert" (Dölling/

---

5 Wie auch der Titel von Ewald und Waldenfels (1991) verdeutlicht, stehen die „Spiele der Wahrheit" im Zentrum der Arbeiten Foucaults.
6 Vgl. zusammenfassend und bezogen auf die Organisationsforschung Innreiter-Moser (2005).

Krais 1997a, S. 10).[7] Mit Blick auf Geschlecht als Kategorie und auf Geschlechterunterscheidungen ebenfalls relevant ist die Position Bourdieus (1987), dass es sich bei Klassifikationsschemata immer um „inkorporierte soziale Strukturen" handelt (ebd., S. 730). Hinsichtlich des „Doing Gender" bedeutet das, dass die Beteiligten zwar Geschlecht individuell und interaktiv herstellen, dabei aber Kategorien und Klassifikationsschemata verwenden, die sie nicht selbst konstruiert haben (vgl. dazu auch Bourdieu/Wacquant 2006, S. 28). Was als „weiblich" oder „männlich" gilt, welche Zuschreibungen und sozialen Ordnungsvorstellungen mit diesen Kategorien verbunden werden, ist demnach nicht unabhängig von den jeweils herrschenden Verhältnissen und damit auch geprägt vom herrschenden Geschlechterdiskurs.

Anknüpfend an Foucault arbeitet bspw. Butler (1991) heraus, wie Geschlechterunterscheidungen diskursiv „fabriziert" werden (ebd., S. 200), wobei fabriziert sowohl erfunden als auch hergestellt bedeutet. Butler verdeutlicht darüber hinaus, wie diese Fabrikationen zugleich „den Effekt des Natürlichen, des Ursprünglichen und Unvermeidlichen erzeugen" (ebd., S. 9) – und dekonstruiert sie damit zugleich. Wie eine Illustration dazu liest sich Hausens (1976) Beitrag „Die Polarisierung der ‚Geschlechtscharaktere'". Dort wird herausgearbeitet, wie im letzten Drittel des 18. Jahrhunderts das Bild des „weiblichen Geschlechtscharakters" (als z.B. emotional, abhängig und emsig) und des „männlichen Geschlechtscharakters" (als z.B. rational, selbstständig und zielgerichtet) entworfen und zugleich zur „Natur" erklärt worden ist (ebd., S. 368, 385).

Hausen verdeutlicht auch, dass und wie Geschlechterunterscheidungen mit Geschlechterhierarchisierungen als Objektivierungen im Sinne Foucaults zusammenhängen (vgl. dazu auch Krell 2003): Die „Polarisierung der ‚Geschlechtscharaktere'" wird als „Spiegelung der Dissoziation von Erwerbs- und Familienleben" analysiert und gezeigt, wie der Diskurs über die Geschlechtscharaktere sowohl Bedingung als auch Auswirkung der Zuordnung des Mannes zum beruflichen bzw. öffentlichen Bereich und der Zuordnung der Frau zum häuslichen bzw. familiären Bereich bzw. im (Not-)Fall weiblicher Erwerbstätigkeit der Zuordnung zu bestimmten „wesensgemäßen" Tätigkeiten – wie bspw. personenbezogenen Dienstleistungen – (gewesen) ist.

Bevor ich mich der Frage zuwende, ob „Führung" als eine für Frauen „wesensgemäße" Tätigkeit gilt, wird zunächst der Führungsdiskurs(strang) etwas genauer betrachtet.

---

7 Darauf komme ich am Ende dieses Beitrags noch einmal zurück.

3. „Führung"

Auch bei „Führung" handelt es sich um ein soziales Konstrukt bzw. eine diskursive Fabrikation.[8] Die wohl umfassendste Beschäftigung mit Verständnissen von Führung nimmt Neuberger (2002, S. 2ff.) auf mehr als 50 Seiten vor. Ausgehend von (s)einem weiten Begriffsverständnis führen nicht nur Vorgesetzte ihre Mitarbeiter_innen[9], sondern auch Mitarbeiter_innen ihre Vorgesetzten (= „Führung von unten"; vgl. zusammenfassend Emmerich 2001) und Gleichgestellte – als Einzelpersonen oder Gruppen – ihre Kolleg_innen (= „Führung durch Gleichgestellte" oder „laterale Führung"; vgl. z.B. Jochum 1999; Wunderer 2001, S. 480ff.). Schließlich wird herausgestellt, dass nicht nur durch Personen geführt wird, sondern auch durch individuelle Werte und Normen, organisationale Werte und Normen, strukturelle Faktoren usw. (vgl. Neuberger 2002, S. 39ff.; Wunderer 2001, S. 5). Im Folgenden liegt der Schwerpunkt auf Führung durch Personen „von oben".

Auch in der Führungsforschung gibt es sowohl Ansätze, die auf gegebene Unterschiede fokussieren, als auch Ansätze, in deren Mittelpunkt gemachte Unterscheidungen stehen (vgl. Krell 2010 und die dort angegebenen Quellen). Dazu hier nur so viel: Basierend auf der Modellierung „Führungseigenschaften => Führungsverhalten bzw. -stil => Führungserfolg" wird im Rahmen der Eigenschaftstheorie der Führung und der Führungsstilforschung nach *Unterschieden* zwischen Führenden und Geführten bzw. zwischen erfolgreich und weniger erfolgreich Führenden gesucht. Gegenstand der Attributionstheorie der Führung, speziell der Kategorisierungstheorien sind Zuschreibungsprozesse – hier: welche Zuschreibungen Geführte mit Blick auf Führende vornehmen. Diese Ansätze fokussieren darauf, dass und wie Führung mittels *Unterscheidungen* sozial konstruiert wird: Basierend auf sog. Führungsprototypen (d.h. Merkmalen, die aufgrund von Normen und Erfahrungen als repräsentativ oder typisch für eine Führungsperson gelten) wird eine Person als „richtige" bzw. „gute" Führungskraft wahrgenommen und anerkannt – oder eben nicht.

Aus einer diskursanalytischen Perspektive re-interpretiert, bedeutet das, dass der Diskurs über Führungseigenschaften und -verhalten die Konstruktion von „Führung" und von Führungsprototypen maßgeblich beeinflusst.

---

8   Bei Foucault und vielen, die sich auf ihn beziehen, spielen „Führung" und deren Machtwirkungen eine zentrale Rolle. Davon zeugen Begriffe und Konzepte wie beispielsweise „Menschenregierungskunst" (Foucault 1992, S. 10) bzw. „Menschenregierungskünste" (Weiskopf 2003), „Gouvernementalität" (z.B. Foucault 2006a; 2006b; Bröckling et al. 2000) oder auch „Technologien des Selbst" (z.B. Foucault et al. 1993).

9   Die Erläuterung dieser Schreibweise erfolgt in Abschnitt 7.

4. Diskurs(strang)verschränkung: „Führung und Geschlecht"

Ob es hinsichtlich Führungseigenschaften, -verhalten oder -stile und -erfolg Geschlechts*unterschiede* gibt, wurde und wird in unzähligen empirischen Studien erforscht. In meinem Beitrag „,Vorteile eines neuen, weiblichen Führungsstils': Ideologiekritik und Diskursanalyse" (Krell 2008) habe ich zweierlei herausgearbeitet: erstens, dass es dazu widersprüchliche empirische „Belege" gibt, und zweitens, dass und warum „Frauen führen besser" ein gleichstellungspolitisches „Danaergeschenk" ist.

Hier möchte ich zunächst zeigen, dass auch neuere geschlechtervergleichende Studien zu ganz unterschiedlichen Ergebnissen kommen (vgl. Abb. 1).

Wenn man diese Befunde aus einer diskursanalytischen Perspektive (re-)interpretiert, dann wird deutlich: Hier werden *nicht Unterschiede* gemessen, sondern durch Selbst- und Fremdbeschreibungen *Unterscheidungen fabriziert*. Die „Bauteile" dieser Fabrikationen sind Wahrnehmungs-, Zuschreibungs- und Bewertungsprozesse, die wiederum durch die Positionierung weiblicher Führungskräfte als Minorität im sozialen und statistischen Sinn[10] sowie – und damit zusammenhängend – durch die herrschenden Männlichkeits-, Weiblichkeits- und Führungsdiskurse beeinflusst sind.[11]

Einige Vertreter_innen der Diskursposition *Unterschiede* nehmen mit Bezug auf Evolutionsbiologie und Neurowissenschaft Naturalisierungen vor (vgl. z.B. Höhler 1998; 2000; Szebel-Habig 2009; zur Kritik: Schmitz 2009; Eliot 2010) – z.T. verbunden mit explizit antifeministischen Positionierungen.[12] Damit komme ich zum „Danaergeschenk". Der Begriff bezieht sich auf die griechische Mythologie und steht für das Trojanische Pferd, das die Beschenkten zwar zunächst erfreut hat, sich aber dann als ausgesprochen verhängnisvoll erwies. Auch „Frauen führen besser" erscheint nur auf den ersten Blick verheißungsvoll. Unter den Aspekten Subjektivierung und Objektivierung betrachtet, werden aber die Probleme bzw. Tücken sichtbar: Die Aufwertung von „Weiblichkeit" erfolgt um den Preis der Stereotypisierung bzw. „Schubladisierung" – bis hin zur Naturalisierung. Es wird nahe gelegt, bei der Besetzung von Führungspositionen als „Kunst der Verteilungen" stereotyp nach Geschlecht zu differenzieren anstatt nach individueller (Nicht-)Eignung. Daraus resultieren wiederum Erwartungen an „weibliche Führung", die für Frauen als Führungskräfte zu einer Zusatzanforderung und -belastung werden, sowie schließlich die Abwertung und Ausgrenzung derjenigen Frauen, die als „unweiblich" bzw. „wie Männer" wahrgenommen werden (s.u.).

---

10 Dazu ausführlicher: Krell (2010; 2011b).
11 Ein weiterer Einflussfaktor ist die Diskursposition der Forscher_innen.
12 Das gilt nicht nur für den Führungsdiskurs (vgl. dazu meine Kritik an Höhler in Krell 2003), sondern auch für Fachbücher zum Gender Marketing (vgl. Krell 2009).

Orientiert an der Attributionstheorie – und damit an *Unterscheidungen* – kommen zahlreiche Studien zu dem wenig überraschenden Ergebnis, dass die prototypische Führungskraft eine Person mit als maskulin geltenden Eigenschaften bzw. ein Mann ist. Davon zeugen auch Titel wie: „Think Manager, think male" (Schein/Davidson 1993). Befragungen von Gmür (2004) zeigen zunächst, dass im neuen Jahrtausend die Bedeutung männlicher Stereotype nicht, wie man vermuten könnte, abgenommen, sondern sogar zugenommen hat (ebd., S. 414). Hinzu kommt, dass den Befragten zufolge von weiblichen Führungskräften erwartet wird, dass sie sogar „mehr stereotyp männliche Attribute aufweisen" als

Abb. 1: Beispielhafte Befunde aus neueren geschlechtervergleichenden Studien zu Führungseigenschaften, -verhalten und -erfolg

763 Führungskräfte (weltweit) zu Führungsstilen von Frauen und Männern und deren Relevanz in und nach der Krise nach McKinsey & Company (2010, S. 15)	
Frauen besser:	Personalentwicklung/-förderung Erwartungen definieren und Belohnungen anbieten Rollenmodell
Leicht besser:	Inspiration Partizipative Entscheidungsfindung
Gleich:	Intellektuelle Stimulierung Effiziente Kommunikation
Männer besser:	Allein entscheiden Kontrollieren und korrigieren
Zwei der „weiblichen Stärken" (Erwartungen definieren und Belohnungen anbieten sowie Inspiration) werden als besonders wichtig angesehen, um erfolgreich durch die Krise und die Zeit danach zu führen.	
Selbsteinschätzungen zu Führungseigenschaften („Big Five") von 1.330 Führungskräften (Deutschland; davon 315 Frauen) nach Holst et al. (2009, S. 91)	
„Insgesamt ‚punkten' bei drei der fünf Merkmale, durch die sich Führungskräfte von Nichtführungskräften unterscheiden, die weiblichen Führungskräfte (höhere Werte bei Extraversion, Offenheit und Gewissenhaftigkeit) und bei zweien die männlichen (niedrigere Werte bei Neurotizismus und Verträglichkeit)."	
Erfahrungen von 369 Führungskräften (Deutschland; davon 183 Frauen) mit weiblichen Vorgesetzten im Vergleich zu männlichen nach Bischoff (2010, S. 198)	
„Genauso":	84% der Männer und 59% der Frauen
„Besser":	3% der Männer und 18% der Frauen
„Schlechter":	13% der Männer und 23% der Frauen
(detaillierter zu den wahrgenommenen Stärken und Schwächen vgl. ebd. S. 200f.)	
Selbstbeschreibungen des Führungsverhaltens nach Bischoff (2010, S. 214)	
„Grundsätzlich kooperativ"	39% der Männer und 35% der Frauen
„Situationsabhängig autoritär"	58% der Männer und 64% der Frauen
„Grundsätzlich autoritär"	2% der Männer und 0% der Frauen

Quelle: Krell 2011b, S. 407

ihre männlichen Kollegen (ebd., S. 412). Deshalb konstatiert Gmür bei der Beurteilung der Eignung von Frauen für Führungspositionen einen „doppelten Benachteiligungsmechanismus" (ebd., S. 414).

Wenn weibliche Führungs(nachwuchs)kräfte die von Gmür identifizierte Bedingung erfüllen oder so wahrgenommen werden, dann werfen ihnen aber die männlichen „Hüter der gläsernen Decke" vor, sie seien „unweiblich", „gezwungen männlich", „Männerimitat" oder „nicht authentisch" (Wippermann 2010, S. 54, 56, 68f.). Insofern produzieren die diskursiven Geschlechterunterscheidungen sogar einen dreifachen Benachteiligungsmechanismus – oder auch eine „Zwickmühle" zwischen der Rolle als Frau und der männlich geprägten Führungsrolle (vgl. auch Rastetter 2006, S. 224f.).

> „Ihr Verhalten in diversen Situationen wird seziert, kritisch kommentiert mit dem vorprogrammierten Befund, dass sie ‚anders' ist als ‚normale Frauen' und als Männer in gleicher Position." (Wippermann 2010, S. 58)

5. „Karriere"

An „Karriere" lässt sich ebenfalls verdeutlichen, dass und wie Diskurse „systematisch die Gegenstände bilden, von denen sie sprechen" (Foucault 1981, S. 74). So unterscheidet bspw. Auer (2000) in seiner Studie zu „Vereinbarkeitskarrieren" drei Verständnisse von Karriere.

In der weitesten Fassung wird (mit Luhmann 1994, S. 198) „Karriere als ‚universelle Lebensform'" konstruiert. In dieser Hinsicht gibt es neben Vereinbarkeitskarrieren auch Suchtkarrieren, Krankheitskarrieren, kriminelle Karrieren, Bildungskarrieren u.v.m. (vgl. Auer 2000, S. 32). Eine ähnliche Aufzählung findet sich bei Hitzler und Pfadenhauer (2003a), die erläutern, dass ein solcher soziologischer Karrierebegriff „sowohl Aufwärts- als auch Abwärtsbewegungen im sozialen Raum impliziert" (ebd., S. 10).

Enger gefasst ist „Karriere als Erwerbsarbeit im Zeitablauf" (Auer 2000, S. 30ff.). Ähnlich wie es bei Führung nicht nur „abwärts" geht, geht es hier nicht nur „aufwärts", sondern in der betriebswirtschaftlichen Fachliteratur zu „Karriereplanung" wird unter Karriere „jede beliebige Stellenfolge einer Person im betrieblichen Stellengefüge verstanden [...]. ‚Karriere' ist damit ihres einseitigen Aufstiegsbezugs entkleidet" (Berthel/Koch 1985, S. 11). In Forschung und Praxis werden auch horizontale Bewegungen (Versetzungen auf der gleichen Hierarchieebene) und „zentripedale Bewegungen (z.B. Versetzungen von einer Niederlassung in die Zentrale ohne Kompetenzzuwachs)" (Berthel 1992, Sp. 1204 mit Bezug auf Schein 1978) bis hin zum „Downward Movement" (Brehm 1999) als „Karrieren" fabriziert. Hinzu kommen „Fachkarrieren" und „Projektkarrieren" und andere Spielarten der objektivierenden „Kunst der Verteilungen", die allesamt mit besonderen subjektivierenden Identitätsangeboten und Normierungen verbunden sind (vgl. z.B. Funken et al. 2011). Davon zeugen auch Konstruktionen wie „Karriere als Kompetenzentwicklung" im Rahmen der individuellen Karriereplanung „unter den Bedingungen der Selbstorganisation" (Walger 2004, Sp. 993) – und nicht zuletzt die unzähligen Ratgeber für eine erfolgreiche Karriere im engeren Sinne.[13]

In der engsten Fassung wird Karriere mit Aufstieg bzw. beruflichem Erfolg gleichgesetzt (vgl. Auer 2000, S. 29f.). Aus einer organisationalen Perspektive bzw. aus der Perspektive des (Personal-)Managements geht es dabei um die Karriereplanung – als Teil der Personalentwicklung – für die eigenen Beschäftigten als „Humanressourcen". Aus einer individuellen Perspektive[14] kann beruflicher Erfolg auch den Wechsel zwischen Organisationen oder den Ausstieg in die Selbstständigkeit implizieren. Für diejenigen, die „Karriere machen", ist bzw. wird das verbunden mit

„z.B. mehr Befugnisse, mehr Einfluss, mehr Macht, mehr Ressourcen, mehr Aufmerksamkeit, mehr Optionen, mehr Prestige bzw. höheren Status und – in der trivialsten, aber keineswegs irrelevantesten Form – höheres Einkommen". (Hitzler/ Pfadenhauer 2003a, S. 12)

6. Diskurs(strang)verschränkung: „Karriere und Geschlecht"

Auch in diesem Zusammenhang wird sowohl auf Unterschiede als auch auf Unterscheidungen fokussiert.

Orientiert an der Eigenschaftstheorie eruiert bspw. Henn (2009), was Frauen in Führungspositionen von Frauen als Mitarbeiterinnen *unterscheidet*. Sie kommt zu dem Ergebnis:

„Die weiblichen Führungskräfte unterscheiden sich also von den Mitarbeiterinnen vor allem hinsichtlich Führungsmotivation, Flexibilität, Teamorientierung, Selbstbewusstsein, Gestaltungsmotivation und Durchsetzungsfähigkeit." (Ebd., S. 107)

Daraus schlussfolgert sie, „dass der Mangel an Frauen in Führungspositionen nicht auf fehlende Führungskompetenz der Frauen zurückzuführen ist, sondern auf deren mangelnde Aufstiegskompetenz (ebd., S. 18).[15] Auch wenn betont

---

13   Nicht nur solche Karriere-Ratgeber (zur Kritik vgl. z.B. Gebhardt 2003; Prisching 2003), sondern auch der Diskurs über Anforderungen an Führungskräfte stellen subjektivierende Angebote zur Selbstprüfung und Selbstentwicklung dar (vgl. dazu auch Krell/ Weiskopf 2006).

14   Wenn hier von der organisationalen und der individuellen Perspektive die Rede ist, wird insofern eine Vereinfachung vorgenommen, als aus einer Foucaultschen Perspektive Individuen und Organisationen wechselseitig erzeugt werden (vgl. Neuberger 1997).

15   Inzwischen gibt es auch das „Seminar zum Buch" (vgl. www.henn-consulting). Eine Analyse der subjektivierenden Effekte der zahlreichen Beratungsangebote für aufstiegswillige Frauen würde den Rahmen dieses Beitrags sprengen.

wird, dass Frauen in Führungspositionen nicht mit Männern in Führungspositionen verglichen werden (ebd., S. 84), basiert diese Schlussfolgerung dennoch auf einem unausgesprochenen Geschlechtervergleich: Den Mangel von Frauen in Führungspositionen mit deren mangelnder Aufstiegskompetenz zu erklären, setzt voraus bzw. unterstellt, dass bei Männern eben jener Mangel nicht gegeben ist – und damit Geschlechtsunterschiede in Aufstiegskompetenz. Diese sind auch Gegenstand von Projekten, die im Rahmen des Programms „Frauen an die Spitze" gefördert werden (vgl. BMBF 2011, S. 57ff.; Cornils/Rastetter in diesem Band).

Wenn (Aufstiegs-)Kompetenz weit gefasst wird, dann geht es nicht nur um das Aufsteigen-*Können*, sondern auch um das Aufsteigen-*Wollen*. Dazu konstatieren z.B. Fahrenwald und Porter (2007): „Der bisherige Forschungsstand belegt klar, dass sich die Aufstiegsmotivation von Lehrerinnen häufig von der ihrer männlichen Kollegen unterscheidet" (ebd., S. 133). In einer älteren Studie über Lehrerinnen spricht Koch-Priewe (1998) von deren „Aufstiegs-Abstinenz" (ebd., S. 241; zit.n. Stroot 2004, S. 251). Gegen solche Befunde polemisieren Winterhager-Schmid et al. (1997), die von ihnen untersuchten 330 Lehrerinnen, für die Schulleitung durchaus eine „weibliche Ambition" ist, *„existieren in der Forschung nicht"* (ebd., S. 207; Herv. i.O.; zit.n. Stroot 2004, S. 258). Die beständig wiederholte Behauptung, Lehrerinnen hätten gar kein Interesse an Leitungspositionen, befestige nur Klischeevorstellungen über nicht ambitionierte Lehrerinnen und verhindere eine differenzierte Betrachtung dieser Gruppe.

Bedeutsam in Zusammenhang mit dem Aufsteigen-Wollen ist auch das schon erwähnte Konstrukt der „Führungsmotivation" (vgl. z.B. Henn 2009). Diesbezüglich wird im Rahmen von „Frauen an die Spitze" ebenfalls nach Unterschieden zwischen Frauen und Männern gesucht – mit dem Ergebnis, „dass Frauen im Durchschnitt eine höhere Ausprägung in den Furchtkomponenten ihrer Motivation aufweisen" (BMBF 2011, S. 55). Konkret stimmen mehr Frauen als Männer den Aussagen zu, sie befürchteten, den Anforderungen an eine Führungsposition nicht gewachsen zu sein und Fehler zu machen. Auch das lässt wieder diverse Interpretationen zu. Um nur einige zu nennen: Frauen haben die Eigenschaft, sich weniger zuzutrauen. Frauen übernehmen die defizitären Zuschreibungen hinsichtlich ihrer Führungskompetenz in ihr Selbstbild. Frauen antizipieren, dass an sie als Führungskräfte – aufgrund ihres Status als Minorität im sozialen und statistischen Sinn – höhere Anforderungen gestellt werden und ggf. ihre Fehler unerbittlich geahndet werden, als dies bei ihren männlichen Kollegen der Fall ist.[16] Oder auch: Männer äußern ihre Befürchtungen seltener, weil das nicht mit dem herrschenden Bild von Männlichkeit vereinbar ist.

---

16 Dazu ausführlicher: Krell (2010, 2011b).

Die Beschäftigung mit der „Furchtkomponente" hat mit Blick auf Frauen und deren Einstellungen zu Karriere bzw. Erfolg schon Tradition – und viele Etikettierungen hervorgebracht: Horner (1968) spricht von „fear of success".[17] In ihrer Studie ließ sie amerikanische Studentinnen und Studenten Mitte der 1960er-Jahre eine projektive Ergänzungsgeschichte schreiben. Bei den Männern ging es um John als besten Medizinstudenten seines Jahrgangs, bei den Frauen um Anne. Dabei kam heraus: Die Studenten beschäftigten sich begeistert mit der Möglichkeit einer glänzenden Karriere. Den Studentinnen bereitete dieser Gedanke lähmende Angst (Dowling 1984, S. 166). Die Geschichten liefern auch Erklärungen dafür: Die Männer bewerteten den beruflichen Erfolg von John grundsätzlich positiv und waren davon überzeugt, dieser würde seine bzw. ihre Chancen bei Frauen verbessern. Die Frauen – vor allem die weißen Frauen aus der Mittel- und Oberschicht[18] – befürchteten, Annes Erfolg verhindere ein glückliches „Frauenleben", vor allem die Beziehung zu einem Mann, und rieten ihr deshalb zur Mäßigung. Wie eine Replikationsstudie zeigte, änderte sich das auch nicht durch die Frauenbefreiungsbewegung. Ganz im Gegenteil: Der Anteil der weißen Frauen mit „Furcht vor Erfolg" stieg von 65% im Jahr 1964 auf 88% im Jahr 1972 (Horner/Walsh 1974, zit.n. Dowling 1984, S. 174). Dowling (1984), die ausführlich über Horners Befunde berichtet, hat dem „Phänomen" einen neuen Namen gegeben. Ihr Buch heißt „Der Cinderella-Komplex: Die heimliche Angst der Frauen vor der Unabhängigkeit". Das neueste Glied in dieser Kette ist bekanntlich „Die Feigheit der Frauen" (Mika 2011).

Aber es gibt auch andere Erklärungen: In einer Titelgeschichte des Stern „Karriere? Das tue ich mir doch nicht an!" heißt es, „viele Frauen wollen das Spiel der Männer um Geld, Status und Macht nicht mitmachen". Daraus wird geschlussfolgert: „Also müssen sich die Spielregeln ändern" (Boldebuck/Schneyink 2010, S. 55). Die folgenden Befunde sprechen ebenfalls dafür, „gemessene Geschlechtsunterschiede" in der Einstellung zu „Karriere" nicht zu vereigenschaftlichen oder gar zu naturalisieren, sondern als Reaktionen auf (nicht nur mittels diskursiver Praktiken) gemachte Unterscheidungen und dadurch produzierte, auch strukturelle Unterschiede zu interpretieren: In der („Brigitte"-)Studie „Frauen auf dem Sprung" zeigt Allmendinger (2009), dass junge Frauen „ganz nach oben zu kommen" genauso erstrebenswert finden wie junge Männer,

---

17 Zu den Deutungskämpfen um Horners „fear of success" vgl. z.B. Sassen (1980) und die dort angegebenen Quellen. Die Projektionen der Frauen und der Männer können auch als Machtwirkungen von Diskursen interpretiert werden. Dass dies nicht nur der „Schnee von gestern" ist, werde ich weiter unten verdeutlichen.
18 Hier wird demnach schon Geschlecht im Zusammenspiel mit anderen Kategorisierungen betrachtet. Auf die aktuelle Debatte über Intersektionalität bzw. Geschlecht als interdependente Kategorie gehe ich im letzten Abschnitt ein.

d.h. führen wollen (ebd., S. 49). Aber: Die jungen Männer werden in einer Weise gefördert, „dass viele von ihnen berufliche Ambitionen entwickeln, die ihnen früher nicht eigen waren" (ebd., S. 51). Ein Ergebnis der Befragung von Frauen und Männern des mittleren Managements durch Bischoff (2010) ist die Bedeutung der Einkommenshöhe und -gerechtigkeit für die Motivation (weiter) aufzusteigen (ebd., S. 226). Angesichts der – ebenfalls erhobenen und nicht durch sachliche Faktoren erklärbaren – Einkommensunterschiede zwischen weiblichen und männlichen Führungskräften (ebd., S. 26ff.; S. 99ff.)[19] sowie der größeren (Einkommens-)Unzufriedenheit der Frauen (Hauptbegründung: Das Gehalt sei „nicht leistungsgerecht"; ebd., S. 138f.) konstatiert sie, dies sei „wenig geeignet, die Motivation der Frauen zu weiterem Aufstieg anzustacheln – eher das Gegenteil ist der Fall" (ebd., S. 27). In ihren „Schlussfolgerungen für Unternehmensleitungen" empfiehlt die Autorin deshalb eine leistungsgerechte Vergütung als „‚Selbsthilfeinstrument' zur Gewinnung von Frauen für Toppositionen" (ebd., S. 234). Das verdeutlicht zugleich, dass unterschiedliche Perspektiven auf die Aufstiegsmotivation von Frauen und Männern zu völlig verschiedenen Schlussfolgerungen hinsichtlich des Handlungsbedarfs führen.

Angesichts struktureller Probleme können individualisierende Sichtweisen, die auf „persönliche Karriereeignungen und -neigungen" von Frauen fokussieren, nur zu „Pseudoerklärungen" führen, konstatiert und kritisiert auch Hofbauer (2002, S. 107) – und ich möchte hinzufügen: auch nur zu „Pseudolösungen". Bevor ich grundlegender auf – durch diskursive und nicht-diskursive Praktiken hervorgebrachte – strukturelle Unterschiede eingehe, sollen zunächst auch hier diskursiv vorgenommene *Unterscheidungen* betrachtet und mögliche Effekte angesprochen werden.

Nicht nur die attributionstheoretische Erkenntnis „think manager, think male" (s.u. 4.) und das Karriereleitbild des „Machers" (vgl. z.B. Gebhardt 2003) legen ein „think career, think male" nahe. Vielmehr gilt generell: „Beruflicher Aufstieg von Männern wird [...] als Normalfall konstruiert, der Aufstieg von Frauen erscheint als Abweichung" (Hofbauer 2002, S. 114). Ausgehend von der dementsprechenden Annahme, dass es zu „Frauenkarrieren" und „Karrierefrauen" keine männlichen Pendants gibt, habe ich am 15. April 2011 gegoogelt.

Zu „Karrierefrauen" habe ich 53.400 Ergebnisse gefunden, zu „Karrieremänner" mit 5.860 zwar nur einen Bruchteil dessen, aber doch mehr als erwartet. Die Eingabe von „Frauenkarrieren" förderte 49.000 Ergebnisse zutage, die von „Männerkarrieren" die aufschlussreiche Rückfrage „Meinten Sie Männer Karrieren?" plus 7.620 Ergebnisse.

Bereits auf den ersten Blick ist deutlich geworden, dass hinsichtlich der Inhalte Unterscheidungen vorgenommen werden. Bei *Karrierefrauen* stand ganz

---

19 Ausführlicher zum Gender Pay Gap in Führungspositionen vgl. Krell (2010; 2011c).

oben – und weckt Erinnerungen an Horners Studie – das Ergebnis: „Karrierefrauen – schön, erfolgreich und ohne Mann",[20] gefolgt von „Partnerschaft: Was Karrierefrauen falsch machen [und deshalb keinen Mann finden; GK]".[21] Von den 21 Ergebnissen auf den ersten beiden Seiten entfielen allein acht auf dieses Thema.[22] Daraufhin habe ich „Karrierefrauen Partner" eingegeben, und plötzlich waren es 194.000 Ergebnisse. Auch in Verbindung mit „Tipps" und „Ratgeber" spielen die „private Einsamkeit" der „Karrierefrau" und die Schwierigkeiten bei der Partnersuche eine wichtige Rolle. Abgesehen davon, dass das für viele Frauen kein attraktives Identitätsangebot darstellt, sondern abschreckend wirkt – was eine weitere Erklärung für die o.g. Befürchtungen darstellt –, werden dadurch die Probleme im Berufsleben marginalisiert. Auf den ersten beiden Seiten über *Karrieremänner* dominieren dagegen mit sechs Ergebnissen berufsbezogene Geschlechtervergleiche mit „Karrierefrauen" (z.B. hinsichtlich sozialer Kompetenz, Karrierestrategien oder Gehalt), allerdings gefolgt von fünf Nennungen zu Vereinbarkeitsproblemen.[23] Einmal wird schließlich auch hier die Frage aufgeworfen: „Wie attraktiv finden die Damen hier Karrieremänner mit 70-h-Woche?"[24]

In Zusammenhang mit *Männerkarrieren* entfallen 5.340 (der 7.620) Ergebnisse auf das Thema „Wie die Frauenquote Männerkarrieren bedroht" (so die Wirtschaftswoche vom 8. April 2011). Das lässt im Übrigen vermuten, dass die Zahl der „Treffer" deutlich kleiner gewesen wäre, wenn ich vor dieser diskursiven Skandalisierung „der Frauenquote" gegoogelt hätte. Es folgen zwei Projekte: „Familienfreundliche Väterkarrieren" mit 321 Ergebnissen und „VäterVorBilder: Männerkarrieren in Familie und Beruf" mit 153. Auch unter *Frauenkarrieren* geht es schwerpunktmäßig um Hindernisse bzw. Bedrohungen: 20.300 Ergebnisse gibt es zu „Vorurteile der Männer" und 1.790 zu „Doppelbelastung".[25]

---

20 www.faz.net/s/RubEC1ACFE1EE274C81BCD3 vom 7. Sept. 2009.
21 www.welt.de/wissenschaft/article17094 vom 22. Febr. 2008.
22 Weitere Kostproben: „Partnerschaft: Karrierefrau auf verzweifelter Partnersuche" (www.welt.de/wissenschaft/article22486 vom 25. Juli 2008), „Hausfrau oder Karrierefrau, worauf stehen Männer mehr? Wir haben Lockvogel Olivera losgeschickt zum Speed-Dating. Wie reagieren die Männer ..." (www.frauenzimmer.de/cms/html/de/pub/1... vom 4. Jan. 2010) und „Partnersuche für Karrierefrauen: Runterschlafen ist auch keine Lösung" (www.stern.de/lifestyle/liebesleben/pa... vom 1. Jan. 2008).
23 Beispielsweise „Karriere-Männer in der Krise: „Karrieristen, Alleinernährer, neue Väter. Alte Rollenbilder sind festgefahren, neue noch unerprobt. Männer im Dilemma. – Lesen Sie mehr kurier.at/karrieren/berufsleben/20896 ... vom 12. Apr. 2011).
24 www.elitepartner.de/forum/wie-attrakt...
25 Beispielsweise „Doppelbelastung von Familie und Beruf stoppt Frauen-Karrieren (www.bertelsmann-stiftung.de vom 12. Aug. 2010). Wenn man statt „Doppelbelastung" „Kinder", „Familie" oder „Vereinbarkeit" eingibt, erhöht sich die Zahl der Ergebnisse.

Ergänzen möchte ich hier, dass auch in Befragungen weiblicher Führungs-(nachwuchs)kräfte zu Karrierehindernissen am häufigsten diskriminierende Praktiken und Vorurteile bzw. Vorbehalte gegenüber Frauen genannt werden (vgl. z.B. Generation CE♀/forsa 2007; Bischoff 2010, S. 186f.). Damit ist zugleich gesagt, dass eine Verbesserung der Bedingungen der Vereinbarkeit nicht gleichsam automatisch zu mehr Chancengleichheit hinsichtlich Führungspositionen führt. Wenn sich solche Maßnahmen nur bzw. in erster Linie an Frauen richten – wie z.B. die sog. Mummy Tracks –, kann das zwar im Einzelfall positive Effekte haben, bewirkt aber zugleich eine (Re-)Produktion bestehender Geschlechterverhältnisse.

Mit Blick auf „die Männer" finden sich Studien zu – nicht nur diskursiven – Praktiken der Dominanzsicherung sowohl von Kollegen, Vorgesetzten und Organisationsleitungen (vgl. z.B. Doppler 2005; Rastetter 2005; Krell 2010; Wippermann 2010) als auch von Partnern bzw. Ehemännern (vgl. z.B. Behnke/Meuser 2003;[26] Wimbauer et al. 2007; Hess et al. 2011; Bathmann et al. 2011) – mit der Erkenntnis, berufliche Karrieren von Frauen bedeuteten „Hürdenläufe in Partnerschaft und Arbeitswelt" (Cornelißen et al. 2011). In dieses Bild passt schließlich auch, dass Frauen, die in eine Führungsposition ein- bzw. aufsteigen, relativ häufiger wieder ab- oder aussteigen als Männer (vgl. Holst et al. 2009, S. 73; Funken 2011).

Schließlich kommen zahlreiche Studien zu dem Ergebnis, dass auch bei den gleichen Aufstiegsvoraussetzungen das Geschlecht einen Unterschied macht bzw. Unterscheidungen zwischen Frauen und Männern gemacht werden. Um nur noch drei Beispiele zu nennen: Akademikerinnen werden auch bei gleicher oder sogar besserer Qualifikation auf dem Karriereweg von ihren männlichen Kommilitonen überholt (vgl. z.B. die bei Krell 2010, S. 439f. angeführten Quellen und Ulbrich in diesem Band). Die Erfüllung der Norm berufliche Mobilität (Stellen- und Ortswechsel) wirkt sich für Frauen ebenfalls nicht im gleichen Maße positiv auf die Karriere aus wie für Männer (vgl. z.B. Becker et al. 2011, S. 37). Und das so beharrlich von aufstiegswilligen Frauen als „Aufstiegskompetenz" eingeforderte „Impression Management" kann sogar negative Auswirkungen haben, weil ihr Verhalten von den Adressierten anders wahrgenommen und bewertet wird als das ihrer männlichen Kollegen (vgl. z.B. Funken et al. 2011).

Einige der in diesem Teil angeführten Befunde verdeutlichen bereits, dass Forschungen zu Geschlechts*unterschieden* hinsichtlich „Karriere" auf ganz Unterschiedliches fokussieren. In den Teilen zu „Führung" und „Führung und Ge-

---

26 Der Beitrag schließt mit den Worten: „Um im Bild der Bastelexistenz zu bleiben: Das Material, mit dem gebastelt wird, ist nur in Grenzen frei wählbar" (Behnke/Meuser 2003, S. 199).

schlecht" sowie über weite Strecken dieses Teils zu „Karriere und Geschlecht" ging es schwerpunktmäßig um Arbeiten zu Unterschieden in Einstellungen, Eigenschaften und Verhalten bzw. Kompetenzen, die als individuelle bzw. personenbezogene Voraussetzungen für „Führung" oder „Karriere" gelten (vgl. auch Ruppert/Voigt in diesem Band). Anders akzentuiert sind bspw. Arbeiten zu Unterschieden hinsichtlich der Erklärung der „Gläsernen Decke" bzw. der Unterrepräsentanz von Frauen in (Top-)Führungspositionen: Dass Frauen hier vor allem die behindernden Vorurteile und Praktiken von Männern anführen (s.o.) und Männer vor allem die mangelnden Kompetenzen bzw. Defizite der Frauen (vgl. z.B. German Consulting Group 2005; Wippermann 2010), zeigt einmal mehr, dass dabei auch Interessen im Spiel sind. Das gilt ebenfalls für unterschiedliche Einstellungen von Frauen und Männern zu gesetzlichen Quotenregelungen (vgl. z.b. Wippermann 2010, S. 21), betrieblichen Zielvereinbarungen (vgl. z.B. ebd., S. 27) und anderen gleichstellungspolitischen Maßnahmen sowie Programmen in Unternehmen (vgl. z.B. Bischoff 2010, S. 96). Forschungen dazu, was weibliche von männlichen Führungskräften unterscheidet, beziehen sich darüber hinaus auf deren Status als Minderheit im numerisch-statistischen Sinn und Minorität im sozialen Sinn bzw. als Außenseiterinnen (vgl. zusammenfassend Krell 2010). Und schließlich gibt es unzählige Arbeiten zu strukturellen Unterschieden bzw. Ungleichheiten zwischen Frauen und Männern, betreffend sowohl den Zugang zu als auch die Situation – bspw. die Vergütung – in Führungspositionen (vgl. zusammenfassend Krell 2010; 2011b; 2011c sowie diverse Beiträge in diesem Band).

Vor diesem Hintergrund möchte ich abschließend noch drei (Er-)Weiterungen der hier eingenommenen Forschungsperspektive skizzieren.

7. Zum Schluss: Drei (Er-)Weiterungen

Erstens ging es bisher fast ausschließlich um diskursive Fabrikationen von „Geschlecht", „Führung", „Karriere" und deren Verschränkungen. Die derzeit existierenden und relativ veränderungsresistenten Geschlechter-Ungleichheiten in Führungspositionen werden aber nicht nur durch diskursive Praktiken fabriziert. Bedeutsam für ihre (Re-)Produktion – oder auch Veränderung (bspw. durch Quoten) – ist vielmehr das Zusammenspiel diskursiver und nicht-diskursiver Praktiken. Das gilt sowohl für die Personalpolitik in Organisationen als auch für die dafür den Rahmen setzende staatliche Politik und hierzulande auch Tarifpolitik.

Das legt nahe, eine – ebenfalls an Foucault orientierte – Dispositivanalyse vorzunehmen. Dazu hier nur so viel: In „Dispositive der Macht" führt Foucault (1978) das Dispositiv als ein „heterogenes Ensemble, das Diskurse, Institutionen, architekturale Einrichtungen, reglementierende Entscheidungen, Gesetze, administrative Maßnahmen, wissenschaftliche Aussagen, philosophische, moralische oder philantrophische Lehrsätze, kurz: Gesagtes ebensowohl wie Ungesagtes umfasst" ein. Er ergänzt: „Soweit die Elemente des Dispositivs. Das Dispositiv selbst ist das Netz, das zwischen diesen Elementen geknüpft werden kann" (ebd., S. 119f.). Weiterhin versteht er unter Dispositiv

> „eine Art von – sagen wir – Formation, deren Hauptfunktion zu einem gegebenen historischen Zeitpunkt darin bestanden hat, auf einen *Notstand* (urgence) zu antworten. Das Dispositiv hat also eine vorwiegend strategische Funktion." (Ebd., S. 120; Herv. i.O. durch Unterstreichung)

Es handelt sich dabei

> „um eine bestimmte Manipulation von Kräfteverhältnissen [...] ein rationelles und abgestimmtes Eingreifen in diese Kräfteverhältnisse [...]. Das Dispositiv ist also immer in ein Spiel der Macht eingeschrieben." (Ebd., S. 123)

Daran anschließend fokussiert die Dispositivanalyse – kurz gesagt – auf die „Formierungsprozesse der unterschiedlichen [diskursiven und nicht-diskursiven; GK] Praktiken, ihr Zusammenspiel und ihre Auswirkungen" (Bührmann/Schneider 2008, S. 86; vgl. auch ebd., S. 111). Dabei richtet sich das Erkenntnisinteresse auch auf die „Notstände" als Anlässe für (Neu-)Formierungen und auf die Nebenwirkungen. Aus einer solchen Perspektive wird auch das Geschlechterdispositiv untersucht (vgl. zusammenfassend ebd., S. 120ff.). In einer ersten expliziten Annäherung an die Dispositivforschung habe ich Frauenquoten zunächst als „Dispositive der (Gegen-)Macht" und dann als Elemente des Geschlechterdispositivs betrachtet (vgl. Krell 2011d). Wenn ich von meiner ersten „expliziten" Annäherung spreche, dann liegt dem folgende These zugrunde: Bevor Foucault das Dispositiv als Begriff *„erfand"* (Jäger 2001, S. 75; Herv. i.O.) bzw. explizierte, hat er damit implizit schon gearbeitet – bspw. in Zusammenhang mit der Analyse der „Kunst der Verteilungen". Und das gilt gleichermaßen für die an Foucaults Diskurskonzept orientierten Arbeiten.

Zweitens sind hinsichtlich der von mir vorgenommenen und als roter Faden durch diesen Beitrag gezogenen Differenzierung zwischen „Unterschieden" und „Unterscheidungen" verschiedene Lesarten möglich.

a) „Unterschiede" und „Unterscheidungen" stehen für antagonistische Diskurspositionen. Das betrifft vor allem die Gegenüberstellung von essentialisierenden oder gar naturalisierenden Differenzansätzen und Ansätzen der (de-)konstruktivistisch orientierten Geschlechterforschung.

b) „Unterschiede und Unterscheidungen sind keine alternativen Optionen, sondern in tausend Schleifen miteinander verknüpft" (Ortmann 2005, S. 127).

c) „Unterschiede" und „Unterscheidungen" stehen für zwei Perspektiven, auf deren Verknüpfung eine theoretisch reflektierte Gleichstellungspolitik basiert (vgl. Krell 2011a, S. 18 mit Bezug auf Knapp 2011, die für eine Verbindung der drei Perspektiven von „Differenz", „Gleichheit" und „einer pragmatischen Lesart von Dekonstruktion" plädiert).

Eine solche Verknüpfung betrifft schließlich auch die Geschlechterforschung selbst als wissenschaftliche Praxis. Hier ist zunächst der „epistemologische" Bruch mit den Kategorien des Alltags bzw. des Alltagswissens unabdingbar. Dieses Konzept stammt von Bachelard (1993), der betont, dass dieser Bruch zu einer wissenschaftlichen „Neo-Sprache" führt, indem bspw. Begriffe in Anführungszeichen gesetzt werden (ebd., S. 216, zit.n. Diaz-Bone 2008, S. 43). Durch die – auch in diesem Beitrag verwendeten – Anführungszeichen wird zugleich der epistemologische Bruch sichtbar gemacht. Ein anderes Beispiel für eine solche Neo-Sprache sind Formulierungen wie „Akteur/innen",„ AkteurInnen" oder auch „Akteur_innen", denen gemeinsam ist, dass durch ihren Gebrauch die Unsichtbarmachung von Frauen durch das generische Maskulinum „Akteure" überwunden werden soll. Ich verwende „Akteur_innen", weil mit dieser Bezeichnung Brüche, Verbindungen und Leerstellen zwischen der Kategorisierung als männlich oder weiblich (vgl. Hornscheidt 2007, S. 69) bzw. eine Vielfalt der Geschlechter markiert werden können. Der epistemologische Bruch gilt nicht nur als konstitutiv für an Foucault orientierte Diskursanalysen (vgl. z.B. Diaz-Bone 2008) und Dispositivanalysen (vgl. z.B. Bührmann/Schneider 2008, S. 37ff.), sondern (wie erwähnt; s.u. 3.) auch für an Bourdieu orientierte Analysen (vgl. dazu auch Hofbauer/Krell 2011). Bourdieu fordert, die „Konstruktion des präkonstruierten Objekts zum Objekt [der Forschung; GK] zu machen. Da liegt die eigentliche Bruchstelle" (Bourdieu/Wacquant 2006, S. 263). Aber das ist eben noch nicht alles. Eine konstruktivistische Perspektive auf Geschlecht

> „verlangt von uns nicht nur, unseren Blickwinkel zu verlagern, sondern zugleich den alten, im Vollzug gelebter Zweigeschlechtlichkeit involvierten Blick beizubehalten, da dieser das Instrument ist, mit dem wir das Material für jenen gewinnen. Wir müssen gleichsam doppelt hinschauen". (Hagemann-White 2001, S. 191)

– und als gleichstellungspolitisch Engagierte eben auch doppelt oder dreifach orientiert (re-)agieren (vgl. auch Knapp 2011).

Drittens gibt es (nicht nur) mit Blick auf „Führung" oder „Karriere" neben „Geschlecht" noch weitere ungleichheitsrelevante Kategorien wie z.B. „Nationalität", „Rasse", „Klasse" oder auch „soziale Herkunft", die „Gegenstände" ganz unterschiedlicher Forschungskontexte sind. So werden bspw. im Rahmen der Queer Studies über ihr „‚Kerngeschäft' Sexualität" hinaus die ethnisierenden, rassierenden und behindernden Konstruktionen von „Ethnie", „Rasse" und „Behinderung" problematisiert (vgl. zusammenfassend Dietze et al. 2007a [Zitat ebd., S. 111]).

Diese Kategorisierungen können nicht wie „Perlen auf einer Schnur" betrachtet werden, sondern sind bzw. werden vielfältig miteinander verschränkt. Darüber, wie diesen Verschränkungen in der Forschung und in der gleichstellungspolitischen Praxis Rechnung getragen werden kann und soll, gibt es einmal mehr „Deutungskämpfe". So konzipieren Walgenbach et al. (2007) „Gender als interdependente Kategorie". Damit soll

> „die Idee der ‚Verschränkung' [...] radikalisiert (werden), indem Differenzen bzw. Ungleichheiten nicht mehr *zwischen* (distinkt oder verwoben gedachten) Kategorien wirksam sind, sondern *innerhalb* einer Kategorie". (Walgenbach 2007, S. 24; Herv. i.O.)

Die Autorinnen unterstreichen zudem, dass dies nicht nur für „Gender" gilt, sondern auch „Klasse", „Ethnizität" oder andere Kategorien bzw. Kategorisierungen als interdependent verstanden werden müssen (vgl. Dietze et al. 2007b, S. 9). Das Verhältnis von „Geschlecht", „Rasse" (oder auch „Ethnie") und „Klasse" wird auch unter dem Etikett „Intersektionalität" be- und verhandelt (vgl. z.B. Winker/Degele 2009; zusammenfassend: Knapp 2011). Auf die vielfältigen Verschränkungen einerseits und Spannungsfelder andererseits zwischen der Intersektionalitäts- und der Diversity-Forschung verweisen die Beiträge in und der Titel von Smykalla und Vinz (2011): „Intersektionalität zwischen Gender und Diversity".

Dieser Beitrag fokussiert zwar auf „Deutungskämpfe" in der Forschung. Er verdeutlicht aber auch, dass für die gleichstellungspolitische Praxis ebenfalls weichenstellend ist, wie „Gender" – und „Diversity"[27] –, „Führung" und „Karriere" sowie deren Verschränkungen diskursiv fabriziert werden.

Literatur

Allmendinger, Jutta 2009: Frauen auf dem Sprung. München
Auer, Manfred 2000: Vereinbarungskarrieren. München, Mering
Bachelard, Gaston 1993 [zuerst 1971]: Epistemologie. Frankfurt/M.
Bathmann, Nina/Müller, Dagmar/Cornelißen, Waltraud 2011: Karriere, Kinder, Krisen. Warum Karrieren von Frauen in Paarbeziehungen scheitern oder gelingen. In: Cornelißen et al. 2011, S. 105–119

---

27 Ausführlicher zur Verfertigung von Gender und Diversity als Konstrukte und Konzepte: Krell (2011a). Aus diesem Beitrag wurden die hier unter „Drittens" angeführten Passagen und Quellen übernommen.

Becker, Ruth/Hilf, Ellen/Lien, Shih-cheng/Köhler, Kerstin/Meschkutat, Bärbel/Reuschke, Darja/Tippel, Cornelia 2011: Bleiben oder gehen? Räumliche Mobilität in verschiedenen Lebensformen und Arbeitswelten. In: Cornelißen et al. 2011, S. 21–63

Becker, Ruth/Kortendiek, Beate unter Mitarbeit von Budrich, Barbara/Lenz, Ilse/Metz-Göckel, Sigrid/Müller, Ursula/Schäfer, Sabine (Hg.) 2008: Handbuch Frauen- und Geschlechterforschung (2. Auflage). Wiesbaden

Behnke, Cornelia/Meuser, Michael 2003: Karriere zu zweit – Projekt oder Problem? Zum Verhältnis von beruflichem Erfolg und Lebensform. In: Hitzler/Pfadenhauer 2003b, S. 189–200

Berthel, Jürgen 1992: Laufbahn- und Nachfolgeplanung. In: Gaugler, Eduard/Weber, Wolfgang (Hg.): Handwörterbuch des Personalwesens (2. Auflage). Stuttgart, Sp. 1203–1213

Berthel, Jürgen/Koch, Hans-Eberhard 1985: Karriereplanung und Mitarbeiterförderung. Sindelfingen, Stuttgart

Bischoff, Sonja 2010: Wer führt in (die) Zukunft? Männer und Frauen in Führungspositionen der Wirtschaft in Deutschland – die 5. Studie. Hg. von der Deutschen Gesellschaft für Personalführung e.V. Bielefeld

BMBF – Bundesministerium für Bildung und Forschung (Hg.) 2011: Frauenkarrieren in Unternehmen – Forschungsergebnisse und Handlungsoptionen. Dokumentation der BMBF-Tagung vom 18.–19. November 2010 in Berlin. Berlin, Bonn

Boldebuck, Catrin/Schneyink, Doris 2010: Karriere? „Das tue ich mir nicht an". In: „Stern" Nr. 40 vom 30.09.2010, S. 54–64

Bourdieu, Pierre 1987: Die feinen Unterschiede. Frankfurt/M.

Bourdieu, Pierre/Wacquant, Loïc J.D. 2006: Reflexive Anthropologie. Frankfurt/M.

Brehm, Marion 1999: Downward Movement. Verminderte Kompetenz und Verantwortung in verhaltenswissenschaftlicher Perspektive. In: Zeitschrift für Personalforschung, Jg. 4, H. 2, S. 139–161

Bröckling, Ulrich/Krasmann, Susanne/Lemke, Thomas (Hg.) 2000: Gouvernementalität der Gegenwart: Studien zur Ökonomisierung des Sozialen. Frankfurt/M.

Bührmann, Andrea D./Schneider, Werner 2008: Vom Diskurs zum Dispositiv. Eine Einführung in die Dispositivanalyse. Bielefeld

Butler, Judith 1991: Das Unbehagen der Geschlechter. Frankfurt/M.

Butler, Judith 1997: Körper von Gewicht. Frankfurt/M.

Cornelißen, Waltraud/Rusconi, Alessandra/Becker, Ruth (Hg.) 2011: Berufliche Karrieren von Frauen: Hürdenläufe in Partnerschaft und Arbeitswelt. Wiesbaden

Diaz-Bone, Rainer 2008: Die französische Epistemologie und ihre Revisionen. Zur Rekonstruktion des methodologischen Standortes der Foucaultschen Diskursanalyse. In: Historical Social Research – Historische Sozialforschung, Jg. 33, H. 1, S. 29–72

Diaz-Bone, Rainer/Krell, Gertraude (Hg.) 2009: Diskurs und Ökonomie. Wiesbaden

Dietze, Gabriele/Haschemi, Elahe Yekani/Michaelis, Beatrice 2007a: „Checks and Balances". Zum Verhältnis von Intersektionalität und Queer Theory. In: Walgenbach et al. 2007, S. 107–139

Dietze, Gabriele/Hornscheidt, Antje/Palm, Kerstin/Walgenbach, Katharina 2007b: Einleitung. In: Walgenbach et al. 2007, S. 7–22

Dölling, Irene/Krais, Beate 1997a: Vorwort der Herausgeberinnen. In: Dölling/Krais 1997b, S. 7–14

Dölling, Irene/Krais, Beate (Hg.) 1997b: Ein alltägliches Spiel. Geschlechterkonstruktion in der sozialen Praxis. Frankfurt/M.

Doppler, Doris 2005: Männerbund Management. München, Mering

Dowling, Collete 1984: Der Cinderella-Komplex. Die heimliche Angst der Frauen vor der Unabhängigkeit. Frankfurt/M.

Dreyfus, Hubert L./Rabinow, Paul 1994: Jenseits von Strukturalismus und Hermeneutik (2. Auflage). Weinheim

Eliot, Lise 2010: Wie verschieden sind sie? Die Gehirnentwicklung bei Mädchen und Jungen. Berlin

Emmerich, Astrid 2001: Führung von unten. Wiesbaden

Ewald, François/Waldenfels, Bernhard (Hg.) 1991: Spiele der Wahrheit. Michel Foucaults Denken. Frankfurt/M.

Fahrenwald, Claudia/Porter, Maureen 2007: Weiterbildung als Cultural Change – Transatlantische Studie über Frauen in pädagogischen Führungspositionen. In: Macha, Hildegard/ Fahrenwald, Claudia (Hg.): Gender Mainstreaming und Weiterbildung. Opladen, Farmington Hills, S. 131–147

Foucault, Michel 1976: Überwachen und Strafen. Frankfurt/M.

Foucault, Michel 1978: Dispositive der Macht. Berlin

Foucault, Michel 1981: Archäologie des Wissens. Frankfurt/M.

Foucault, Michel 1983: Der Wille zum Wissen. Sexualität und Wahrheit 1. Frankfurt/M.

Foucault, Michel 1992: Was ist Kritik? Berlin

Foucault, Michel 1994: Das Subjekt und die Macht. In: Dreyfus/Rabinow 1994, S. 243–261

Foucault, Michel 2006a: Sicherheit, Territorium, Bevölkerung. Geschichte der Gouvernementalität I. Frankfurt/M.

Foucault, Michel 2006b: Die Geburt der Biopolitik. Geschichte der Gouvernementalität II. Frankfurt/M.

Foucault, Michel/Martin, Rux/Martin, Luther H./Paden, William F./Rothwell, Kenneth S./ Gutman, Huck/Hutton, Patrick H. 1993: Technologien des Selbst. Frankfurt/M.

Funken, Christiane 2011: Managerinnen 50plus – Karrierekonflikte beruflich erfolgreicher Frauen in der Lebensmitte. Ein Projekt von EWMD Deutschland e.V. unter der Leitung von Marion Diehr, hg. vom Bundesministerium für Familie, Senioren, Frauen und Jugend. Berlin

Funken, Christiane/Stoll, Alexander/Hörlin, Sinje 2011: Die Projektdarsteller: Karriere als Inszenierung. Paradoxien und Geschlechterfallen in der Wissensökonomie. Wiesbaden

Gebhardt, Winfried 2003: „Fachmenschen ohne Geist. Genussmenschen ohne Herz". Über das Karriereleitbild des „Machers". In: Hitzler/Pfadenhauer 2003b, S. 43–52

Generation CE♀/forsa 2007: Frauen in Führungspositionen: Erfahrungen, Einschätzungen, Erwartungen, Wünsche. PowerPointPräsentation. Internet: www.heinerthorborg.com/ generation_ceo/Praesentation%20Forsa%20gekuerzt.pdf [10.04.2009]

German Consulting Group 2005: Studie beweist: Weibliche Eigenschaften sind in Chefetagen unerwünscht! „Männer bleiben lieber unter sich". Internet: www.gcg.ag/gcg_sharedpages/ pdf/artikel_frauen.pdf [04.04.2009]

Gildemeister, Regine 2008: Doing Gender: Soziale Praktiken der Geschlechterunterscheidung. In: Becker/Kortendiek 2008, S. 137–145

Gilligan, Carol 1984: Die andere Stimme. Lebenskonflikte und Moral der Frau. München

Gmür, Markus 2004: Was ist ein „idealer Manager" und was ist eine „ideale Managerin"? Geschlechtsrollenstereotypen und ihre Bedeutung für die Eignungsbeurteilung von Männern und Frauen in Führungspositionen. In: Zeitschrift für Personalforschung, Jg. 18, H. 4, S. 396–417

Hagemann-White, Carol 2001: Die Konstrukteure des Geschlechts auf frischer Tat ertappen? Methodische Konsequenzen aus einer theoretischen Einsicht. In: Pasero/Braun 2001, S. 182–198

Hausen, Karin 1976: Die Polarisierung der „Geschlechtscharaktere"– Eine Spiegelung der Dissoziation von Erwerbs- und Familienleben. In: Conze, Werner (Hg.): Sozialgeschichte der Familie in der Neuzeit Europas. Stuttgart, S. 363–393

Henn, Monika 2009: Die Kunst des Aufstiegs. Frankfurt/M., New York

Hess, Johanna/Rusconi, Allessandra/Solga, Heike 2011: „Wir haben dieselben Ziele ..." – Zur Bedeutung von Paarkonstellationen und Disziplinzugehörigkeit für Karrieren von Frauen in der Wissenschaft. In: Cornelißen et al. 2011, S. 65–104

Hitzler, Ronald/Pfadenhauer, Michaela 2003a: Politiken der Karriere oder: Heterogene Antworten auf die Frage, wie man den Karren durch den Dreck zieht. In: Hitzler/Pfadenhauer 2003b, S. 9–23

Hitzler, Ronald/Pfadenhauer, Michaela (Hg.) 2003b: Karrierepolitik. Opladen

Höhler, Gertrud 1998: Auf Biegen und Brechen. In: Wirtschaftswoche, Jg. 51 vom 12.12. 1998, S. 135–137

Höhler, Gertrud 2000: Wölfin unter Wölfen. München

Hofbauer, Johanna 2002: Ambivalente Geschöpfe – zur Konstruktion von „Karrierefrauen". In: Michalitsch, Gabriele/Nairz-Wirth, Erna (Hg.): Frauen – Außer Konkurrenz? Frankfurt/M. u.a.O., S. 101–131

Hofbauer, Johanna/Krell, Gertraude 2011: Intersektionalität und Diversity mit Bourdieu betrachtet. In: Smykalla/Vinz 2011, S. 76–92

Holst, Elke unter Mitarbeit von Busch, Anne/Fietze, Simon/Schäfer, Andrea/Schmidt, Tanja/ Tobsch, Verena/Tucci, Ingrid 2009: Führungskräftemonitor 2001–2006. Forschungsreihe des Bundesministeriums für Familie, Senioren, Frauen und Jugend, Band 7. Baden-Baden

Horner, Matina S. 1968: Sex differences in achievement motivation and performance in competitive and noncompetitive situations. Dissertation an der University of Michigan. Mikrofilm Nr. 6912135

Hornscheidt, Antje 2007: Sprachliche Kategorisierung als Grundlage und Problem des Redens über Interdependenzen. Aspekte sprachlicher Normalisierung und Privilegierung. In: Walgenbach et al. 2007, S. 65–105

Innreiter-Moser, Cäcilia 2005: Feministische Theorien und Organisationsforschung. In: Krell 2005, S. 83–103

Jäger, Margarete/Jäger, Siegfried 2007: Deutungskämpfe. Theorie und Praxis kritischer Diskursanalyse. Wiesbaden

Jäger, Siegfried 2001: Dispositiv. In: Kleiner, Marcus S. (Hg.): Michel Foucault. Eine Einführung in sein Denken. Frankfurt/M., New York, S. 72–89

Jochum, Eduard 1999: „Laterale" Führung und Zusammenarbeit mit Kollegen. In: Rosenstiel, Lutz von/Regnet, Erika/Domsch, Michel (Hg.): Führung von Mitarbeitern (4. Auflage). Stuttgart, S. 429–439

Keller, Reiner 2007: Diskursforschung. Eine Einführung für SozialwissenschaftlerInnen (3. Auflage). Wiesbaden

Keller, Reiner/Hirseland, Andreas/Schneider, Werner/Viehöver, Willy (Hg.) 2004: Handbuch Sozialwissenschaftliche Diskursanalyse. Band 2: Forschungspraxis (2. Auflage). Wiesbaden[28]

Keller, Reiner/Hirseland, Andreas/Schneider, Werner/Viehöver, Willy (Hg.) 2006: Handbuch Sozialwissenschaftliche Diskursanalyse. Band 1: Theorien und Methoden (3. Auflage). Wiesbaden[29]

Knapp, Gudrun-Axeli 2011: Gleichheit, Differenz, Dekonstruktion und Intersektionalität: Vom Nutzen theoretischer Ansätze der Frauen- und Geschlechterforschung für die gleichstellungspolitische Praxis. In: Krell et al. 2011, S. 71–82

Koch-Priewe, Barbara 1998: Schulentwicklung geht von Frauen aus. In: Lutzau, Mechthild von (Hg.): Frauenkreativität Macht Schule. 11. Bundeskongreß Frauen und Schule. Weinheim

Krell, Gertraude 2003: Die Ordnung der „Humanressourcen" als Ordnung der Geschlechter. In: Weiskopf 2003, S. 63–90

Krell, Gertraude (Hg.) 2005: Betriebswirtschaftslehre und Gender Studies. Analysen aus Organisation, Personal, Marketing und Controlling. Wiesbaden

Krell, Gertraude 2008: „Vorteile eines neuen, weiblichen Führungsstils": Ideologiekritik und Diskursanalyse. In: Krell, Gertraude (Hg.): Chancengleichheit durch Personalpolitik (5. Auflage). Wiesbaden, S. 319–330

Krell, Gertraude 2009: Gender Marketing: Ideologiekritische Diskursanalyse einer Kuppelproduktion. In: Diaz-Bone/Krell 2009, S. 203–224

Krell, Gertraude 2010: Führungspositionen. In: Projektgruppe GiB 2010: Geschlechterungleichheiten im Betrieb. Berlin, S. 423–484

Krell, Gertraude 2011a: Grundlegend: Ecksteine, Gleichstellungscontrolling, Verständnis und Verhältnis von Gender und Diversity. In: Krell et al. 2011, S. 3–24

Krell, Gertraude 2011b: Geschlechterungleichheiten in Führungspositionen. In: Krell et al. 2011, S. 403–422

Krell, Gertraude 2011c: Forschungsskizze: Gender Pay Gap in Führungspositionen. In: Krell et al. 2011, S. 389–394

Krell, Gertraude 2011d: Diskurs- und Dispositivanalyse am Beispiel „(Frauen-)Quote" – eine erste Erkundung. Vortrag anlässlich des 2. Workshops des Forums für Kritische Organisationsforschung „Foucault und Organisation" vom 18.–20. Mai 2011 TU Chemnitz

Krell, Gertraude/Ortlieb, Renate/Sieben, Barbara (Hg.) 2011: Chancengleichheit durch Personalpolitik (6. Auflage). Wiesbaden

Krell, Gertraude/Weiskopf, Richard 2006: Die Anordnung der Leidenschaften. Wien

---

28 Inzwischen gibt es eine neuere Auflage.
29 Inzwischen gibt es eine neuere Auflage.

Link, Jürgen 2006: Diskursanalyse unter besonderer Berücksichtigung von Interdiskurs und Kollektivsymbolik. In: Keller et al. 2006, S. 407–430
Luhmann, Niklas 1994: Copierte Existenz und Karriere. Zur Herstellung von Individualität. In: Beck, Ulrich/Beck-Gernsheim, Elisabeth (Hg.): Riskante Freiheiten. Frankfurt/M., S. 191–200
McKinsey & Company 2010: Women matter 3: Women leaders, a competitive edge after the crisis. Internet: www.mckinsey.de/html/publikationen/women_matter [01.03.2011]
Mika, Bascha 2011: Die Feigheit der Frauen. Rollenfallen und Geiselmentalität. Eine Streitschrift wider den Selbstbetrug. München
Neuberger, Oswald 1997: Individualisierung und Organisierung. Die wechselseitige Erzeugung von Individuum und Organisation durch Verfahren. In: Ortmann, Günther/Sydow, Jörg/Türk, Klaus (Hg.): Theorien der Organisation. Opladen, S. 487–522
Neuberger, Oswald 2002: Führen und führen lassen. Ansätze, Ergebnisse und Kritik der Führungsforschung (6. Auflage). Stuttgart
Nunner-Winkler, Gertrud 2008: Weibliche Moral: Geschlechterdifferenzen im Moralverständnis? In: Becker/Kortendiek 2008, S. 81–87
Ortmann, Günther 2005: Tausend Schleifen. Über Geschlecht, Sprache und Organisation. In: Krell 2005, S. 105–137
Pasero, Ursula/Braun, Friederike (Hg.) 2001: Konstruktion von Geschlecht (2. Auflage). Herbolzheim
Prisching, Manfred 2003: Seelentraining. Über eine neue Dimension der Karrierepolitik. In: Hitzler/Pfadenhauer 2003b, S. 53–70
Rastetter, Daniela 2005: Gleichstellung contra Vergemeinschaftung. Das Management als Männerbund. In: Krell 2005, S. 247–266
Rastetter, Daniela 2006: Vertrauen in weibliche Führungskräfte. In: Bendl, Regine (Hg.): Betriebswirtschaftslehre und Frauen- und Geschlechterforschung. Teil 1: Verortung geschlechterkonstituierender (Re-)Produktionsprozesse. Frankfurt/M. u.a.O., S. 217–241
Sassen, Georgia 1980: Success Anxiety in Women: A Constructivist Interpretation of its Source and Significance. In: Harvard Educational Review, Jg. 50, H. 1, S. 13–24
Schein, Edgar H. 1978: Career Dynamics: Matching Individual and Organizational Needs. Reading u.a.O.
Schein, Virginia E./Davidson, Marilyn J. 1993: Think manager, think male. In: Management Development Review, Jg. 6, H. 3, S. 24–28
Schmitz, Sigrid 2009: Gender und Diversity treffen Naturwissenschaften und Technik. In: Andresen, Sünne/Koreuber, Mechthild/Lüdke, Dorothea (Hg.): Gender und Diversity: Albtraum oder Traumpaar? Wiesbaden, S. 175–190
Schwab-Trapp, Michael 2006: Diskurs als soziologisches Konzept. Bausteine für eine soziologisch orientierte Diskursanalyse. In: Keller et al. 2006, S. 263–285
Smykalla, Sandra/Vinz, Dagmar (Hg.) 2011: Intersektionalität zwischen Gender und Diversity. Münster
Stroot, Thea 2004: Praktiken der Sexierung in Führungspositionen: Geschlechterkonstrukte in der Schulleitung. Wiesbaden

Szebel-Habig, Astrid 2009: Mixed Leadership: eine Kosten-Nutzen-Analyse. In: Fröse, Marlies W./Szebel-Habig, Astrid (Hg.): Mixed Leadership: Mit Frauen in die Führung! Bern, S. 59–83

Tannen, Deborah 1991: Du kannst mich einfach nicht verstehen. Warum Männer und Frauen aneinander vorbeireden. Hamburg

Tannen, Deborah 1995: Job-Talk. Wie Frauen und Männer am Arbeitsplatz miteinander reden. Hamburg

Walgenbach, Katharina 2007: Gender als interdependente Kategorie. In: Walgenbach et al. 2007, S. 23–64

Walgenbach, Katharina/Dietze, Gabriele/Hornscheidt, Antje/Palm, Kerstin 2007: Gender als interdependente Kategorie. Neue Perspektiven auf Intersektionalität, Diversität und Heterogenität. Opladen, Farmington Hills

Walger, Gerd 2004: Karriereplanung, individuelle. In: Gaugler, Eduard/Oechsler, Walter A./Weber, Wolfgang (Hg.): Handwörterbuch des Personalwesens (3. Auflage). Stuttgart, Sp. 989–996

Weiskopf, Richard (Hg.) 2003: Menschenregierungskünste. Anwendungen poststrukturalistischer Analyse auf Management und Organisation. Wiesbaden

West, Candace/Zimmerman, Don H. 1991: Doing Gender. In: Lorber, Judith/Farrell, Susan A. (Hg.): The Social Construction of Gender. Newbury Park u.a.O., S. 13–37

Wetterer, Angelika 2008: Konstruktion von Geschlecht: Reproduktionsweisen der Zweigeschlechtlichkeit. In: Becker/Kortendiek 2008, S. 126–136

Wimbauer, Christine/Henninger, Annette/Gottwald, Markus/Künzel, Annegret 2007: Gemeinsam an die Spitze – oder der Mann geht voran? (Un-)Gleichheit in Doppelkarrierepaaren. In: Dackweiler, Regina-Maria (Hg.): Willkommen im Club? Frauen und Männer in Eliten. Münster, S. 87–105

Winker, Gabriele/Degele, Nina 2009: Intersektionalität: Zur Analyse sozialer Ungleichheiten. Bielefeld

Winterhager-Schmidt, Luise/Pauselius, Anke/Hiller, Ute/Trenn, Martina 1997: Berufsziel Schulleiterin: Professionalität und weibliche Ambition. Weinheim, München

Wippermann, Carsten 2010: Frauen in Führungspositionen. Barrieren und Brücken, hg. vom Bundesministerium für Familie, Senioren, Frauen und Jugend. Berlin

Wunderer, Rolf unter Mitarbeit von Dick, Petra 2001: Führung und Zusammenarbeit. Eine unternehmerische Führungslehre (4. Auflage). Neuwied, Kriftel i.Ts.

Wichtig? Unwichtig? Welche Rolle spielt Geschlecht in der Karriere?

Anett Hermann, Guido Strunk

Die Diskussion um die berufliche Positionierung von Frauen als Führungskräfte und um Einkommensunterschiede zwischen Frauen und Männern erlebt momentan in der deutschsprachigen Öffentlichkeit sowohl in der Wissenschaft (vgl. Krell 2010, S. 432ff.; Ziegler et al. 2010, S. 282ff.) als auch in der Praxis eine starke Wiederbelebung.[1] Aktuelle Daten zum Gender „Pay Gap",[2] zu Armutsraten von Frauen – und da vor allem Aussagen zur Altersarmut – beeinflussen Diskussionen zu Erziehungszeiten (mutter-/vaterschaftsbedingten beruflichen Karriereplateaus) und Quotendiskussionen im Zusammenhang mit Frauen in Führungspositionen oder Männern in weiblich konnotierten und dominierten Berufsfeldern.[3] Gleichzeitig wird die Neubewertung von Berufsfeldern und Professionen, z.B. im Bildungsbereich, angesprochen. Bei allen genannten Aspekten geht es um die Zugehörigkeit zu einer Genusgruppe und – damit verbunden – um Karrieren in Verbindung mit Berufswahlverhalten, gesellschaftlicher Positionierung und Einkommen.

Valide Aussagen über geschlechtsbedingte Ungleichheiten in Karrieren von Frauen und Männern erfordern eine gemeinsame Vergleichsbasis. Im vorliegenden Beitrag wird diese auf der Grundlage von Bourdieus Sozialtheorie (vgl. Bourdieu 1997a; 1997b) entwickelt und zum empirischen Vergleich der Karriereverläufe von AbsolventInnen der Wirtschaftsuniversität Wien herangezogen. Empirisch wird die gemeinsame Vergleichsbasis durch die von Strunk et al. 2005 vorgeschlagene Methode der „virtuellen Zwillinge" verwirklicht. Ziel ist es zu prüfen, ob Geschlecht eine relevante Variable im Karriereverlauf darstellt, und zwar unabhängig von Berufswahlverhalten, Arbeitsfeld, Erziehungs- oder Pflegezeiten. Dementsprechend ist der Aufbau dieses Beitrags gestaltet: Im ersten

---

1 Siehe u.a. Kommentare und Diskussionen zum „Equal Pay Day" 2011 in Deutschland (Internet: http://www.equalpayday.de/66.html [29.04.11]).
2 25,5% im Jahr 2010, vgl. Frauenbericht Österreich (Internet: http://www.frauen.bka.gv.at/site/7207/default.aspx [29.04.11]). Laut EU-Statistik für Deutschland: 23,2%; siehe auch Ziegler et al. 2010, S. 277ff.
3 Seit Jahren gibt es immer wieder (medienwirksame) Forderungen nach Männerquoten im Kindergarten-, Vorschul- und Grundschulbereich, siehe z.B. Informationen zur dritten Bundesfachtagung „Männer in Kitas" am 25./26. März 2011 (Internet: http://www.maennerinkitas.de/cms/ [23.08.11]).

Teil erfolgt die Betrachtung von Genderdimensionen in Bezug zur Karriereforschung. Darauf aufbauend werden wesentliche Konzepte von Pierre Bourdieus Sozialtheorie kurz umrissen, wodurch es möglich wird, ein differenziertes Geschlechterbild nachzuzeichnen und Karrieren unter diesem speziellen theoretischen Fokus zu beschreiben. Der dritte Teil dient der Darstellung der eigenen Forschungsergebnisse (Strunk et al. 2005; Strunk/Hermann 2009), die auf Daten aus dem Vienna Career Panel Project (ViCaPP) (vgl. Mayrhofer et al. 2002; 2005) beruhen. Im vierten Teil werden die Forschungsergebnisse in Beziehung zu Machtmechanismen und Spielregeln innerhalb von Karrieren gesetzt. Dabei wird der Frage nachgegangen, inwieweit horizontale und vertikale Segregationsmechanismen innerhalb von Karrieren der Genusgruppe zugeschrieben werden können.

1. Genderdimensionen in der Karriereforschung

Bei der Diskussion um Genusgruppenzugehörigkeit, Karrieren und – daraus abgeleitet – Positionierungen von Frauen und Männern im sozialen Raum werden oft nur einzelne Dimensionen betrachtet und Zusammenhänge zwischen diesen – eingebettet in soziale und gesellschaftliche Kontexte – ausgeblendet. Zum einen werden Frauen und Männer häufig als jeweils in sich geschlossene homogene Gruppe in Differenz zueinander gesetzt.[4] Zum anderen werden Karrieren in einer sehr engen Weise definiert: bezogen auf eine kontinuierliche berufliche Positionsabfolge im Zusammenhang mit einer Status- und Einkommenszunahme (vgl. als Überblick dazu Hermann 2004, S. 129f.; Strunk 2009a, S. 29ff.).

Die fehlende *differenzierte Betrachtung der jeweiligen Genusgruppe* zeigt sich bei der Besetzung von Führungspositionen, in der Quotendiskussion und in der Debatte um den „Gender Pay Gap". Die Zuordnung zu der sozialen Kategorie „Frau" oder „Mann" blendet Diversitätsaspekte innerhalb der Genusgruppe sowie sich überschneidende Mechanismen von Ungleichbehandlung aus wie soziale Schicht, Bildungsgrad, Profession, Ethnie oder Behinderung, die nicht immer in erster Linie auf die Genderdimension zurückzuführen sind, aber auch nicht unabhängig von dieser betrachtet werden können (vgl. Winker/Degele 2010, S. 11f.). Geringeres Einkommen und niedrigere Positionierungen von Frauen in Organisationen, Karriereunterbrechungen (innerhalb des beruflichen Aufstiegs) und Karriereplateaus werden als Resultat der beruflichen Pause in Form von Mutterschafts- und Erziehungsurlaub oder als Ergebnis von Teilzeit-

---

4   Eine kritische Auseinandersetzung mit der Thematik biologischer Zuschreibungen auf der Basis heterosexueller Kultur findet sich u.a. bei Ingraham 2005, S. 2ff.; Koall 2006, S. 52; Wetterer 2004, S. 122f.

arbeit beschrieben (vgl. Borutta/Giesler 2006, S. 34). Auch männliche Netzwerke, männerbündisches Verhalten (vgl. ausführlich dazu Rastetter 1998, S. 168; 1994, S. 270; Bourdieu 1997b, S. 66) oder die „Unwilligkeit von Frauen zur Karriere" (vgl. derStandard.at, 23. Mai 2011) sind schnell als Begründung zur Hand, ohne diese tief verwurzelte Mechanismen auf individueller und Gesellschaftsebene miteinander in Beziehung zu setzen. In einem ersten Schritt ist es bei der Analyse von Karrieren in Abhängigkeit von der Genusgruppe dementsprechend notwendig, sich von den generellen Kategorien „Mann" und „Frau" zu lösen (vgl. Winker/Degele 2010, S. 7; Wetterer 2004, S. 128; Hermann 2004, S. 313ff.) und jeweils eine differenzierte Betrachtung von Individuen zugrunde zu legen. Dabei ist die Überlagerung von Kategorien (Schicht-/Religions-/Kulturzugehörigkeit etc.) auch im Sinne von Intersektionalitätsmechanismen[5] (vgl. z.B. Winker/ Degele 2010, S. 11) zu beachten.

Zum zweiten oben genannten Kritikpunkt – der oftmals begrenzten *Betrachtung von Karrieren* generell – kann nach Drodge (2002, S. 56) festgestellt werden, dass das Karriereverständnis der westlichen Welt eng an die Beziehung zur Erwerbsarbeit und an das dabei (angenommene) zugrunde liegende Rationalitätsverständnis ebenso wie an eine spezifische Verwertung von Zeit gekoppelt ist (vgl. Auer 2000, S. 114; Hanappi-Egger 2011, S. 56f.). Diesem ökonomischen Verständnis von Karriere folgt die Annahme des sozialen Aufstiegs als zentripedale Karrierebewegung hin zu elitären Positionen auf gleicher Hierarchieebene oder als vertikale Karriere in Form erfolgreicher Bewegungen zu formal-hierarchisch höheren Positionen organisationsübergreifend oder innerhalb einer Organisation (vgl. Van Maanen/Barley 1984, S. 291ff.; Chudzikowski et al. 2008, S. 5). Dieses Bild von Karriere ist in Verbindung mit dem Bild des männlichen Normalarbeitnehmers zu sehen, welches sich seit dem Zeitalter der Industrialisierung herausgebildet hat und noch heute tief in Wahrnehmungs-, Denk- und Handlungsschemata (auf individueller und gesellschaftlicher Ebene) verwurzelt ist (vgl. Strunk 2009a, S. 123ff.). Dementsprechend konzentriert sich auch die Forschung im organisationstheoretischen Kontext auf Karriereverläufe innerhalb der Erwerbsarbeit und blendet weitere Lebenszusammenhänge größtenteils aus (vgl. Chudzikowski et al. 2008, S. 4f.). Die feministische Forschung weist seit Längerem auf die einseitige („neutrale") Betrachtung des Faktors Geschlecht innerhalb der Untersuchungen von Karrieren in der Management- und Organisationsforschung hin (vgl. z.B. Marshall 1996, S. 282ff.; 2000, S. 224f.). Neuere Karriereforschungsansätze (vgl. Baruch 2002, S. 16; Reitman/Schneer

---

5   Intersektionalität wird von Winker und Degele (2010, S. 15) definiert „als kontextspezifische, gegenstandsbezogene und an sozialen Praxen ansetzende Wechselwirkungen ungleichheitsgenerierender sozialer Strukturen (d.h. von Herrschaftsverhältnissen), symbolischen Repräsentationen und Identitätskonstruktionen".

2003, S. 60ff.; Hermann 2004, S. 285ff.; Strunk 2009a) gehen dementsprechend von komplexen gesellschaftlichen Entwicklungen aus, die sich in Karrieren auf individueller und struktureller Ebene zeigen (vgl. Strunk 2009a; 2009b), differenzierte Geschlechterbilder entwickeln und unterschiedliche Formen von Karrieren analysierbar machen. Die Entgrenzung des Begriffs zeigt sich in der Karriereforschung in Konzepten, die die Abhängigkeit der Karrieren von Macht- und Herrschaftsverhältnissen und deren Auswirkungen auf die soziale Ungleichheit verdeutlichen. Dies wird u.a. über die theoretische Verortung mithilfe Pierre Bourdieus Sozialtheorie und seiner zentralen Begriffe Habitus, Kapitalien und soziales Feld möglich (vgl. Bourdieu 1998, S. 7), was Gegenstand der folgenden Ausführungen ist.

2. Pierre Bourdieus Sozialtheorie

Pierre Bourdieus Sozialtheorie (1983; 1997a; 1997b; 1998) ist nicht als eine in sich geschlossene Theorie zu sehen, sondern als Verknüpfung mehrerer Konzepte, die als „Denkwerkzeuge" (Engler 2004, S. 222) dienen. Bourdieu geht vom Primat der Relationen aus. Als Theorie des Handelns ist sie angelegt in der Relation zwischen den Möglichkeiten im Körper der AkteurInnen und in der Struktur der Situation, in der sie agieren. Bourdieu erklärt Handeln nicht als das Ergebnis eines bestimmten Ziels oder Zwecks, sondern über den Begriff des Habitus, der das Ergebnis erworbener Dispositionen darstellt:

„Das beste Beispiel für eine Disposition dürfte der Sinn für das Spiel sein: Der Spieler, der die Regeln eines Spiels zutiefst verinnerlicht hat, tut, was er muß, zu dem Zeitpunkt, zu dem er es muß, ohne sich das, was zu tun ist, explizit als Zweck setzen zu müssen. Er braucht nicht bewußt zu wissen, was er tut, um es zu tun, und er braucht sich (außer in kritischen Situationen) erst recht nicht explizit die Frage zu stellen, ob er explizit weiß, was die anderen im Gegenzug tun werden, wie man angesichts der dem Modell des Schach- oder Bridgespielers nachgebildeten Wahrnehmung meinen möchte, die manche Ökonomen [...] den Akteuren unterstellen." (Bourdieu/Wacquant 1996, S. 167f.)

Diese Bourdieusche Prämisse bietet die Möglichkeit, Diversität und Karriereverläufe bei Individuen über die – unterschiedlich verteilte – Ausstattung mit Kapitalien zu beschreiben, und ermöglicht damit eine differenziertere Betrachtung des Konzepts des Habitus und des sozialen Felds. Bourdieu thematisiert in erster Linie Herrschaftsbeziehungen, deren Konstruktion, Produktion sowie Reproduktion und über diese soziale Diskriminierung. Die einzelnen theoretischen Konzepte – Habitus, soziales Feld und Kapitalien –, die im Folgenden kurz umrissen werden, sind demzufolge nur im Zusammenhang und nicht losgelöst voneinander zu betrachten.

Bourdieu (1983, S. 183) unterscheidet als Hauptformen von Kapital, welches Individuen prägt und kennzeichnet, kulturelles, soziales, ökonomisches und symbolisches Kapital. *Kulturelles* Kapital bestimmt das Konkurrenzverhalten und den Sinn für das Spiel von Individuen und Gruppen innerhalb ihrer beruflichen Laufbahn in dem jeweiligen sozialen Feld (z.B. im Wissenschaftsbereich). Es existiert in inkorporierter Form (Wissen, Erziehung), objektivierter Form (Kunst) und als institutionalisierte Form (Abschlüsse, Titel). *Soziales* Kapital definiert die Qualität und Quantität sozialer Beziehungen und erfüllt eine Gatekeeper-Funktion innerhalb des Karriereverlaufs in Form des Zugangs zu Positionen. *Ökonomisches* Kapital liegt anderen Kapitalarten zugrunde und ist unmittelbar in Geld oder in institutionalisierter Form – wie Eigentumsrechten – darstellbar. Die Bedeutung des ökonomischen Kapitals zeigt sich innerhalb der Karrierediskussionen in der besonderen Betonung von Einkommen und dessen Unterschiedlichkeit – auch bedingt durch die materielle Bewertung von Professionen. *Symbolisches* Kapital ist schließlich das Zusammenspiel der genannten Kapitalien, die Art des Wahrgenommenwerdens und der Anerkennung dieser (vgl. ebd.; ausführlich für Professionen im Management: Hermann 2004, S. 154f.). Kapitalvolumen und -zusammensetzung stehen in Abhängigkeit von sozioökonomischen Verhältnissen und bewirken eine Klassifikation der sozialen Felder und der darin möglichen Karrieren sowie die Klassifikation der Individuen und deren Karriereoptionen über deren Ausstattung mit Kapitalien. Auf individueller Seite gehört die Fähigkeit, „erfolgreich mitspielen zu können" und „die Spielregeln zu beherrschen", zu einem wesentlichen Kriterium des Karriereerfolgs (einschließlich der individuellen Bewertung dieses Erfolgs; vgl. Bourdieu/Wacquant 1996, S. 167f.). Die Bedeutung von Kapitalien und die Struktur der Kapitalverteilung sind von der immanenten Struktur der jeweiligen Gesellschaft abhängig.

Soziale Felder bilden sich innerhalb des sozialen Raums dort, wo es AkteurInnen wert erscheint, um Positionen und Kapital zu kämpfen. Positionsklassen entsprechen Habitusklassen, die jeweils Ergebnisse der damit verbundenen Konditionierungen sind. Die Strukturen der sozialen Felder bilden sich durch die Differenzen der Dispositionen (= Habitus) und deren geschichtlichen Ursprünge heraus. Diese Differenzen stellen Unterscheidungsmerkmale dar, die nur in der Relation zu anderen Merkmalen existieren (vgl. Bourdieu 1998, S. 17f., S. 22).

Als Produkt von Positionen in Abhängigkeit von den Kapitalien und somit der Inkorporierung von Strukturen ist der *Habitus* zu sehen. Er bestimmt Wahrnehmung, Denken und Handeln von Individuen und/oder Gruppen (vgl. Bourdieu 1998, S. 145). Der Habitus als in den Körper eingeschriebene Geschichte umfasst Auftreten, Stil, Kommunikation, Angewohnheiten, Werthaltungen und Normen – also Kapitalvolumen und Kapitalstruktur. Er stellt somit eine Vermittlung zwischen Individuum und Gesellschaft dar und ist dadurch für Personen erst handlungsermöglichend (vgl. ebd., S. 17f., S. 22). Das heißt: Der Habitus befähigt durch den ihm innewohnenden praktischen Sinn zum Agieren und Reagieren in einem sozialen Raum und in den jeweiligen – für die Individuen wesentlichen – sozialen Feldern. Habituelle Dispositionen bilden sich vor allem in der Primärsozialisation und sind relativ stabil. Diese habituelle Stabilität bedeutet für Individuen auf der einen Seite Sicherheit und Orientierung innerhalb einer Gesellschaft und stellt auch bei gesellschaftlichen Veränderungen einen Ankerpunkt dar. Auf der anderen Seite können Anpassung an neue Bedingungen, der Umgang mit Krisen oder Konfliktsituationen aufgrund gesellschaftlichen Wandels durch habituelle Dispositionen blockiert werden. Starrheit oder Flexibilität von habituellen Dispositionen sind von Kapitalvolumen und -zusammensetzung abhängig. Damit werden Diskurse, die gesellschaftliche Geschlechterbeziehungen betreffen, erklärbar. Tief verankerte kollektive Annahmen und Zuschreibungen in Bezug auf Geschlechterverhältnisse spiegeln sich in Wahrnehmungs- und Denkschemata und sind oftmals praxisleitend, was u.a. in der zu Beginn beschriebenen Aussage der „Unwilligkeit von Frauen zur Karriere" deutlich wird.

Der Habitus stellt ein generatives und vereinheitlichtes Prinzip dar. Das bedeutet, dass relationale und intrinsische Merkmale von Positionen innerhalb der sozialen Strukturen des sozialen Raums in einen einheitlichen Lebensstil rückübersetzt werden und damit über den Habitus ein gleichartiges Ensemble von ausgewählten Personen, Gütern und Praktiken entsteht. Die stilistische Einheitlichkeit der Praktiken bestimmter Individuen und Gruppen ist die Basis von kollektiven Wahrnehmungs- und Gliederungsschemata, die Orientierungsmuster vorgeben und

> „dafür Sorge [tragen], dass die ökonomischen Zwänge und Chancen einer kollektiven Lebenslage in die scheinbare Freiheit eines individuellen Lebensstils übertragen werden". (Gottschall 1995, S. 42)

Aufgrund der dargestellten Bourdieuschen Annahmen zum Habitus können Karrieren von Individuen nur verglichen werden, wenn gleiche Voraussetzungen gegeben sind. Zur Feststellung der Diskriminierungen von Frauen und/oder Männern innerhalb ihres Karriereverlaufs hinsichtlich Einkommen, Positionierung und/oder unterstellter MitarbeiterInnen – also Karriereerfolg – sind somit Untersuchungen innerhalb eines sozialen Felds durchzuführen. Ein Vergleich zwischen einer Managerin und einem Erzieher ist aufgrund differenter habitueller Dispositionen nicht aussagekräftig, ebenso wie zwischen einer Rechtsanwältin und einem Einzelhandelsverkäufer (vgl. Ceci/Williams 2010, S. 5).[6] Mit

---

6 Ceci und Williams (2010) zeigen in ihrer Studie zur Benachteiligung von NaturwissenschaftlerInnen, dass nur ein Vergleich von WissenschaftlerInnen mit äquivalenten Ressourcen möglich ist: „Given equivalent resources, men and women do equally well in publishing" (ebd., S. 5). Sie zeigen weiterhin, dass Diskriminierungen vielfältig sind

Wichtig? Unwichtig? Welche Rolle spielt Geschlecht in der Karriere?

Bourdieus theoretischen Ansätzen kann davon ausgegangen werden, dass Bewegungen (Positionsveränderungen) von Individuen innerhalb bestimmter sozialer Felder in Abhängigkeit von ihrer Ausstattung mit sozialem, kulturellem und ökonomischem Kapital – je nach sozialer Herkunft, Schul-, Studien-, Berufswahl – erfolgen. Dabei kommt es zu Ein- und Ausschließungen, Festlegungen von Grenzen, aber auch Ermöglichungen. Soziales und symbolisches Kapital sind bedeutsam für Zugehörigkeiten und Anerkennungsprozesse sowie die Schaffung von Frauen- und Männerbildern. Mit der Bewegung im sozialen Raum nehmen auch die Kenntnisse der Spielregeln zu (Wie bekomme ich eine Professur im Wissenschaftsfeld? Wie erreiche ich eine Führungsposition in der Industrie? Welche Netzwerke, Voraussetzungen, Kenntnisse, Abschlüsse sind notwendig, um erfolgreich mitspielen zu können?). Die individuelle Ebene (Kenntnis der Karriere-Spielregeln) steht im Austausch mit strukturellen Bedingungen (erwartete Kenntnisse und Fähigkeiten, Bildungsabschlüsse, Geschlecht, Ethnie etc.). Tief verwurzelte und oftmals versteckte Mechanismen von Karriere-„Begrenzungen" zeigen sich – wie bereits genannt – in Arbeitsmarktsegmenten, Branchen und Professionen, die oftmals geschlechtlich bipolar (weiblich-männlich) konnotiert sind. Diese individuellen Erfahrungen und gesellschaftlichen Prozesse spiegeln sich nicht nur in kollektiven Identitäten und gesellschaftlichen Strukturen wider, sondern auch in Organisationskulturen. In Abhängigkeit vom sozialen Feld, der Ausstattung mit Kapitalien und der strukturellen Geprägtheit sollten in der im Folgenden vorgestellten Studie nur Individuen unter gleichen Voraussetzungen mit Ausnahme der Genusgruppe betrachtet werden. Gleiche Voraussetzung bedeutet in diesem Zusammenhang vergleichbare habituelle Dispositionen über die homogene Ausstattung mit Kapitalien beruhend auf sozialer Herkunft, Bildungsabschlüssen, Studien- und Berufswahlverhalten.

3. Forschungsdesign und Ergebnisse

3.1 Bildung virtueller Zwillinge

Um im Rahmen einer empirischen Untersuchung die oben angesprochenen gleichen Voraussetzungen zu schaffen, wurden sogenannte „virtuelle Zwillinge" (vgl. Strunk et al. 2005, S. 228) aus jeweils einem Mann und einer Frau gebildet. Die Daten für die Untersuchung stammen aus dem Vienna Career Panel Project (ViCaPP) (vgl. Mayrhofer et al. 2002; 2005) und beziehen sich auf AbsolventIn-

---

und verschiedene Mechanismen im Zusammenhang stehen, eindeutige Aussagen deshalb schwer zu treffen sind.

nen der Wirtschaftsuniversität Wien. Insgesamt 52 Paare[7] konnten aus den Datensätzen der Abschlussjahrgänge um 1990 gebildet werden. Diese weisen für über 23 mögliche Einflussfaktoren auf die Karriere keine statistisch bedeutsamen Unterschiede auf (vgl. Tab. 1). Sie verfügen daher über gleiche Voraussetzungen und ähnliche habituelle Dispositionen in Hinblick auf Alter, wesentliche soziodemographische Daten, Ausbildung und Studienerfolg, Persönlichkeit, berufsbezogene Motivationsstruktur, soziale Herkunft sowie mikropolitische Verhaltensweisen. Die Daten dazu wurden im Zuge schriftlicher Befragungen über zahlreiche psychometrische und soziodemographische Skalen erhoben. Die Aufzeichnung von Daten zum Karriereverlauf erfolgte im Rahmen umfangreicher biographischer Interviews.

Tab. 1: Variablen, nach denen die Stichproben parallelisiert wurden

	Frauen		Männer		
I. Ausbildung	AM	SD	AM	SD	p
Notendurchschnitt zum Studienabschluss	2,59	0,63	2,51	0,62	0,66
II. Persönlichkeitsstruktur, Motivationsstruktur					
Emotionale Stabilität (Borkenau/Ostendorf 1993)	1,09	0,83	1,20	0,76	0,23
Gewissenhaftigkeit (Borkenau/Ostendorf 1993)	1,05	0,72	0,99	0,69	0,48
Fähigkeit zur Selbstdarstellung (Schiefele 1990)	−0,10	1,03	−0,04	0,91	0,42
Flexibilität (Hossiep/Paschen 1998)	−0,01	0,96	−0,04	0,86	0,66
Kontaktfähigkeit (Hossiep/Paschen 1998)	0,23	0,86	0,07	0,64	0,24
Teamorientierung (Hossiep/Paschen 1998)	−0,14	0,97	−0,02	0,85	0,45
Leistungsmotivation (Hossiep/Paschen 1998)	−0,02	0,95	0,12	0,87	0,13
Führungsmotivation (Hossiep/Paschen 1998)	−0,11	0,90	0,04	0,76	0,13
Wettbewerbsorientierung (Hossiep/Paschen 1998)	−0,25	1,09	−0,14	1,01	0,59
Mobilität (Hossiep/Paschen 1998)	−0,55	1,04	−0,48	0,92	0,66
Karriereaspiration (Strunk et al. 2002)	−0,06	1,09	−0,12	1,00	0,35
III. Soziale Herkunft	Median		Median		p
Soziale Schicht des Vaters, definiert über den Beruf	7		7		1,00
Soziale Schicht der Mutter, definiert über den Beruf	4		4		0,18
Bildungsniveau des Vaters	5		5		0,77
Bildungsniveau der Mutter	4		5		0,23
Größe des Wohnorts, in dem die Person aufgewachsen ist	1		1		1,00

→

---

7 Eine statistisch anspruchsvollere Methodik (mutiple lineare Regressionsmodelle) führte zu einer Reduktion der Stichprobe auf 43 Frauen und 51 Männer (vgl. Strunk/Hermann 2009).

Tab. 1: (Fortsetzung)

	Frauen		Männer		
IV. Mikropolitik (Schiffinger/Strunk 2003)	AM	SD	AM	SD	p
Sich Freunde und Verbündete schaffen	–0,38	0,86	–0,19	1,08	0,29
Kontakte knüpfen und pflegen	–0,34	0,94	–0,46	1,01	0,49
Autorität und Macht demonstrieren	–0,13	0,79	–0,01	0,83	0,46
Eigene Fähigkeiten und Ideen herausstreichen	0,06	0,81	–0,02	1,02	0,63
Eigene Attraktivität am Arbeitsmarkt kennen und steigern	–0,53	1,00	–0,61	0,92	0,63
Strukturelle Rahmenbedingungen					
Alter	36,44	2,78	36,55	3,10	0,82
Abschlussjahr	1989/90/91		1989/90/91		

AM: Arithmetisches Mittel. Mittelwerte außer Notendurchschnitt und Alter sind als z-Werte normiert (Normierung nach Normierungstabellen der Fragebögen). SD: Standardabweichung. p: Wahrscheinlichkeit für das Fehlen von Unterschieden nach T-Test und Vorzeichen-Test (Soziale Herkunft). Soziale Schicht, definiert über den Beruf: 1: „Haushalt", 2: „ArbeiterIn", 3: „selbstständige/r LandwirtIn", 4: „FacharbeiterIn, nicht selbst. HandwerkerIn", 5: „untergeordnete/r Angestellte/r od. BeamtIn", 6: „InhaberIn kleiner Firma", 7: „leitende/r Angestellte/r, höhere/r BeamtIn", 8: „InhaberIn, GeschäftsführerIn, DirektorIn eines größeren Unternehmens", 9: „akademische FreiberuflerIn". Bildungsniveau: 1: „Pflichtschule", 2: „Lehre", 3: „Meisterprüfung", 4: „Berufsbildende, mind. 2-jährige mittlere Schule ohne Matura (z.B. Handelsschule)", 5: „Matura/Abitur", 6: „weiterführende Ausbildung mit Diplomabschluss", 7: „Universitäts- oder Hochschulabschluss". Wohnort: 1: „Großstadt mit Umkreis", 2: „Stadt mit Umkreis (> 100.000 Einwohner)", 3: „5.000 bis 100.000 Einwohner", 4: „bis 5.000 Einwohner".

Die Paarbildung beruht auf einem detaillierten statistischen Vergleich aller vorhandenen Daten. Der anschließende zur Überprüfung durchgeführte statistische Vergleich zeigt, dass tatsächlich keine signifikanten Unterschiede mehr zwischen den Paaren bestehen (vgl. Tab. 1). Zudem wurde die Verteilung der beiden Geschlechter auf die Studiengänge gegenübergestellt. Auch hier finden sich keine signifikanten Unterschiede. Es kann dementsprechend davon ausgegangen werden, dass eine Segmentierung nach dem Geschlecht durch die Studienwahl in der Stichprobe nicht wahrscheinlich ist.

Der Karriereverlauf wird über Aspekte der subjektiven und objektiven Karriere für insgesamt zehn Jahre seit dem gemeinsamen Studienabschluss jährlich erfasst. Damit werden habituelle Dispositionen und Feldstrukturen sichtbar. Für die Beschreibung der *objektiven* Karriere wird die Positionsabfolge, gemessen an der Entwicklung des Bruttojahresgehalts inklusive aller Zulagen (ökonomisches Kapital) und der Zahl unterstellter MitarbeiterInnen (ökonomisches und symbolisches Kapital), herangezogen. Als Dimensionen der *subjektiven* Karriere werden die Zufriedenheit der Individuen mit ihrer Karriere (im Vergleich zu allen anderen Individuen im sozialen Raum) und der vom beruflichen Umfeld zugeschriebene Erfolg als Selbsteinschätzung („Für wie erfolgreich werden Sie von Ihrem beruflichen Umfeld gesehen?") analysiert (symbolisches Kapital als wesentliches Kennzeichen des Habitus). Zudem wurden Daten über Karenzzeiten, die vertraglich vereinbarte und tatsächlich geleistete Wochenarbeitszeit und die Größe der Organisation bei Berufseinstieg berücksichtigt. Die Unterscheidung in subjektiven und objektiven Karriereerfolg war zudem von Bedeutung, um Rückschlüsse auf die den Habitus generierenden Strukturen zu ziehen, also das Wahrgenommenwerden und die Anerkennung über symbolische Logiken innerhalb des sozialen Felds der WirtschaftsakademikerInnen, aber auch innerhalb des sozialen Raums.

3.2 Ergebnisse

Innerhalb der Paare zeigen sich Geschlechter-Differenzen bei dem *Gehalt* und bei der *Anzahl unterstellter MitarbeiterInnen* (Führungsverantwortung) als Kennzeichen des objektiven Karriereerfolgs. Keine Ungleichheiten finden sich in Hinblick auf die *Karriere-Zufriedenheit* und den *angenommenen zugeschriebenen Erfolg* als Wesensmerkmale des subjektiven Karriereerfolgs. Auch im Karriereverlauf zeigten sich keine signifikanten Differenzen. Bei den *beruflichen Veränderungen* waren keine Unterschiede erkennbar. Hinsichtlich der Organisationsgröße zu Berufseinstieg gibt es keine Differenzen zwischen den Genusgruppen.[8]

a)   Karriereverlauf: Berufliche Veränderungen

Für die „virtuellen Zwillinge" zeigten sich in zehn Jahren durchschnittlich rund fünf berufliche Veränderungen pro Person in Form von Abteilungswechsel und/oder Aufstieg und ca. ein bis zwei Organisationswechsel. Von Berufsunterbrechungen durch Mutterschaft, Karenz bzw. Erziehungsurlaub waren nur Frauen (n = 9) betroffen. Nur diese Frauen waren nach der Berufsunterbrechung teilzeitbeschäftigt. Alle anderen Personen waren durchgängig vollzeitbeschäftigt. Die Angaben über die tatsächlich geleistete Wochenarbeitszeit liegen über den Untersuchungszeitraum von zehn Jahren gemittelt bei den Frauen bei rund 42,4 Stunden pro Woche (SD = 16,6) und bei den Männern bei 46,8 Stunden pro Woche (SD = 11,7). Für einige Analysen wurden die Paare mit der mutterschaftsbedingten Unterbrechung und Teilzeitarbeit herausgenommen, um Vergleichbarkeit herzustellen.

---

8   Detaillierte Ergebnisse finden sich in Strunk et al. 2005 sowie in Strunk/Hermann 2009. Beide Analysen unterscheiden sich zwar im methodischen Vorgehen, führen aber im Wesentlichen zu den gleichen Resultaten. Die folgende Darstellung orientiert sich an der anschaulicheren Variante von Strunk et al. 2005.

b) Objektiver Karriereerfolg: Gehalt und Führungsverantwortung

Die Unterschiede zwischen allen Frauen und Männern (inklusive der neun Frauen, die im späteren Karriereverlauf wegen Mutterschaft in Teilzeit arbeiteten) im *Durchschnittsgehalt* (Bruttojahresgehalt inklusive aller Zulagen) sind zu Beginn der Karriere kaum sichtbar (vgl. Abb. 1). Ab dem vierten Berufsjahr steigern

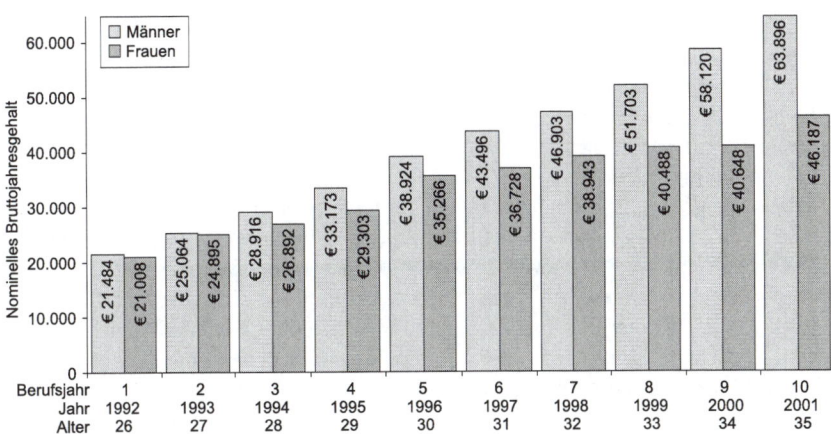

Abb. 1: Gehalt im Verlauf von zehn Berufsjahren

Berufsjahr	1	2	3	4	5	6	7	8	9	10
Jahr	1992	1993	1994	1995	1996	1997	1998	1999	2000	2001
Alter	26	27	28	29	30	31	32	33	34	35
Männer	€21.484	€25.064	€28.916	€33.173	€38.924	€43.496	€46.903	€51.703	€58.120	€63.896
Frauen	€21.008	€24.895	€26.892	€29.303	€35.266	€36.728	€38.943	€40.488	€40.648	€46.187

Quelle: Strunk et al. 2005, S. 234

sich diese zunehmend und erreichen im zehnten Jahr rund 18.000 €. Im Durchschnitt liegt das Bruttojahresgehalt von Männern über die zehn Jahre bei rund 39.000 €, bei den weiblichen „Zwillingen" bei rund 5.000 € weniger. Über die Jahre zeigen sich in der Summe für Frauen Einkommensverluste von rund 71.000 €. Im Rahmen eines umfassenden Regressionsmodells wurde der Einfluss der Variablen Karenz, Wochenarbeitszeit und Organisationsgröße auf das Bruttojahresgehalt untersucht (vgl. Strunk/Hermann 2009). Dabei ist festzustellen, dass nur ein kleiner Teil der sichtbaren Gehaltsunterschiede auf mutterschaftsbedingte Berufsunterbrechungen zurückzuführen ist. Werden diese Frauen und die dazu gepaarten Männer aus der Berechnung ausgeschlossen, dann fallen die Unterschiede zwischen den Genusgruppen zwar geringer aus, verschwinden aber nicht. In Summe betragen die Gehaltsverluste für Frauen gegenüber Männern immer noch rund 61.000 €. Dies bestätigen auch andere Analysen: Durch Elternschaft bedingte Karriereunterbrechungen erreichen im Rahmen der Regressionsanalyse keine Signifikanz und können daher nicht für die beobachteten Gehaltsunterschiede verantwortlich gemacht werden. Das mag zunächst erstaunlich scheinen, erklärt sich aber aus dem Umstand, dass nur neun Frauen eine Elternkarenz in Anspruch nahmen und Gehaltsunterschiede, die sich vor der Berufsunterbrechung ergaben, auch nicht darauf zurückgeführt werden können. Damit sind insgesamt nur wenige Fälle von einer Karriereunterbrechung betroffen. Möglicherweise nehmen die hier untersuchten Frauen erst dann eine Elternkarenz in Anspruch, wenn diese keinen Einfluss mehr auf ihre Karriereentwicklung hat.

Zur besseren Orientierung ist in Abbildung 1 die Zeitskala dreifach ausgeführt. Sie verweist sowohl auf die Berufsjahre (Entwicklung von Kapitalstruktur und -volumen) als auch auf den realen Zeitabschnitt der Untersuchung sowie auf das Alter der Personen zum jeweiligen Zeitpunkt. Das entspricht Bourdieus Beschreibung eines sozialen Felds, in welchem die Entwicklung des Kapitals sich in der Zusammensetzung und des Volumens über die Zeit ausdrückt und so eine Charakteristik des jeweiligen sozialen Felds inklusive der Bedeutung einzelner Kapitalien ausmacht. Der jeweils über die Gruppen gemittelte Verlauf der Gehaltsentwicklung zeigt das Bild einer Schere, bei der es mit den Männern im Verlauf der gesamten zehn Jahre beständig nach oben geht, wohingegen bei den Frauen, die ihnen in jeder Hinsicht ähneln (außer in ihrem Geschlecht), jenseits des fünften Berufsjahrs kaum noch eine Steigerung ausgemacht werden kann. Die Alternativhypothese zur tatsächlich geleisteten Wochenarbeitszeit geht davon aus, dass Männer und Frauen selbst ihres „Glückes Schmied" sind und aufgrund ihres Arbeitseinsatzes (tatsächlich geleistete Wochenarbeitszeit) organisationale Karriereentscheidungen mitbestimmen können. Die Analysen zeigen, dass das Gehalt von Männern stärker mit der Wochenarbeitszeit kovariiert als das der Frauen. Daraus lässt sich schließen, dass längere Arbeitszeiten bei Männern Auswirkungen auf den Karriereerfolg haben, während das bei Frauen nicht der Fall ist. Als dritte Variable wurde die Pfadabhängigkeit durch die Wahl der ersten Beschäftigung nach Studienabschluss untersucht. Eine solche Pfadabhängigkeit für die Organisationsgröße konnte nicht nachgewiesen werden und erklärt somit nicht die Gehaltsunterschiede.

Ein ähnliches Muster zeigt sich für das zweite erfasste Merkmal des objektiven Karriereerfolgs: die *Führungsverantwortung,* gemessen an der Zahl der unterstellten MitarbeiterInnen (vgl. Abb. 2).

Die Anzahl der unterstellten MitarbeiterInnen scheint bei den Frauen eher zu stagnieren. Im Durchschnitt dauert es bei den weiblichen Führungskräften jeweils drei Jahre, bis ihnen weitere MitarbeiterInnen unterstellt werden, während bei den Männern jedes Jahr rund zwei MitarbeiterInnen hinzukommen.

c) Subjektiver Karriereerfolg: Karriere-Zufriedenheit und angenommener zugeschriebener Erfolg

Die „virtuellen Zwillinge" unterscheiden sich innerhalb der Paare hinsichtlich objektiver und subjektiver Karrieredefinition. Dieses Ergebnis ist vor allem zur

Analyse der habituellen Verankerung von Karriereerfolg bedeutsam. Auf der objektiven Seite zeigen sich – wie dargestellt – Unterschiede hinsichtlich Einkommen und Führungsverantwortung. Subjektiv zeigt sich sowohl bei den Frauen als auch bei den Männern eine hohe Karrierezufriedenheit. Im zehnten Jahr ihrer Karriere sind die Frauen auf der 11-Punkte-Skala, die für die Messung der Zufriedenheit benutzt wurde, nur mehr 1,7 Punkte von der höchstmöglichen Karrierezufriedenheit entfernt und liegen damit fast gleichauf mit den Männern. Bei der Erfolgseinschätzung durch das berufliche Umfeld liegen die Frauen im zehnten Jahr sogar knapp vor den Männern. Während die Frauen im Durchschnitt nur 1,7 Punkte unterhalb des höchstmöglichen Werts liegen, sind es bei den Männern 1,9 Punkte. Insgesamt sind die Unterschiede aber zu gering, um statistisch bedeutsam zu sein. Diese Zufriedenheit und der angenommene zugeschriebene Erfolg resultieren zum einen aus strukturellen Merkmalen und deren Verankerung im Habitus, also dem Verständnis von Karrieren und der Positionierung im sozialen Raum, die wie beschrieben in der westlichen Welt identitätsbildend sind. Mit einer erfolgreichen beruflichen Positionierung im Managementbereich erhöht sich ökonomisches und soziales Kapital in Form von Beziehungen und Netzwerken maßgeblich und trägt zu einer Akkumulation von symbolischem Kapital über das Wahrgenommenwerden und die Anerkennung bei. Bei der Untersuchungsgruppe zeigte sich, dass diese erfolgreich „mitspielen" in dem spezifischen sozialen Feld der WirtschaftsakademikerInnen. Arbeitslosigkeit oder gebrochene Karrieren über Um- und Neuorientierungen oder Ausstiege kamen in die-

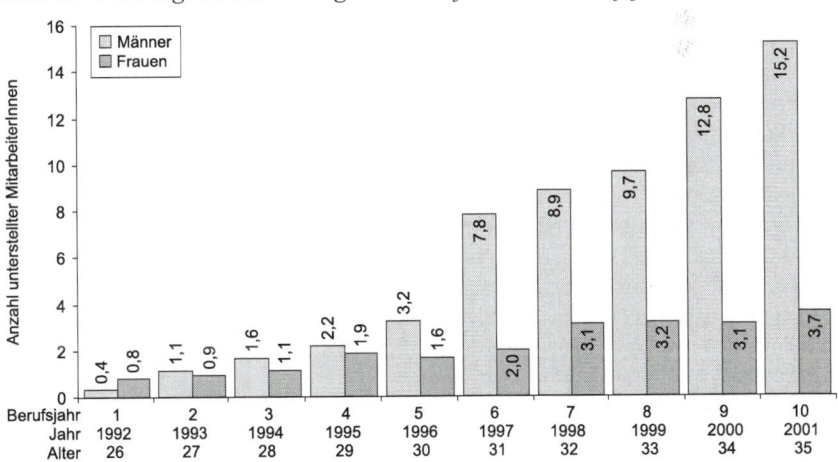

Abb. 2: Führungsverantwortung im Verlauf von zehn Berufsjahren

Quelle: Strunk et al. 2005, S. 234

sem Sample nicht vor. Subjektiver Erfolg wird hier über die soziale Positionierung innerhalb der Gesellschaft in Relation zu anderen AkteurInnen (sowohl Männern als auch Frauen) gesehen.

4. Erklärungsansätze und Fazit

Ziel des Beitrags war es, valide Aussagen hinsichtlich geschlechtsbedingter Ungleichheiten innerhalb von Karrieren zu ermöglichen. Diskriminierungen aufgrund des Geschlechts zeigen sich bekanntermaßen in Organisationen in horizontalen und vertikalen Segregationen über Arbeitsmarktsegmente, Branchen und Professionen sowie deren symbolische Bewertungen, welche sowohl Männer als auch Frauen in ihren Karrieren betreffen (vgl. Teubner 2004, S. 429ff.). Diese vielfältigen Aspekte wurden in der dargestellten Studie durch die Reduktion auf ein spezielles soziales Feld mit den darin agierenden AkteurInnen eingegrenzt. Im Ergebnis wurde eine Vergleichsbasis beruhend auf Pierre Bourdieus theoretischen Ansätzen geschaffen – die „virtuellen Zwillinge". Der Gedanke dabei war, nur Individuen mit gleicher Kapitalienausstattung und einem dementsprechenden Habitus, unterschiedlich nur in der Genusgruppenzugehörigkeit, gegenüberzustellen. Da Karrieren in Abhängigkeit vom Habitus, wie erläutert, nicht nur von individuellen Voraussetzungen bestimmt, sondern ebenso von strukturellen Bedingungen geformt werden, ermöglicht diese habitustheoretische Betrachtung die Erfassung tief verankerter Sinnstrukturen (symbolische Logiken), die sich in Wahrnehmungs-, Denk- und Handlungsschemata genusgruppenübergreifend zeigen. Damit werden strukturelle Bedingungen verankert in habituellen Dispositionen analysierbar und in den Untersuchungsergebnissen an den vergleichbaren Karriereverläufen der AkteurInnen und der Zufriedenheit mit ihrer Karriere erkennbar.

Feststellbar ist weiterhin über die Kategorien des objektiven Karriereerfolgs eine Resistenz von Mechanismen, die die Genusgruppen betreffen. Habituelles und strukturelles Verharrungsvermögen werden in ungleicher Gehaltsentwicklung und Führungsverantwortung in diesem männlich geprägten Karrierefeld (vgl. Hanappi-Egger 2011, S. 17ff.; Hermann 2004, S. 114ff.) sichtbar und verweisen somit auf eine eindeutige Diskriminierung lediglich aufgrund der Genusgruppenzugehörigkeit. Erklärungsansätze für diese geschlechtsabhängigen Diskriminierungsmechanismen im Karriereverlauf sind vielseitig und umfangreich und können aus der feministischen und Genderforschung (vgl Hanappi-Egger 2011, S. 17ff.) herangezogen werden: Strukturelle Logiken werden über Wahrnehmungs-, Denk- und Handlungsschemata erkennbar, wie sich deutlich in der übertragenen Führungsverantwortung zeigt. So offenbaren sich spezifische Interaktionen und stereotype Zuschreibungen im Organisationskontext in den anfänglich erwähnten kollektiven Annahmen zum beruflichen Ausfall von Frauen (generell) bis zu einem bestimmten Alter durch mutterschafts- und karenz- bzw. erziehungspausenbedingte Karriereunterbrechungen. Deutlich wird hier die Bedeutung des symbolischen Kapitals (Wertigkeit aufgrund von Anerkennungsprozessen), welches sich letztendlich in der unterschiedlichen Entlohnung von Frauen und Männern findet. Im Rahmen dieser Studie konnte eindeutig nachgewiesen werden, dass das geringere Einkommen und die geringere Führungsverantwortung von Frauen in Organisationen nicht auf Karriereunterbrechungen als Resultat beruflicher Pausen in Form von Mutterschafts- und Erziehungsurlaub oder als Ergebnis von Teilzeitarbeit zurückzuführen sind.

Gleichzeitig offenbarten sich bei den hier untersuchten WirtschaftsakademikerInnen Dynamiken der Veränderung innerhalb von Strukturen, die über den subjektiven Karriereerfolg erklärbar sind. Die befragten Frauen und Männer sind gleichermaßen mit ihrer Karriere zufrieden und nehmen an, dass sie auch von außen als erfolgreich gesehen werden. Besonders für Frauen ist dieses Ergebnis in einem männlich geprägten Karrierefeld von Interesse. Frauen zeigen damit die gleichen habituellen Dispositionen wie Männer. Dieser Blickwinkel ist bedeutsam, um die Daten für den subjektiven Karriereerfolg sowohl von Frauen als auch von Männern zu verstehen. Durch die Verfügbarkeit von sozialem und ökonomischem Kapital wird gleichzeitig symbolisches Kapital akkumuliert und als Vergleichsbasis für den gesamten sozialen Raum zugrunde gelegt. Dementsprechend ist auch die Selbsteinschätzung des eigenen Karriereerfolgs hoch. Über diese kognitiven Prozesse wird erklärbar, dass das Klima der Diskriminierung den Diskriminierten selbst oft nicht bewusst ist.

Die vorliegenden Ergebnisse beziehen sich zunächst auf ein spezifisches soziales Feld, das der WirtschaftsakademikerInnen (vgl. dazu auch Ulbricht in diesem Band). Ob und wie weit diese Ergebnisse auf andere Felder übertragbar sind, muss sich in weiteren Studien zeigen. Strunk und Hermann (2009) führten in diesem Zusammenhang zahlreiche vergleichbare Arbeiten mit ähnlichen Ergebnissen durch. Das lässt vermuten, dass die hier identifizierten Mechanismen der ungleichen Karriere vor dem Hintergrund gleicher Ausgangsbedingungen nicht allein auf WirtschaftsakademikerInnen beschränkt sind.

Um zu analysieren, inwieweit horizontale und vertikale Segregationsmechanismen innerhalb von Karrieren der Genusgruppe zugeschrieben werden können, gibt diese Studie dementsprechend einen Ansatzpunkt. Die einleitende Fragestellung: „Wichtig? Unwichtig? Welche Rolle spielt Geschlecht in der Karriere?" kann für die vorliegende Untersuchung wie folgt beantwortet werden: Wenn davon ausgegangen wird, dass es im Rahmen der Studie gelungen ist, Personen mit gleicher Kapitalienausstattung und ähnlichen Habitusdispositionen im gleichen Karrierefeld zu beobachten, dann zeigen die vorliegenden Ergebnisse, dass nur aufgrund der Genusgruppenzugehörigkeit gravierende Unterschiede im objektiven Karriereerfolg auftreten. Da alle anderen Faktoren parallelisiert wurden, spielt lediglich das biologische Geschlecht eine Rolle bei der Erklärung der Unterschiede. Damit liegt die Bedeutung der Genusgruppenzugehörigkeit quer zu anderen möglichen Einflussfaktoren wie soziale Herkunft, Ausbildung und Studium, womit deutlich Diskriminierungsmechanismen aufgezeigt werden.

Literatur

Auer, Manfred 2000: Vereinbarungskarrieren. München, Mering
Bagilhole, Barbara/Goode, Jackie 2001: The contradiction of the myth of individual merit and the reality of a patriarchal support system in academic careers. In: The European Journal of Women's Studies, Jg. 8, H. 2, S. 161–180
Baruch, Yehuda 2002: Developing Career Theory Based on New Science: A Futile Exercise? The Devil's Advocate Commentary. In: Management, Jg. 1, H. 5, S. 15–21
Becker, Ruth/Kortendiek, Beate (Hg.) 2004: Handbuch Frauen- und Geschlechterforschung. Theorie, Methoden, Empirie. Wiesbaden
Bendl, Regine (Hg.) 2006: Betriebswirtschaftslehre und Frauen- und Geschlechterforschung, Teil 1 – Verortung geschlechterkonstituierender (Re-)Produktionsprozesse. Frankfurt/M.
Borkenau, Peter/Ostendorf, Fritz 1993: NEO-Fünf-Faktoren Inventar (NEO-FFI) nach Costa und McCrae. Göttingen
Borutta, Manfred/Giesler, Christiane 2006: Karriereverläufe von Männern und Frauen in der Altenpflege: eine sozialpsychologische und systemtheoretische Analyse. Wiesbaden
Bourdieu, Pierre 1983: Ökonomisches Kapital, kulturelles Kapital, soziales Kapital. In: Kreckel, Reinhard (Hg.): Soziale Ungleichheiten. Göttingen, S. 183–198
Bourdieu, Pierre 1997a: Die feinen Unterschiede. Kritik der gesellschaftlichen Urteilskraft (9. Auflage). Frankfurt/M.
Bourdieu, Pierre 1997b: Sozialer Sinn. Kritik der theoretischen Vernunft (2. Auflage). Frankfurt/M.
Bourdieu, Pierre 1998: Praktische Vernunft. Zur Theorie des Handelns. Frankfurt/M.
Bourdieu, Pierre/Wacquant, Loïc J. D. 1996: Die Ziele der reflexiven Soziologie. In: Bourdieu, Pierre/Wacquant, Loïc J. D. (Hg.): Reflexive Anthropologie. Frankfurt/M., S. 95–294
Ceci, Stephen J./ Williams, Wendy M. (2010): Understanding current causes of women's underrepresentation in science: Department of Human Development, Cornell University, Ithaca, NY 14853. Internet: www.pnas.org/cgi/doi/10.1073/pnas.1014871108 PNAS Early Edition | 1 of 6 [29.08.2011]
Chudzikowski, Katharina/Mayrhofer, Wolfgang/Schiffinger, Michael 2008: Career movements and their outcomes – a way of interacting with organisations: An empirical study of career transitions in Austria. Paper presented at 24th Colloquium of European Group for Organizational Studies (EGOS), Amsterdam, Netherlands, 10–12 July 2008

Collinson, David/Hearn, Jeff 2005: Men and masculinities in work, organizations and management. In: Kimmel, Michael S./Hearn, Jeff/Connell, Robert W. (Hg.): Sage Handbook on Men and Masculinities. Thousand Oaks, S. 289–310

Drodge, Edward N. 2002: Career Counselling at the Confluence of Complexity Science and New Career. In: Management, Jg. 5, H. 1, S. 49–62

Engler, Steffani 2004: Habitus und sozialer Raum: Zur Nutzung der Konzepte Pierre Bourdieus in der Frauen- und Geschlechterforschung. In: Becker/Kortendiek 2004, S. 222–233

Gottschall, Karin 1995: Geschlecht und Klasse als Dimension des sozialen Raums. Neuere Beiträge zum Verhältnis von Geschlechterhierarchie und sozialer Ungleichheit. In: Wetterer, Angelika (Hg.) 1995: Die soziale Konstruktion von Geschlecht in Professionalisierungsprozessen. Frankfurt/M., New York, S. 33–50

Hanappi-Egger, Edeltraud 2011: The Triple M of Organizations: Man, Management and Myth (Interdisciplinary Studies in Economics and Management). Wien

Harding, Sandra 1986: The Science Question in Feminism. Ithaca, NY

Hermann, Anett 2004: Karrieremuster im Management – Pierre Bourdieus Sozialtheorie als Ausgangspunkt für eine genderspezifische Betrachtung. Wiesbaden

Hermann, Anett 2006: Karrieremuster als geschlechter(re)produzierende Prozesse in Organisationen. In: Bendl 2006, S. 243–271

Hossiep, Rüdiger/Paschen, Michael 1998: Das Bochumer Inventar zur berufsbezogenen Persönlichkeitsbeschreibung (BIP). Handanweisung. Göttingen

Husu, Liisa 2005: Towards gender equality in higher education: problems, policies and practices. In: Thaler, Anita/Wächter, Christine (Hg.): Conference Proceedings, Creating Cultures of Success for Women Engineers. Graz, Austria, 6–8 October 2005, S. 13–32

Ingraham, Chrys 2005: Introduction: Thinking Straight. In: Ingraham, Chrys (Hg): Thinking Straight. The Power, the Promise, and the Paradox of Heterosexuality. New York, London, S. 1–11

Koall, Iris 2006: Struktur, Dilemma und Dekonstruktion der Geschlechterforschung in der Betriebswirtschaftslehre. In: Bendl 2006, S. 47–125

Krell, Gertraude 2010: Führungspositionen. In: Projektgruppe GiB 2010, S. 423–484

Langan, Debra/Morton, Mavis 2009: Through the eyes of farmers' daughters. Academics working on marginal land. In: Women's Studies International Forum, Jg. 32, H. 6, S. 395–405

Lipman-Blumen, Jean 1976: Toward a Homosocial Theory of Sex Roles: An Explanation of the Sex Segregation of Social Institutions. In: Signs, Jg. 1, H. 3, S. 15–31

Maanen, John van/Barley, Stephen R. 1984: Occupational communities: culture and control in organization. In: Staw, Barry M./Cummings, Larry L. (Hg.): Research in Organizational Behavior. CT JAI (6. Auflage). Greenwich, S. 287–365

Marshall, Judith 1996: Re-visioning career concept: a feminist invitation. In: Arthur, Michael B./Hall, Douglas T./Lawrence, Barbara S. (Hg.): Handbook of Career Theory. Cambridge, S. 275–291

Marshall, Judith 2000: Living Lives of Change: Examining Facets of Women Manager's Career Stories. In: Peiperl, Maury A. (Hg.): Career Frontiers: New Conceptions of Working Lives. Oxford, S. 202–227

Mayrhofer, Wolfgang/Meyer, Michael/Steyrer, Johannes (Hg.) 2005: Macht? Erfolg? Reich? Glücklich? Einflussfaktoren auf Karrieren. Wien

Mayrhofer, Wolfgang/Meyer, Michael/Steyrer, Johannes/Iellatchitch, Alexandré/Schiffinger, Michael/Strunk, Guido/Erten-Buch, Christiane/Hermann, Anett/Mattl, Christine 2002: Einmal gut, immer gut? Einflussfaktoren auf Karrieren in „neuen" Karrierefeldern. In: Zeitschrift für Personalforschung, Jg. 16, H. 3, S. 392–414

o.V.: Der Standard vom 23. Mai 2011. Internet: http://derstandard.at/1304552595944/Jugendstudie-Jede-zweite-junge-Frau-waere-gerne-Hausfrau-wenn-der-Mann-genug-verdient? seite=23

Projektgruppe GiB 2010: Geschlechterungleichheiten im Betrieb: Arbeit, Entlohnung und Gleichstellung in der Privatwirtschaft. Berlin

Rastetter, Daniela 1994: Sexualität und Herrschaft in Organisationen. Opladen

Rastetter, Daniela 1998: Männerbund Management. Ist Gleichstellung von Frauen und Männern trotz wirksamer archaischer Gegenkräfte möglich? In: Zeitschrift für Personalforschung, Jg. 12, H. 2, S. 167–186

Reitman, Frieda/Schneer, Joy A. 2003: The promised path: a longitudinal study of managerial careers. In: Journal of Managerial Psychology, Jg. 18, H. 1, S. 60–75

Schiefele, Ulrich 1990: Einstellung, Selbstkonsistenz und Verhalten. Göttingen

Schiffinger, Michael/Strunk, Guido 2003: Zur Messung von Karrieretaktiken und ihrer Zusammenhänge mit Karriereerfolg und Karriereaspirationen. In: Hitzler, Ronald/Pfadenhauer, Michaela (Hg.): Karrierepolitik. Beiträge zur Rekonstruktion erfolgsorientierten Handelns. Opladen, S. 295–312

Strunk, Guido 2009a: Die Komplexitätshypothese der Karriereforschung. Frankfurt/M.

Strunk, Guido 2009b: Operationalizing Career Complexity. In: Management Revue, Jg. 20, H. 3, S. 294–311

Strunk, Guido/Hermann, Anett 2009: Berufliche Chancengleichheit von Frauen und Männern. Eine empirische Untersuchung zum Gender Pay Gap. In: Zeitschrift für Personalforschung, Jg. 23, H. 3, S. 237–257

Strunk, Guido/Hermann, Anett/Praschak, Susanne 2005: Eine Frau muss ein Mann sein, um Karriere zu machen. In: Mayrhofer et al. 2005, S. 211–242

Strunk, Guido/Steyrer, Johannes/Mattl, Christine/Mayrhofer, Wolfgang 2002: How Career Tactics and Personality Influence Post-Organizational Career Aspirations. Presented at: 25th International Congress of Applied Psychology. Singapore, 07.07.–12.07.2002

Teubner, Ulrike 2004: Beruf: Vom Frauenberuf zur Geschlechterkonstruktion im Berufssystem. In: Becker/Kortendiek 2004, S. 429–436

Wetterer, Angelika 2004: Konstruktion von Geschlecht: Reproduktionsweisen der Zweigeschlechtlichkeit. In: Becker/Kortendiek 2004, S. 122–131

Winker, Gabriele/Degele, Nina 2010: Intersektionalität. Zur Analyse sozialer Ungleichheiten (2. Auflage). Bielefeld

Ziegler, Astrid/Gartner, Hermann/Tondorf, Karin 2010: Entgeltdifferenzen und Vergütungspraxis. In: Projektgruppe GiB 2010, S. 271–346

Die Berufseinmündung von Absolventinnen und Absolventen wirtschaftswissenschaftlicher Studienrichtungen

Susan Ulbricht

1. Einleitung

In der geschlechtsbezogenen AbsolventInnenforschung scheint die Frage, welche Faktoren während des Berufseinmündungsprozesses zu den unterschiedlichen Platzierungen im Arbeitsmarkt führen, nach wie vor nur unzureichend beantwortet zu sein. Die meisten Studien belegen seit den 1990er-Jahren ein Muster, nach dem gut qualifizierte und hoch motivierte Absolventinnen beim Berufseinstieg objektiv und auch häufig subjektiv weniger erfolgreich sind als Absolventen, von denen sie sich hinsichtlich der Qualifikation nicht unterscheiden (vgl. Mayrhofer/Schiffinger 2005; Leuze/Strauß 2009; Wüst/Burkart 2010). Die Humankapitalthese, nach der Frauen aufgrund niedrigerer Qualifikationen niedrigere berufliche Einstiegspositionen erreichen, weist demnach keine ausreichende Erklärungskraft mehr auf (vgl. hierzu auch Leuze/Strauß 2009).

In ihrem 2008 erschienenen Buch „Auf halbem Weg" zeigen beispielsweise Andrea Carl, Friederike Maier und Dorothea Schmidt geschlechtstypische Muster der Berufseinmündung junger Absolventinnen und Absolventen wirtschaftswissenschaftlicher Studiengänge in den letzten Jahrzehnten auf. Auch hier wurde deutlich, dass bei allgemein überdurchschnittlichen Beschäftigungschancen von WirtschaftswissenschaftlerInnen der Berufseinstieg von Frauen ungünstiger ausfällt. Sie erzielen niedrigere Einkommen, haben geringere Aufstiegserwartungen und eine geringere Karriereorientierung. Auch subjektiv war die berufliche Zufriedenheit bei den Frauen geringer als bei den Männern.

Anliegen des vorliegenden Beitrags ist es, Absolventen und Absolventinnen wirtschaftswissenschaftlicher Fachrichtungen deutscher Hochschulen hinsichtlich ihres Erfolgs beim Berufseinstieg zu vergleichen (vgl. auch Hermann/Strunk in diesem Band). Er knüpft dabei an frühere Studien zum Berufseinstieg von (Wirtschafts-)Absolventinnen an und soll zeigen, was neueren Daten zu dieser Thematik zu entnehmen ist. Die Datengrundlage bilden die AbsolventInnenstudien des Internationalen Zentrums für Hochschulforschung der Universität Kassel (INCHER; Kooperationsprojekt Absolventenstudien KOAB), die ich innerhalb des Forschungsprojekts nutzen durfte.[1] Anhand der KOAB-Daten werden im Folgenden Absolventen und Absolventinnen wirtschaftswissenschaftlicher Fachrichtungen des Abschlussjahrgangs 2007 hinsichtlich ihres Berufseinstiegs und des dabei erreichten Berufserfolgs verglichen.

Es erscheint lohnend, die Ergebnisse hinsichtlich Fremd- vs. Selbstselektion von Absolventinnen während des Bewerbungsprozesses zu betrachten. Insbesondere die Frage nach geschlechtstypischen Unterschieden in den beruflichen Wertorientierungen (also der subjektiven Wichtigkeit von Einkommen, Selbstbestimmung, Möglichkeit zur wissenschaftlichen Arbeit, familiärer Vereinbarkeit, Weiterbildungsmöglichkeiten, Arbeitsplatzsicherheit, gesellschaftlicher Anerkennung der beruflichen Tätigkeit u.ä.) führte zu Hinweisen auf mögliche Weichenstellungen im Bewerbungsprozess und kann als weiteres Puzzleteil zum Verständnis geschlechtstypischer Muster des Berufseinstiegs dienen.

2. Forschungsstand

Die relevanten Arbeiten zum Thema des Projekts finden sich zum einen im Bereich allgemeiner Absolventenstudien und der Berufseinmündungsforschung (vgl. stellvertretend Teichler 2003; Krempkow/Pastohr o.J.). Besonders im Zuge des Bologna-Prozesses wird vielfach untersucht, wie sich die Übergänge in Beschäftigung entwickeln (vgl. z.B. Schomburg 2009; Grotheer 2010).

AbsolventInnenstudien mit explizitem Geschlechterbezug sind seltener (vgl. z.B. Leuze/Strauß 2009; Strunk/Hermann 2009; Chudzikowski et al. 2009), ebenso wie Studien zum Arbeitsmarkt von Akademikerinnen auch nach der Berufseinstiegsphase (vgl. Schreyer 2008). Berufseinstiege und Arbeitsmarktchancen von Wirtschaftswissenschaftlern und Wirtschaftswissenschaftlerinnen wurden explizit von Maier et al. 2003, Mayrhofer und Schiffinger 2005 und Carl et al. 2008 untersucht. AbsolventInnen eines Diplom-Betriebswirt-Studiengangs werden von Wüst und Burkart 2010 betrachtet. Im Folgenden sollen die thematisch besonders einschlägigen Arbeiten kurz vorgestellt werden.

Leuze und Strauß (2009) untersuchten mit dem HIS-Absolventenpanel[2] den Spezialisierungsgrad der Studienfächer von Männern und Frauen hinsichtlich der Annahmen der Humankapitaltheorie, dass junge Frauen bereits vor dem Studium von späteren Erwerbsunterbrechungen ausgehen und deshalb ein Fach mit

---

1　Mein freundlicher Dank gilt *Harald Schomburg, Florian Löwenstein* und *Choni Flöther* für die nette Aufnahme und Unterstützung während meiner Arbeit vor Ort in Kassel im April 2009 sowie *Karin Reichel* für hilfreiche Hinweise bei der Erstellung des Artikels.
2　*HIS* steht für *H*ochschul-*I*nformations-*S*ystem, für Details der Befragung vgl. www.his.de.

weniger Spezialisierungserfordernissen wählen, um flexibel in unterschiedlichen Berufen oder Betrieben arbeiten zu können. Ihre Analyse des HIS-Absolventenpanels widerlegt diese Annahme, denn Frauen wählen häufig höher spezialisierte Fächer wie Lehramt oder Sozialpädagogik, andererseits kann auch in wenig spezialisierten Fächern wie Wirtschaftswissenschaften ein hohes Einkommen erzielt werden. Ihr Fazit lautet:

> „In dieser Untersuchung konnte also kein Einfluss der beruflichen Spezialisierung im Studium auf geschlechtsspezifische Einkommensunterschiede nachgewiesen werden." (Ebd., S. 4)

Schreyer (2008) verglich anhand des Mikrozensus 2004 die Arbeitsmarktsituation von AkademikerInnen mit der anderer beruflicher Qualifikationsgruppen, die Arbeitsmarktsituation von Akademikerinnen mit der von Akademikern sowie den Arbeitsmarkt von Akademikerinnen mit dem Arbeitsmarkt von Frauen anderer beruflicher Qualifikationsgruppen. Sie stellt fest, dass AkademikerInnen gegenüber anderen Qualifikationsgruppen bessere Beschäftigungschancen, Positionen und höheres Einkommen aufweisen, Akademiker jedoch noch besser abschneiden als Akademikerinnen. Außerdem arbeiten Akademikerinnen häufiger „unterwertig" als Frauen mit niedrigerer Qualifikation (ebd., S. 76).

In einem Exkurs betrachtet sie explizit die Situation von Wirtschaftswissenschaftlerinnen.

Der Frauenanteil an den Erwerbstätigen mit Abschlüssen in VWL liegt bei 36%, in BWL bei 34% (alle Erwerbstätigen mit Hochschulabschluss: 39%). Bei den WirtschaftsakademikerInnen finden sich kaum Geschlechtsunterschiede bezüglich der Befristung von Arbeitsverträgen, jedoch sind Frauen häufiger auf den unteren und mittleren Beschäftigungspositionen zu finden und sie sind häufiger erwerbslos als Männer mit einem wirtschaftsakademischen Abschluss.

Schreyer vermutet, dass der Strukturwandel des Beschäftigungssystems in Richtung Höherqualifizierung und der demographische Wandel die Arbeitsmarktchancen von Akademikerinnen steigen lassen könnten (vgl. auch Reichel in diesem Band).

Carl et al. (2008) analysierten geschlechtstypische Muster der Berufseinmündung auf der Basis verschiedener Studien zur Berufseinmündung junger Absolventinnen und Absolventen wirtschaftswissenschaftlicher Studiengänge. Dabei werden deren Arbeitsmarkt- und Beschäftigungssituation in den 1980er- und 1990er-Jahren dargestellt. Die Autorinnen stellten fest, dass die Anzahl wirtschaftswissenschaftlicher Absolventinnen in den Jahren 1973 bis 2005 deutlich überproportional wuchs in Relation zu den allgemeinen Absolventinnenzahlen. So stieg der Anteil der Frauen an den erfolgreichen AbsolventInnen wirtschaftswissenschaftlicher Studiengänge von 9% auf 43% an Universitäten und von 5% auf 52% an den Fachhochschulen.

Den WirtschaftsakademikerInnen boten sich im betrachteten Zeitraum sehr gute Beschäftigungschancen, die zu einer sehr hohen Erwerbsbeteiligung im Vergleich zu AbsolventInnen anderer Fachrichtungen führten. Bereits zum ersten Messzeitpunkt zeigten sich deutlich geringere Einstiegsgehälter von Frauen, die vor allem durch die Status- und Positionsunterschiede der ausgeübten Tätigkeiten erklärt werden. So sind Frauen mit Hochschulabschluss weitaus häufiger als Männer mit Hochschulabschluss auf Sachbearbeiterpositionen beschäftigt und üben seltener Personalverantwortung aus.

Mayrhofer und Schiffinger (2005) untersuchten den Zusammenhang zwischen Studienperformance und Einstiegsgehältern bei den Geschlechtern im Rahmen des Vienna Career Panel Project (ViCaPP). In ihrer Kohorte von Wirtschaftsakademikerinnen und -akademikern des Abschlussjahrgangs 2000 studierten die Frauen schneller, aber Absolventen mit längerer Studiendauer (unabhängig vom Geschlecht) wiesen die höheren Einstiegsgehälter auf. Dies ist ein Effekt der Berufstätigkeit neben dem Studium. Die höchsten Einstiegsgehälter erzielte die Gruppe mit durchgehender Berufstätigkeit neben dem Studium, was auf Frauen seltener zutrifft. Kein Zusammenhang zeigte sich zwischen Notendurchschnitt und Einstiegsgehalt.

Keine Geschlechtsunterschiede gab es bezüglich der Auslandsaufenthalte während des Studiums und auch keine klaren Effekte von Auslandsaufenthalten auf den Karriereerfolg.

Wenig überraschend fanden sich deutliche Einkommensunterschiede zwischen den verschiedenen wirtschaftswissenschaftlichen Studienrichtungen.[3]

Im selben Band (vgl. Mayrhofer et al. 2005) betrachten *Strunk et al. (2005)* 52 gemischtgeschlechtliche „virtuelle Zwillingspaare" bezüglich ihres Karriereerfolgs in den ersten Berufsjahren nach dem wirtschaftswissenschaftlichen Hochschulabschluss. Es zeigt sich, dass beim Karriereeinstieg (in den ersten drei Berufsjahren) keine geschlechtsspezifischen Unterschiede hinsichtlich des Bruttojahresgehalts, der übernommenen Führungsverantwortung, der Anzahl der unterstellten Mitarbeiter und der Karrierezufriedenheit nachzuweisen sind. Jedoch: „Je länger die Karriere dauert, desto mehr lassen die Männer die Frauen hinter sich zurück" (ebd., S. 232). Nach zehn Berufsjahren ist die Schere zwischen Männern und Frauen im Hinblick auf objektive Erfolgskriterien sehr deutlich auseinandergegangen – wohlgemerkt bei Männern und Frauen, die sich nur hinsichtlich ihres biologischen Geschlechts unterscheiden, da alle anderen Faktoren für die Zwillingsstudie konstant gehalten wurden. Aber auch wenn Gehalt und

---

3   So erzielen BetriebswirtInnen ein durchschnittlich höheres Einstiegsgehalt als HandelswissenschaftlerInnen. WirtschaftspädagogInnen erzielen das durchschnittlich niedrigste Einstiegsgehalt der WirtschaftswissenschaftlerInnen (vgl. Mayrhofer/Schiffinger 2005, S. 147).

Führungsverantwortung sich dramatisch unterscheiden, bewerten Frauen ihre Karrieren und das berufliche Ansehen mit der gleichen Zufriedenheit wie Männer. Die Autoren begründen dies damit, dass Frauen sich eher mit anderen Frauen in ähnlicher beruflicher Position vergleichen als mit Männern (ähnlich äußern sich auch Liebig et al. 2010).

In einer weiteren Auswertung der ViCaPP-Daten analysierten *Strunk und Hermann (2009)* mittels einer parallelisierten Stichprobe die Karrieren von 43 Absolventinnen und 51 Absolventen wirtschaftswissenschaftlicher Studiengänge der Wirtschaftsuniversität Wien. Sie zeigen große Gehaltsunterschiede, obwohl sich die Gruppen im Hinblick auf 26 karriererelevante Variablen nicht unterscheiden. Außerdem wurden Karenzzeiten, die geleistete Wochenarbeitszeit und Organisationsgröße zum Berufseinstieg untersucht, doch auch diese Variablen erklären den erheblichen Gender Pay Gap nicht.[4]

Chudzikowski et al. (2009) wiesen darauf hin, dass die Frauen der 2000er ViCaPP-Kohorte einen noch höheren Einkommensabstand gegenüber den männlichen Absolventen aufweisen als die der 1990er Kohorte.

Wüst/Burkart (2010) betrachten BWL-Absolventinnen und -Absolventen der Fachhochschule Pforzheim hinsichtlich ihrer Berufseinmündung und deren Voraussetzungen. Sie stellen fest, dass die Absolventinnen im Vergleich zu den Absolventen eine bessere schulische und berufliche Bildung aufweisen, bessere Studienleistungen erzielen, häufiger einen Auslandsaufenthalt während des Studiums absolvieren und häufiger in studentischen Organisationen engagiert sind. Studentinnen und Studenten dieser Stichprobe unterscheiden sich nicht hinsichtlich der Berufstätigkeit während des Studiums und der absolvierten Praktika. Dennoch hatten zum Zeitpunkt der Befragung bereits mehr Männer als Frauen eine Stellenzusage.

Unterschiede werden jedoch deutlich in der Mobilität nach Studienabschluss. Hier geben Männer häufiger eine bundesweite Joborientierung an als Frauen.

Das beim Berufseinstieg erzielte Bruttojahreseinkommen wird signifikant beeinflusst durch das Geschlecht, die Abschlussnote, einen Auslandsaufenthalt, das Abschlussjahr, die Berufsausbildung vor dem Studium und die bundesweite Mobilität. Allein aufgrund des Geschlechts ergäbe sich beim Bruttojahreseinkommen eine statistische Differenz von 8,7% zuungunsten der Frauen, die diese jedoch durch ihre besseren Studienfaktoren etwas ausgleichen können. Es verbleibt eine Differenz von durchschnittlich 3.000 € pro Jahr bereits beim Berufseinstieg.

---

4 Zu möglichen Erklärungsansätzen vgl. Busch/Holst, Herman/Strunk und Ruppert/Voigt in diesem Band.

Der Forschungsstand führt für die vorliegende Arbeit zu der untersuchungsleitenden Annahme, dass auch die hier untersuchten angehenden WirtschaftsakademikerInnen sich nicht hinsichtlich ihrer Studienleistungen, wohl aber bezüglich ihres Berufserfolgs unterscheiden. Besonderes Augenmerk soll deshalb möglichen Geschlechtsunterschieden in der Bewerbungsphase gelten. Konkret werde ich untersuchen, ob und wie sich Frauen und Männer mit wirtschaftswissenschaftlichem Hochschulabschluss in ihren Studienleistungen, dem Verlauf ihrer Bewerbungsphase und deren Erfolg unterscheiden. Gibt es Unterschiede zwischen den Geschlechtern im Berufseinstieg und lassen sich diese auf unterschiedliche Studienleistungen und Unterschiede in der Bewerbungsphase zurückführen?

3. Ein Drei-Phasen-Modell des Berufseinstiegs von HochschulabsolventInnen: Empirische Ergebnisse

Teichler und Schomburg (1997, S. 248) unterscheiden zwischen objektiven Maßen für den Berufserfolg (z.B. Einkommen, berufliche Position), subjektiven Maßen für den Berufserfolg (z.B. berufliche Zufriedenheit), objektiven Maßen für den Berufseinstieg (z.B. Dauer der Suche nach dem ersten Beschäftigungsverhältnis) und Maßen zum Zusammenhang zwischen Studium und Beruf (z.B. Verwertbarkeit der Studieninhalte im Beschäftigungsverhältnis).

Daran angelehnt werde ich für den Vergleich des Berufseinstiegs von HochschulabsolventInnen Maße aus drei zeitlich aufeinanderfolgenden, sich teils überschneidenden Phasen heranziehen (vgl. Abb. 1):

Abb. 1: Die drei Phasen des Berufseinstiegs von Hochschulabsolventen und -absolventinnen

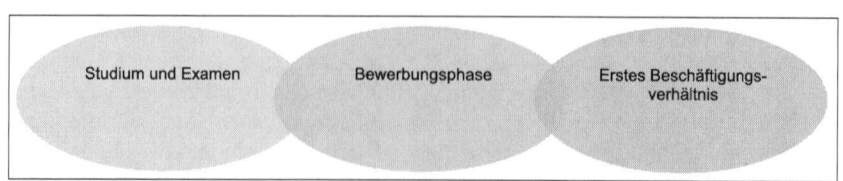

| Studium und Examen | Bewerbungsphase | Erstes Beschäftigungsverhältnis |

Eigene Darstellung

1. *Studium und Examen* (Studienleistungen, Studiendauer, Berufsausbildung, Berufserfahrung vor dem Studium und Auslandsaufenthalte während des Studiums)
2. *Bewerbungsphase* (Dauer der Arbeitssuche, Anzahl der kontaktierten Arbeitgeber, verwendete Bewerbungsstrategien, erfolgreiche Bewerbungsstrategie, Mobilität)

3. *Erstes Beschäftigungsverhältnis* (Sektor der ersten Beschäftigung, eventuelle Befristung, berufliche Position, Einkommen, Qualifikationsadäquanz, vereinbarte und tatsächlich geleistete Arbeitszeit, berufliche Zufriedenheit)

Für alle drei Phasen werden im Folgenden jeweils die Ergebnisse der Datenauswertung für Absolventinnen und Absolventen wirtschaftswissenschaftlicher Fachrichtungen dargestellt, und es wird dabei auf eventuell vorhandene Unterschiede zwischen den verschiedenen Fachrichtungen und Abschlussarten (Fachhochschule versus Universität) eingegangen.

Das Internationale Zentrum für Hochschulforschung (INCHER) in Kassel führt seit 2007 das Projekt KOAB („Studienbedingungen und Berufserfolg. Kooperationsprojekt zur Entwicklung und Durchführung entscheidungsnaher Absolventenstudien an deutschen Hochschulen") durch, an dem sich bisher rund 100.000 AbsolventInnen von 60 Hochschulen beteiligt haben. Die hier zugrunde liegende Befragung erfolgte im Wintersemester 2008/09 online oder per Papierfragebogen. Die Antwortquote betrug 50%. Die AbsolventInnen befanden sich zum Befragungszeitpunkt ca. anderthalb Jahre nach ihrem Studienabschluss (für eine genaue Dokumentation der Befragung und der Daten vgl. Schomburg 2009).

In diesem Beitrag berücksichtigt wurden die Absolventen und Absolventinnen von Universitäten und Fachhochschulen folgender Fachrichtungen: Betriebswirtschaftslehre, Volkswirtschaftslehre, Wirtschaftswissenschaften, Wirtschaftsinformatik, Wirtschaftsmathematik, Wirtschaftsingenieurwesen, Wirtschaftsrecht, Wirtschaftspädagogik (jeweils erstes Studienfach). Die gesamte Fallzahl betrug N = 4.519. Davon sind 60% Männer und 40% Frauen. Von den Abschlussarten ist das Universitätsdiplom mit 65,5% am häufigsten vertreten, danach folgt das Fachhochschuldiplom mit 24,4%. Andere Abschlussarten sind jeweils nur marginal vertreten.

Die Auswertung trägt explorativ-deskriptiven Charakter. Die in den Berechnungen angegebenen Signifikanzniveaus entsprechen folgenden zweiseitigen p-Werten: * = p < 0,05; ** = p < 0,01; *** = p < 0,001; p-Werte > 0,05 gelten als nicht signifikant.

3.1 Studium und Examen

Zum Vergleich von Absolventen und Absolventinnen während der ersten Phase „Studium und Examen" werden die Variablen Studienleistungen, Studiendauer, Berufsausbildung, Berufserfahrung vor dem Studium und Auslandsaufenthalte während des Studiums herangezogen.

In dieser Phase finden sich die wenigsten Unterschiede zwischen Absolventinnen und Absolventen wirtschaftswissenschaftlicher Fachrichtungen. Es gibt keine signifikanten Unterschiede hinsichtlich der durchschnittlichen Studiumsabschlussnoten (Männer: 2,18; Frauen: 2,20), wobei Frauen durchschnittlich deutlich schneller studieren als Männer und bis zum Abschluss nur 9,85 Fachsemester (10,9 Hochschulsemester) benötigen, männliche Absolventen dagegen 10,36 Fachsemester (11,55 Hochschulsemester). Diese Unterschiede sind höchstsignifikant. Die untersuchten Absolventinnen schließen ihr Studium auch häufiger (zu 37%) in der Regelstudienzeit ab, bei ihren männlichen Kommilitonen sind es knapp 34%.

Gering bis nicht vorhanden sind Unterschiede zwischen den Geschlechtern hinsichtlich der Berufsausbildung vor dem Studium. 41,3% der Frauen haben vor dem Studium eine Berufsausbildung absolviert, bei Männern sind es 36,6%. Bezüglich des fachlichen Zusammenhangs von Berufsausbildung und Studium gibt es keine Geschlechtsunterschiede, auch nicht hinsichtlich der Dauer der Berufserfahrung vor dem Studium (23,1 Monate bei Frauen versus 21,8 Monate bei Männern).

Die Dauer der Auslandsaufenthalte während des Studiums unterscheidet sich nicht signifikant zwischen den Geschlechtern. Männliche Absolventen verbrachten durchschnittlich 33 Wochen im Ausland, ihre Kommilitoninnen 31 Wochen.

In der ersten Phase des Berufseinstiegs haben Absolventinnen wirtschaftswissenschaftlicher Fachrichtungen im Vergleich mit den Absolventen die Nase leicht vorn. Sie studieren schneller bei ansonsten gleichen Leistungen und Erfahrungen.

3.2 Bewerbungsphase

Zum Vergleich der Absolventen und Absolventinnen während der zweiten Phase des Berufseinstiegs, der Bewerbungsphase, sollen die Dauer der Arbeitssuche, die Anzahl der kontaktierten Arbeitgeber, die verwendeten Bewerbungsstrategien, die erfolgreiche Bewerbungsstrategie und die Mobilität herangezogen werden.

Absolventen und Absolventinnen wirtschaftswissenschaftlicher Fachrichtungen unterscheiden sich nicht hinsichtlich der Dauer der Arbeitssuche. Beide Geschlechter benötigten für die Suche nach der ersten Beschäftigung nach Studienabschluss im Durchschnitt 2,9 Monate. Allerdings kontaktierten Frauen in dieser Zeit signifikant mehr Arbeitgeber (durchschnittlich 19,7), bei den Männern waren es 17,3.

Welche Wege die Absolventen und Absolventinnen beschritten, um ihr erstes Beschäftigungsverhältnis nach dem Studium zu finden, zeigt die folgende Tabelle (vgl. Tab. 1).

Bei beiden Geschlechtern dominiert der direkte Weg der Bewerbung auf eine Stellenanzeige oder eine Initiativbewerbung. Auch Firmenkontaktmessen, Praktika oder die Hilfe von Eltern und Verwandten werden häufig zur Beschäf-

Tab. 1: *Verwendete Bewerbungsstrategien (in Prozent, Mehrfachnennungen möglich)*

	Männlich	Weiblich	Signifikanzniveau
Bewerbung auf ausgeschriebene Stellen	77,9	80,8	*
Eigenständiger Kontakt zum Arbeitgeber (Blind- oder Initiativbewerbung)	55,5	50,4	**
Firmenkontaktmesse	30,6	28,7	–
Durch Praktika während des Studiums	35,1	34,5	–
Mithilfe von Freunden, Bekannten, Kommilitonen	24,8	24,1	–
Ein Arbeitgeber ist an mich herangetreten	23,5	16,9	***
Durch Studien- oder Abschlussarbeit	15,3	10,2	***
Durch das Arbeitsamt/die Bundesagentur für Arbeit	14,2	19,3	***
Durch private Vermittlungsagenturen	11,1	13,2	–
Mithilfe von Eltern, Verwandten	10,9	10,2	–
Durch Praktika nach dem Studium	5,8	8,3	**
Mithilfe der Hochschule	4,0	4,0	–
Sonstiges	7,1	10,5	***

Quelle: INCHER-Absolventenbefragung des Prüfungsjahrgangs 2007, eigene Berechnungen

tigungssuche herangezogen. Das Arbeitsamt oder private Arbeitsvermittler werden relativ selten bemüht, auch mögliche Hilfen der Hochschulen spielen nur eine geringe Rolle.

Absolventen bewerben sich häufiger initiativ bei potentiellen Arbeitgebern und sie erleben häufiger, dass Arbeitgeber an sie herantreten. Auch setzen sie Studien- oder Abschlussarbeiten häufiger als Bewerbungsinstrument ein. Absolventinnen bewerben sich etwas häufiger auf ausgeschriebene Stellen, mittels Praktika nach dem Studium oder mithilfe des Arbeitsamts.

Trotz der vorhandenen Unterschiede im Bewerbungsverhalten unterscheiden sich Absolventen und Absolventinnen nur marginal hinsichtlich des erfolgreichen Wegs der Beschäftigungssuche (vgl. Tab. 2). Beide Geschlechter finden am weitaus häufigsten durch eine Bewerbung auf ausgeschriebene Stellen die erste Beschäftigung nach dem Studium. Auch Initiativbewerbungen, Praktika während des Studiums und die Kontaktaufnahme durch einen Arbeitgeber führen zur ersten Beschäftigung. Andere Wege sind deutlich seltener erfolgreich.

Ein signifikanter Unterschied zeigt sich in der Mobilität bei der Beschäftigungssuche. Deutlich mehr Frauen als Männer treten ihre erste Beschäftigung nach dem Studium am Hochschulstandort an (vgl. Tab. 3). Zu einem ähnlichen Ergebnis kamen auch Wüst und Burkart (2010). Sie weisen Männern eine höhere Bereitschaft zur bundesweiten Mobilität nach und rechnen einer erhöhten Mobilität einen leicht positiven Effekt auf das zu erwartende Gehalt zu.

Tab. 2: *Erfolgreicher Weg der Beschäftigungssuche, in Prozent*

	Männlich	Weiblich
Bewerbung auf ausgeschriebene Stellen	42,4	47,0
Eigenständiger Kontakt zum Arbeitgeber (Blind- oder Initiativbewerbung)	12,4	9,8
Durch Praktika während des Studiums	10,3	8,7
Ein Arbeitgeber ist an mich herangetreten	9,0	9,5
Mithilfe von Freunden, Bekannten, Kommilitonen	6,1	5,2
Durch Studien- oder Abschlussarbeit	4,6	2,2
Firmenkontaktmesse	4,5	3,6
Durch Praktika nach dem Studium	2,1	2,9
Durch private Vermittlungsagenturen	2,0	3,2
Mithilfe von Eltern, Verwandten	1,2	0,7
Mithilfe der Hochschule	0,6	0,9
Durch das Arbeitsamt/die Bundesagentur für Arbeit	0,5	0,5
Sonstiges	4,4	5,8
Gesamt	100	100

Quelle: INCHER-Absolventenbefragung des Prüfungsjahrgangs 2007, eigene Berechnungen

Tab. 3: *Mobilität (Region der ersten Beschäftigung), in Prozent*

	Männlich	Weiblich
Hochschulstandort	25,5	31,7
Region der Hochschule (außer Hochschulstandort)	11,2	10,0
Deutschland (außer Hochschulstandort und Region der Hochschule)	58,2	53,5
Ausland	5,2	4,8
Gesamt	100	100

Quelle: INCHER-Absolventenbefragung des Prüfungsjahrgangs 2007, eigene Berechnungen

Frauen finden ihre erste Beschäftigung nach dem Studium häufiger als Männer direkt am Hochschulstandort – ich werde später noch darauf zurückkommen, ob dies als ein Hinweis auf geringere Mobilität interpretiert werden kann.

In der Bewerbungsphase gibt es also nur geringe Unterschiede zwischen Absolventen und Absolventinnen wirtschaftswissenschaftlicher Fachrichtungen, wobei schon deutlich wird, dass Frauen ihre leicht bessere Studienperformance nicht in Startvorteile während der Bewerbungsphase umsetzen können. Jedoch kann nicht von einem schwierigeren Berufseinstieg gesprochen werden wie noch in den 1990er-Jahren (vgl. Burkhardt 2000).

Die Berufseinmündung von Absolventinnen und Absolventen

3.3. Erstes Beschäftigungsverhältnis

In diesem Abschnitt soll dargestellt werden, wie sich Absolventen und Absolventinnen nach erfolgreicher Bewerbung auf dem Arbeitsmarkt verteilen. Verglichen werden der Sektor der ersten Beschäftigung, eine eventuelle Befristung, die berufliche Position, das Einkommen, die Qualifikationsadäquanz, die vereinbarte und die tatsächlich geleistete Arbeitszeit und die berufliche Zufriedenheit. Neben objektiven Indikatoren geht also auch die wahrgenommene Zufriedenheit als subjektiver Indikator in die Bewertung des Berufserfolgs ein.

Männliche Absolventen sind geringfügig häufiger in der Privatwirtschaft beschäftigt, Frauen etwas häufiger im öffentlichen Dienst (vgl. Tab. 4). Die Unterschiede sind nicht signifikant.

Frauen mit wirtschaftswissenschaftlichen Abschlüssen sind signifikant häufiger befristet beschäftigt als ihre männlichen Kollegen (vgl. Tab. 5).

Tab. 4: Sektor der ersten Beschäftigung (alle wirtschaftswissenschaftlichen Fachrichtungen), in Prozent

	Männlich	Weiblich	Gesamt
Privatwirtschaftlicher Bereich (einschließlich selbstständiger, freiberuflicher und Honorartätigkeiten)	83,6	80,8	82,5
Öffentlicher Bereich (z.B. öffentlicher Dienst/öffentliche Verwaltung)	15,1	17,7	16,1
Organisation ohne Erwerbscharakter (Vereine, Verbände, Kirchen)	1,3	1,5	1,4
Gesamt	100	100	100

Quelle: INCHER-Absolventenbefragung des Prüfungsjahrgangs 2007, eigene Berechnungen

Tab. 5: Arbeitsvertragsform (befristet oder unbefristet), alle wirtschaftswissenschaftlichen Fachrichtungen, in Prozent

	Männlich	Weiblich	Gesamt
Unbefristet	68,1	59,5	64,6
Befristet	31,9	40,5	35,4
Gesamt	100	100	100

Quelle: INCHER-Absolventenbefragung des Prüfungsjahrgangs 2007, eigene Berechnungen

Die Berufstarterinnen geben im Vergleich zu den Berufsstartern eine signifikant geringere Qualifikationsverwendung im ersten Beschäftigungsverhältnis an (vgl. Tab. 6) und weisen damit eine geringere Qualifikationsadäquanz auf.

Tab. 6: Berufliche Verwendbarkeit der im Studium erworbenen Qualifikationen, in Prozent

	Männlich	Weiblich	Gesamt
1 In sehr hohem Maße	12,5	9,6	11,4
2	38,5	30,0	35,1
3	34,0	38,3	35,7
4	13,0	19,0	15,4
5 Gar nicht	2,0	3,1	2,4
Gesamt	100	100	100

Quelle: INCHER-Absolventenbefragung des Prüfungsjahrgangs 2007, eigene Berechnungen

Ein ähnliches Bild zeigt sich bei der Frage nach dem geeigneten Abschlussniveau für die ausgeübte erste Beschäftigung (vgl. Tab. 7). Absolventen geben häufiger an, dass für ihre erste Beschäftigung ein höheres oder das erreichte Abschlussniveau erforderlich ist. Absolventinnen berichten häufiger, dass ein geringeres Abschlussniveau oder gar kein Hochschulabschluss erforderlich ist.

Tab. 7: Geeignetes Abschlussniveau für die erste Beschäftigung, in Prozent

	Männlich	Weiblich	Gesamt
Ein höheres Abschlussniveau	6,4	3,8	5,4
Mein Abschlussniveau	78,8	74,8	77,3
Ein geringeres Abschlussniveau	9,3	11,5	10,1
Kein Hochschulabschluss erforderlich	5,5	9,9	7,2
Gesamt	100	100	100

Quelle: INCHER-Absolventenbefragung des Prüfungsjahrgangs 2007, eigene Berechnungen

Nahezu alle AbsolventInnen treten ihre erste Stelle nach dem Abschluss in Vollzeit an. Die vereinbarten wöchentlichen Arbeitszeiten unterscheiden sich zwischen den Geschlechtern nur geringfügig (vgl. Tab. 8). Den größten Geschlechtsunterschied bei den vereinbarten Arbeitszeiten weisen Betriebswirte und -wirtinnen mit Fachhochschulabschluss auf.

Auch die ausgeübte Fachrichtung hat einen Einfluss auf die vereinbarte wöchentliche Arbeitszeit.

Die Unterschiede in den berichteten tatsächlichen Arbeitszeiten sind jedoch deutlicher (vgl. Tab. 9). Im Durchschnitt aller Fachrichtungen und Abschlussarten weisen Frauen und Männer einen hochsignifikanten Unterschied von über zwei Stunden in der tatsächlichen Wochenarbeitszeit auf, bei den Betriebswirten und -wirtinnen sind es im Durchschnitt über drei Stunden, bei den Wirtschaftsingenieuren und -ingenieurinnen sogar fast vier Stunden. Nicht signifikant sind die Unterschiede bei den Volkswirten und Volkswirtinnen, die von allen wirtschaftswissenschaftlichen Fachrichtungen auch die niedrigste Arbeitszeit angeben, und bei den Wirtschaftsinformatikern und -informatikerinnen.

Tab. 8: *Vereinbarte wöchentliche Arbeitszeit in Stunden*

	Männer	Frauen	Signifikanz
BWL (Fachhochschule)	39,1	37,7	**
BWL (Universität)	38,8	38,2	–
BWL (alle)	38,8	38,6	–
VWL	37,3	36,7	–
WirtschaftsingenieurInnen	39,0	39,1	–
WirtschaftsinformatikerInnen	38,8	38,6	–
Wirtschaftswissenschaften	38,9	37,8	*
Alle Fachrichtungen und Abschlüsse	38,2	37,7	*

Quelle: INCHER-Absolventenbefragung des Prüfungsjahrgangs 2007, eigene Berechnungen

Tab. 9: *Tatsächlich geleistete wöchentliche Arbeitszeit in Stunden*

	Männer	Frauen	Signifikanz
BWL (Fachhochschule)	47,2	44,5	**
BWL (Universität)	48,6	45,3	***
BWL (alle)	48,8	45,5	***
VWL	45,6	43,7	–
WirtschaftsingenieurInnen	49,1	45,3	**
WirtschaftswissenschaftlerInnen	47,8	43,5	***
WirtschaftsinformatikerInnen	46,3	45,3	–
Alle Fachrichtungen und Abschlüsse	47,3	45,1	***

Quelle: INCHER-Absolventenbefragung des Prüfungsjahrgangs 2007, eigene Berechnungen

Die Tabellen 8 und 9 zeigen, dass es kaum Unterschiede hinsichtlich der vertraglich festgelegten Arbeitszeit gibt, jedoch sind die Unterschiede in der tatsächlich geleisteten Arbeitszeit fast immer hochsignifikant. Sowohl männliche als auch weibliche AbsolventInnen wirtschaftswissenschaftlicher Fachrichtungen arbeiten deutlich mehr Stunden pro Woche als vertraglich vereinbart. Männer berichten, im Durchschnitt rund 47 Stunden pro Woche zu arbeiten, Frauen berichten von durchschnittlich etwa 45 Stunden pro Woche. Zu beachten ist dabei, dass es sich um eine Selbsteinschätzung handelt, die stark von sozialen Normen und Rollenbildern beeinflusst wird. So könnte für Männer die „60-Stunden-Woche" eher ein Statussymbol darstellen als für Frauen (vgl. z.B. Kadritzke 2003). Ob und wie die Angaben zur tatsächlichen Arbeitszeit die Realität abbilden, kann anhand der bloßen Datenlage nicht beurteilt werden. Möglicherweise ist die Darstellung in Richtung einer Überschätzung bei den männlichen Befragten verzerrt.

Auf welchen beruflichen Positionen steigen die Absolventinnen und Absolventen ins Berufsleben ein? Hier wird der Unterschied zwischen den Geschlechtern frappierend. Männer sind häufiger Leitende Angestellte, wissenschaftlich qualifizierte Angestellte mit mittlerer Leitungsfunktion oder wissenschaftlich qualifizierte Angestellte ohne Leitungsfunktion. Erst auf der Ebene der qualifizierten Angestellten (SachbearbeiterInnen), die häufig unterhalb des Qualifikationsniveaus von Hochschulabsolventen liegt, übersteigt der Frauenanteil den der Männer, und zwar deutlich (vgl. Tab. 10).

Tab. 10: Berufliche Stellung in der ersten Beschäftigung nach Studienabschluss, in Prozent

	Männlich	Weiblich
Leitende/r Angestellte/r	6,1	3,8
Wissenschaftlich qualifizierte/r Angestellte/r mit mittlerer Leitungsfunktion (z.B. Projekt-, Gruppenleiter/in)	8,2	5,6
Wissenschaftlich qualifizierte/r Angestellte/r ohne Leitungsfunktion (einschließl. Wissenschaftliche Hilfskräfte, Trainees, Beamte/Beamtinnen im höheren Dienst, ReferendarInnen, VolontärInnen)	57,6	52,8
Qualifizierte/r Angestellte/r (z.B. Sachbearbeiter/in), einschließlich Beamte/Beamtinnen im gehobenen Dienst	17,8	27,1
Ausführende/r Angestellte/r (z.B. Verkäufer/in, Schreibkraft), einschließlich Beamte/Beamtinnen im mittleren Dienst	1,3	1,6
Selbstständige/r	4,6	2,1
Sonstiges (z.B. Praktikant/innen, Arbeiter/innen)	4,3	7,2
Gesamt	100,0	100

Quelle: INCHER-Absolventenbefragung des Prüfungsjahrgangs 2007, eigene Berechnungen

Die unterschiedlichen beruflichen Positionen schlagen sich – wenig überraschend – in geringeren Einkommen der Absolventinnen nieder. Frauen erzielten in allen Fachrichtungen und Hochschultypen ein geringeres Bruttomonatseinkommen als die jeweiligen männlichen Absolventen (vgl. Abb. 2). Der Einkommensabstand zwischen den Geschlechtern liegt im Durchschnitt bei rund 13%. Einzig die Studierenden der Wirtschaftspädagogik weisen maximal anderthalb

Jahre nach Studienabschluss einen sehr geringen Einkommensabstand zwischen Absolventen und Absolventinnen auf, da ihr Berufseinstieg mehrheitlich durch ein Referendariat stark institutionell reguliert ist.

Frauen profitieren durchaus von stark nachgefragten und entsprechend entlohnten Berufen. So verdienen Wirtschaftsingenieurinnen in der ersten Beschäftigung durchschnittlich mehr als Volkswirte.

Abb. 2: Mittelwerte der Bruttomonatseinkommen in der ersten Beschäftigung nach dem Studium, nach Fachrichtungen und Geschlecht, einschließlich Einkommensabstände zwischen den Geschlechtern

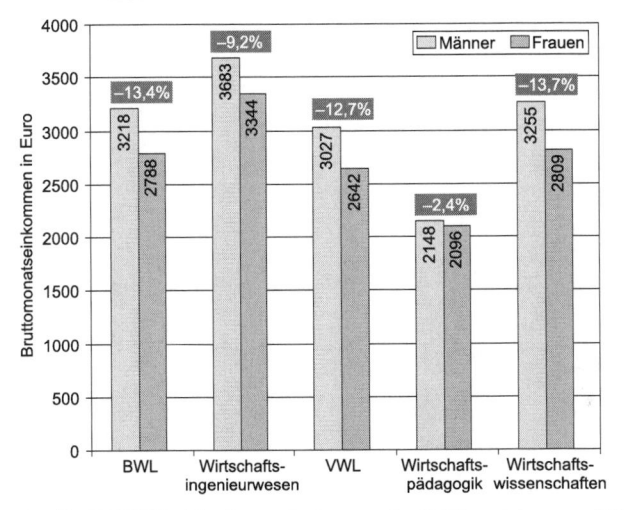

Fachrichtung	Männer	Frauen	Abstand
BWL	3218	2788	−13,4%
Wirtschaftsingenieurwesen	3683	3344	−9,2%
VWL	3027	2642	−12,7%
Wirtschaftspädagogik	2148	2096	−2,4%
Wirtschaftswissenschaften	3255	2809	−13,7%

Quelle: INCHER-Absolventenbefragung des Prüfungsjahrgangs 2007, eigene Berechnungen

Unterscheidet man zwischen den Absolventinnen und Absolventen verschiedener Hochschultypen (Fachhochschule vs. Universität), so wird deutlich, dass einerseits AbsolventInnen von Fachhochschulen ein geringeres Einstiegsgehalt aufweisen als AbsolventInnen von Universitäten und dass andererseits die Einkommenslücke zwischen Absolventen und Absolventinnen von Fachhochschulen noch höher ist als die von Absolventinnen und Absolventen von Universitäten (vgl. Abb. 3).

Wie wirken sich die geschlechtstypischen Einkommens- und Statusunterschiede in der Beschäftigung auf die berufliche Zufriedenheit aus (vgl. Tab. 11)?

Absolventinnen wirtschaftswissenschaftlicher Fachrichtungen zeigen sich häufig unzufriedener mit ihrem Beruf als Absolventen. Möglicherweise ist den

Abb. 3: Mittelwerte der Bruttomonatseinkommen in der ersten Beschäftigung nach dem Studium, nach Hochschultyp und Geschlecht, einschließlich Einkommensabstände zwischen den Geschlechtern

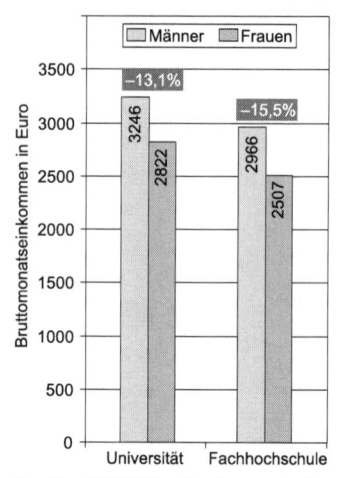

	Universität	Fachhochschule
Männer	3246	2966
Frauen	2822	2507
Differenz	−13,1%	−15,5%

Quelle: INCHER-Absolventenbefragung des Prüfungsjahrgangs 2007, eigene Berechnungen

Tab. 11: Berufszufriedenheit, in Prozent

	Männlich	Weiblich	Gesamt
1 Sehr zufrieden	21,5	17,6	19,9
2	50,0	47,3	48,9
3	19,0	23,8	20,9
4	6,6	7,8	7,1
5 Sehr unzufrieden	3,0	3,5	3,2
Gesamt	100	100	100

Quelle: INCHER-Absolventenbefragung des Prüfungsjahrgangs 2007, eigene Berechnungen

jungen Frauen ihr schlechterer Berufseinstieg bewusst. Das würde darauf hindeuten, dass sie sich nicht (mehr) vorrangig untereinander vergleichen (wie von Strunk et al. 2005 und Liebig et al. 2010 angenommen), sondern zunehmend auch mit ihren männlichen Kollegen.

Was macht die berufliche Zufriedenheit aus, welche Aspekte fließen hier ein? Hierzu gibt ein Überblick über die beruflichen Wertorientierungen Auskunft (vgl. Tab. 12).

Tab. 12: *Berufliche Präferenzen*
Fragestellung: Wie wichtig sind Ihnen persönlich die folgenden Aspekte des Berufs?
(Skala von 1 – sehr wichtig bis 5 – gar nicht wichtig, Mittelwerte)

	Weiblich	Männlich	Signifikanz
Gutes Betriebsklima	1,32	1,49	***
Interessante Arbeitsinhalte	1,45	1,57	–
Möglichkeit zur beruflichen Weiterqualifizierung	1,51	1,65	*
Eine Arbeit zu haben, die mich fordert	1,62	1,81	*
Arbeitsplatzsicherheit	1,76	2,14	***
Weitgehend eigenständige Arbeitsplanung	1,78	1,89	–
Möglichkeit, eigene Ideen zu verwirklichen	1,85	1,82	–
Möglichkeit zur Verwendung erworbener Kompetenzen	1,91	2,03	***
Gute Aufstiegsmöglichkeiten	1,93	1,91	**
Hohes Einkommen	2,05	2,03	*
Übernahme von Koordinations- und Leitungsaufgaben	2,16	2,03	***
Gute Möglichkeit, familiäre Aufgaben mit dem Beruf zu vereinbaren	2,17	2,56	***
Gesellschaftliche Achtung und Anerkennung	2,30	2,44	*
Genug Zeit für Freizeitaktivitäten	2,33	2,51	***
Übersichtliche und geregelte Arbeitsaufgaben	2,57	2,90	*
Möglichkeit, Nützliches für die Allgemeinheit zu tun	2,82	3,03	–
Möglichkeit zur gesellschaftlichen Einflussnahme	2,90	3,00	–

Quelle: INCHER-Absolventenbefragung des Prüfungsjahrgangs 2007, eigene Berechnungen

Deutlich wird, dass sich viele Aspekte in der Bedeutung zwischen den Geschlechtern unterscheiden. Frauen geben insgesamt eine höhere Bedeutung der einzelnen Bereiche an. Signifikant wichtiger als den männlichen Absolventen sind ihnen übersichtliche und geregelte Aufgabengebiete, familiäre Vereinbarung und gesellschaftliche Anerkennung.

Männern ist die Übernahme von Leitungsaufgaben wichtiger. Keine geschlechtstypischen Unterschiede gibt es in der Bedeutung von Einkommen und Aufstiegsmöglichkeiten. Unterschiede zwischen Männern und Frauen finden sich vor allem in den Aspekten, denen beide Geschlechter eine vergleichsweise geringe Bedeutung zumessen.

Geschlechterunterschiede finden sich demzufolge vor allem in der Stärke der Bedeutung, aber nicht in der Reihenfolge. Frauen wie Männern sind folgende Aspekte im Berufsleben am wichtigsten: ein gutes Betriebsklima, interessante Arbeitsinhalte und die Möglichkeit zur beruflichen Weiterqualifizierung. Am wenigsten wichtig sind beiden Geschlechtern die Möglichkeit zu wissenschaftlicher Arbeit, die Möglichkeit zur gesellschaftlichen Einflussnahme und die Möglichkeit, Nützliches für die Allgemeinheit zu tun.

Frauen geben insgesamt eine höhere Bedeutung der einzelnen Aspekte an, das heißt, Absolventinnen stellen insgesamt deutlich höhere Anforderungen an ihr Beschäftigungsverhältnis.

Zusammenfassung

Erst in Phase 3 des Berufseinstiegs, der tatsächlichen Platzierung im ersten Beschäftigungsverhältnis, zeigen sich signifikante Unterschiede zuungunsten der Absolventinnen. Die Unterschiede sind je nach Fachrichtung unterschiedlich ausgeprägt. Sowohl bessere als auch schlechtere Arbeitsmarktchancen scheinen die Unterschiede zwischen den Geschlechtern zu beeinflussen. Im Gegensatz zu früheren Befragungen (vgl. Mayrhofer/Schiffinger 2005) geht der geringere objektive Erfolg beim Berufseinstieg mittlerweile mit einer auch subjektiv geringeren Berufszufriedenheit der Absolventinnen einher.

Insgesamt lässt sich folgendes Muster der Berufseinmündung von Absolventinnen und Absolventen wirtschaftswissenschaftlicher Fachrichtungen beschreiben (vgl. Abb. 4):

Absolventinnen mit durchschnittlich gleich guter oder leicht besserer Studienperformance als Absolventen werden nach einem ähnlich verlaufenden Berufseinmündungsprozess zu Berufsanfängerinnen auf niedrigeren beruflichen Positionen mit niedrigeren Einstiegsgehältern, verglichen mit ihren ehemaligen männlichen Kommilitonen.

Abb. 4: Die drei Phasen des Berufseinstiegs von Hochschulabsolventen und -absolventinnen: empirische Ergebnisse

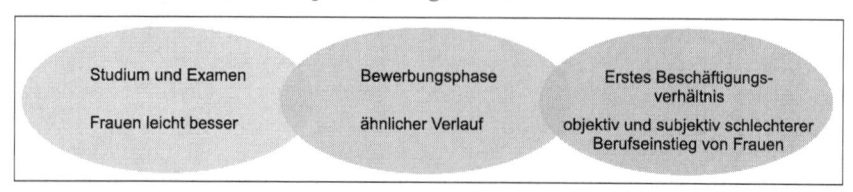

Studium und Examen	Bewerbungsphase	Erstes Beschäftigungsverhältnis
Frauen leicht besser	ähnlicher Verlauf	objektiv und subjektiv schlechterer Berufseinstieg von Frauen

Eigene Darstellung

4. Diskussion der Ergebnisse

Die Auswertung der KOAB-Studie hinsichtlich geschlechtstypischer Unterschiede im Berufseinmündungsprozess von Absolventinnen und Absolventen wirtschaftswissenschaftlicher Fachrichtungen kann mit ihren Ergebnissen weitgehend an viele Vorgängerprojekte anknüpfen (vgl. Mayrhofer/Schiffinger 2005; Carl et al. 2008; Leuze/Strauß 2009; Wüst/Burkart 2010). Die Ergebnisse ähneln sich, es scheint wenig Veränderung zu geben. Frauen studieren mindestens genauso gut wie Männer, sie erleben im Bewerbungsprozess nach eigener Einschätzung keine größeren Schwierigkeiten – und landen häufiger unterqualifiziert, häufiger befristet, auf niedrigeren Positionen mit niedrigeren Einkommen (ganz ähnliche Ergebnisse für die 1980- und 1990er-Jahre resümieren Carl et al. 2008). Auch die subjektive Zufriedenheit ist geringer (dies allerdings im Gegensatz zu den Ergebnissen von Strunk et al. 2005).

Die Gleichbehandlung zwischen den Geschlechtern sinkt deutlich im Laufe des Bewerbungsprozesses: anfangs allmählich im Übergang vom Studium zur Bewerbungsphase, dann sprunghaft von der Bewerbungsphase zur ersten Beschäftigung.

Der Bewerbungsprozess scheint nach wie vor eine Art Black Box zu sein, in die hoch motivierte und qualifizierte Studentinnen hineingehen und objektiv und subjektiv schlechter gestellte Berufsanfängerinnen herauskommen. Was passiert in dieser Zeit der Bewerbungsphase, womit lässt sich dieser Effekt begründen?

Mögliche Erklärungskraft haben nach den bisher dargestellten Ergebnissen und anhand des vorliegenden Datensatzes nur die Faktoren Mobilität und tatsächlich geleistete Arbeitszeiten, wobei unklar bleibt, ob die Unterschiede in den berichteten Arbeitszeiten tatsächlich existieren oder Männer ihre Arbeitszeiten aufgrund rezipierter sozialer Erwünschtheit überschätzen. Deswegen soll auf diesen Faktor hier nicht weiter eingegangen werden. Denkbar ist, dass eine geringere Mobilität der Absolventinnen zu Einschränkungen im Bewerbungsverhalten führt. Was aber sind die Gründe für niedrigere Mobilität? Diese Frage lässt sich mit den vorliegenden Daten nicht beantworten.

Die Ergebnisse zu den beruflichen Präferenzen weisen dagegen auf einen bisher kaum diskutierten Aspekt innerhalb der Fragestellung nach den Geschlechterdifferenzen im Berufseinstieg. Frauen ordnen den gleichen Aspekten höchste Wichtigkeit zu wie die Männer und messen nahezu allen abgefragten Aspekten eine höhere Bedeutung bei. Es ist daher nicht anzunehmen, dass sie ihren Berufseinstieg weniger ehrgeizig verfolgen als Männer. Für die Frage nach den dennoch vorhandenen Geschlechterunterschieden in der ersten Beschäftigung liefert der Befund keine Antwort, eher ein weiteres Fragezeichen.

Die größte Bedeutung für die Einkommensunterschiede kommt den unterschiedlichen beruflichen Positionen zu, in die Frauen und Männer einsteigen. Es erscheint auf den ersten Blick unverständlich, warum Frauen nach einer ganz ähnlichen Bewerbungszeit wie Männer, ohne erkennbare Diskriminierung, im Durchschnitt deutlich geringere Einstiegspositionen akzeptieren und sogar häufig unterhalb ihres Qualifikationsniveaus arbeiten. Es gibt kaum Hinweise darauf, dass Frauen um der Beschäftigung willen mehr Abstriche als Männer machen müssen hinsichtlich Qualifikationsadäquanz und beruflicher Zufriedenheit. Dennoch besteht die Möglichkeit, dass Frauen im Bewerbungsprozess Diskriminierungen erleben, die in den bisherigen AbsolventInnenstudien nicht erfasst werden. Denkbar wäre ein Zusammenhang, wie ihn Burkhardt (2000, S. 61) allgemein für problematische Arbeitsmarktlagen beschrieb:

> „In der (vorübergehenden) Akzeptanz einer mehr oder weniger inadäquaten Beschäftigung scheint sowohl der Schlüssel für den zügigen Berufseinstieg bzw. den hohen Beschäftigungsgrad der Wirtschaftswissenschaftlerinnen und -wissenschaftler als auch ihr Hauptproblem in Bezug auf berufliche Zufriedenheit zu liegen."

Auf die hier vorliegenden Daten übertragen könnte es bedeuten, dass Frauen nur deshalb einen ähnlich schnellen Berufseinstieg wie Männer realisieren, weil sie – problemantizipierend – Abstriche bezüglich Position und Einkommen in Kauf nehmen.

Benötigt werden genauere Kenntnisse des Bewerbungsprozesses, um die Frage zu beantworten, auf welche Stellen sich Frauen aus welchen Motiven bewerben und wie die Resonanz von Arbeitgeberseite darauf ist. Nur durch ein detailliertes Verständnis dieses Prozesses können weitere Erkenntnisse über die Fremd- und Selbstselektion von Frauen auf dem Arbeitsmarkt gewonnen werden. Hierfür sind besonders auch qualitative Untersuchungsdesigns wie begleitende Beobachtungen oder qualitative Interviews empfehlenswert. Aufgrund ihrer größeren Offenheit und Flexibilität könnten qualitative Forschungsprozesse den Blick öffnen für statistisch nicht oder nur schwer erfassbare Vorgänge der sozialen Wirklichkeit, und um einen solchen scheint es sich bei den Geschlechterdifferenzen im Berufseinstieg von Hochschulabsolventinnen und -absolventen tatsächlich zu handeln.

Literatur

Burkhardt, Anke 2000: Wirtschaftswissenschaften. In: Burkhardt, Anke/Schomburg, Harald/ Teichler, Ulrich (Hg.): Hochschulstudium und Beruf – Ergebnisse von Absolventenstudien. Bundesministerium für Bildung und Forschung. Bonn, S. 57–63

Carl, Andrea-Hilla/Maier, Friederike/Schmidt, Dorothea 2008: Auf halbem Weg. Der Studien- und Arbeitsmarkt von Ökonominnen im Wandel. Berlin

Chudzikowski, Katharina/Schiffinger, Michael/Schneidhofer, Thomas/Mayrhofer, Wolfgang/ Reichel, Astrid/Steyrer, Johannes 2009: Gender und Einkommen – eine Langzeitstudie: „The Vienna Career Panel Projekt", Vortrag auf der 7. efas-Jahrestagung, November 2009. Berlin

Grotheer, Michael 2010: Berufseinstiege – Promotionen – Kompetenzen. In: WSI-Mitteilungen, H. 5, S. 249–256

Kadritzke, Ulf (2003): Arbeiten oder leben? Eine falsche Alternative. In: Meifert, Matthias T./ Kesting, Mathias (Hg.): Gesundheitsmanagement im Unternehmen. Konzepte – Praxis – Perspektiven. Berlin u.a.O., S. 321–337

Krempkow, René/Pastohr, Mandy o.J.: Was macht Hochschulabsolventen erfolgreich? Eine Analyse der Determinanten beruflichen Erfolgs anhand der Dresdner Absolventenstudien 2000–2004. Internet: http://www.kfbh.de/downloads/Was_macht_Hochschulabsolventen_erfolgreich.pdf [20.5.2011]

Leuze, Kathrin/Strauß, Susanne 2009: Mit zweierlei Maß – Studium zahlt sich für Frauen weniger aus. In: WZB-Brief Arbeit, 02/August 2009. Berlin

Liebig, Stefan/Valet, Peter/Schupp, Jürgen 2010: Wahrgenommene Einkommensgerechtigkeit konjunkturabhängig. In: DIW-Wochenbericht, H. 27–28. Berlin, S. 11–16

Maier, Günther/Rosenstiel, Lutz von/Wastian, Monika 2003: Berufseinstieg und erste Berufserfahrungen wirtschaftswissenschaftlicher Absolventinnen und Absolventen – ein geschlechtsbezogener Vergleich. In: Abele, Andrea/Hoff, Ernst-Hartmut/Hohner, Hans-Uwe (Hg.): Frauen und Männer in akademischen Professionen – Berufsverläufe und Berufserfolg. Heidelberg, S. 113–128

Mayrhofer, Wolfgang/Schiffinger, Michael 2005: Einmal gut, immer gut? Zum Zusammenhang von Studien- und Karriereerfolg. In: Mayrhofer et al. 2005, S. 132–155

Mayrhofer, Wolfgang/Meyer, Michael/Steyrer, Johannes 2005: Macht? Erfolg? Reich? Glücklich? Einflussfaktoren auf Karrieren. Wien

Schomburg, Harald (Hg.) 2009: Generation Vielfalt. Ausgewählte Ergebnisse des Projekts „Studienbedingungen und Berufserfolg" – Befragung des Jahrgangs 2007. Kassel (mimeo). Internet: http://www.uni-kassel.de/wz1/absolventen/INCHER_koab_bericht_ 2009.pdf [20.05.2011]

Schreyer, Franziska 2008: Viel Licht, aber auch Schatten. Zum Arbeitsmarkt von Akademikerinnen. In: Maier, Friederike/Fiedler, Angela (Hg.): Verfestigte Schieflagen. Ökonomische Analysen zum Geschlechterverhältnis. Berlin, S. 75–94

Strunk, Guido/Hermann, Anett/ Praschak, Susanne (2005): „Eine Frau muss ein Mann sein, um Karriere zu machen". In: Mayrhofer et al. 2005, S. 211–242

Strunk, Guido/Hermann, Anett 2009: Berufliche Chancengleichheit von Frauen und Männern. Eine empirische Untersuchung zum Gender Pay Gap. In: Zeitschrift für Personalforschung, Jg. 23, H. 3, S. 237–257

Teichler, Ulrich 2003: Hochschule und Arbeitswelt. Konzeptionen, Diskussionen, Trends. Frankfurt/M., New York

Teichler, Ulrich/Schomburg, Harald 1997: Evaluation von Hochschulen auf der Basis von Absolventenstudien. In: Altrichter, Herbert/Schratz, Manfred/Pechar, Hans (Hg.): Hochschulen auf dem Prüfstand. Was bringt Evaluation für die Entwicklung von Universitäten und Fachhochschulen? Innsbruck, S. 236–260

Wüst, Kirsten/Burkart, Brigitte 2010: Womit haben wir das verdient? Weniger Geld bei besserer Leistung. In: WSI-Mitteilungen, H. 6, S. 306–313

Berufliche Geschlechtersegregation und Verdienste in Führungspositionen

Anne Busch, Elke Holst

1. Einleitung

Viele nationale und internationale Studien zum Verdienstunterschied zwischen Frauen und Männern („Gender Wage Gap" bzw. „Gender Pay Gap") zeigen einen Verdienstnachteil von Frauen auf (vgl. Ziegler et al. 2010; Finke 2010; Bardasi/ Gornick 2008; Kunze 2008; Cohen/Huffman 2007; Achatz et al. 2005; Blau/Kahn 2006; 2003; 2000; Waldfogel 1998; Jacobs/Steinberg 1995; Kilbourne et al. 1994). In Deutschland lag der „Gender Wage Gap" im Jahr 2008 bei durchschnittlich 23,2% (vgl. Europäische Kommission 2010). Nur wenige Studien untersuchen bisher den Verdienstunterschied von Frauen und Männern speziell in Führungspositionen in Deutschland (vgl. Busch/Holst 2011; 2010; für akademische Professionen in Deutschland: Leuze/Strauß 2009).[1]

In volkswirtschaftlichen Studien wird gewöhnlich das Humankapital zur Erklärung des „Gender Wage Gap" herangezogen. Doch reicht dieser Ansatz vor dem Hintergrund der großen Bildungserfolge von Frauen als Erklärungsfaktor nicht aus. Deshalb wird hier auf Ansätze eingegangen, die auch die berufliche Geschlechtersegregation, also die Beobachtung, dass Frauen und Männer ungleich über die verschiedenen Berufe auf dem Arbeitsmarkt verteilt sind, als Erklärungsfaktor für die ungleiche Entlohnung von Frauen und Männern heranziehen. Deutschland weist im europäischen Vergleich einen mittleren Platz bei der Geschlechtersegregation auf (vgl. Smyth/Steinmetz 2008): Im Jahr 2004 zeigte Deutschland einen Dissimilaritätsindex von 0,5, das heißt, 50 Prozent der Frauen (oder Männer) hätten ihren Beruf wechseln müssen, um eine ausgewogene Verteilung der Geschlechter über die Berufe zu erhalten (vgl. zur Segregation auch: Achatz et al. 2010; Achatz 2008; Heintz et al. 1997).

Typische Frauenberufe im Sinne von frauendominierten Berufen sind im Vergleich zu typisch männlichen Berufen im Schnitt durch geringere Verdienste gekennzeichnet – eine Beobachtung, die in einer Vielzahl von Studien untersucht wurde (vgl. Cohen/Huffman 2003; 2007; Hinz/Gartner 2005; Krell et al. 2001; Winter 1998; Jacobs/Steinberg 1995; England 1992; England et al. 1988). Die Frage ist, ob auch Führungspositionen durch eine Trennung in typische

---

1 Vgl. für andere Länder: Kirchmeyer (2002); Bertrand/Hallock (2001); Lausten (2001).

Frauen- und Männerberufe gekennzeichnet sind und inwieweit das zum „Gender Wage Gap" in diesen Positionen beiträgt. Dies wird in dem vorliegenden Artikel auf Basis des Sozio-oekonomischen Panels (SOEP) deskriptiv am Beispiel der deutschen Privatwirtschaft untersucht.

2. Erklärungen zu geschlechtstypischer Berufswahl und Verdiensten

Ökonomische Theorien

In der Ökonomie gilt das Humankapital als entscheidender Faktor zur Erklärung von Verdienstunterschieden zwischen Frauen und Männern (vgl. Becker 1975). Die unterschiedlichen Humankapitalinvestitionen von Frauen und Männern werden als Ergebnis rationaler präferenzgeleiteter Kosten-Nutzen-Kalküle interpretiert. Geringere Verdienste von Frauen werden dann damit erklärt, dass Frauen stärker als Männer auf die Familientätigkeit fokussiert sind und daher einen weniger geradlinigen Berufsweg planen. Für Frauen sind Investitionen in die schulische und berufliche Ausbildung sowie in die Weiterbildung während der Berufstätigkeit weniger lohnend als für Männer – unter anderem auch deshalb, weil angeeignetes Wissen etwa während familienbedingter Erwerbsunterbrechungen veralten kann (vgl. Blau et al. 2006; Tam 1997; Mincer 1962).

Basierend auf der Humankapitaltheorie werden auch die unterschiedlichen Anteile von Frauen und Männern in Berufen und Tätigkeitsbereichen und damit die Geschlechtersegregation auf dem Arbeitsmarkt mit der sogenannten „Selbstselektion" erklärt (Polachek 1981): Frauen wählen als Ergebnis eines rationalen Kosten-Nutzen-Kalküls vor allem Berufe mit geringen Opportunitätskosten, also jene, die sich am besten mit der Familientätigkeit verbinden lassen. Dies sind solche, in denen etwa Teilzeittätigkeiten und Erwerbsunterbrechungen möglich sind, sowie solche, in denen ein vergleichsweise geringer Werteverfall von Humankapital bei Erwerbsunterbrechungen erfolgt. Dies sind gewöhnlich Berufe, die einen geringen Verdienst bieten, wobei die Anfangsgehälter diesem Ansatz zufolge höher liegen als bei typischen Männerberufen, die Einkommenssteigerungen während der Erwerbstätigkeit aber geringer sind.

Die in der Humankapitaltheorie unterstellten und als gegeben angenommenen geschlechtstypischen Präferenzen werden jedoch in vielen Studien angezweifelt (vgl. z.B. England 1989; für einen Überblick: Ferber 1987). Bezogen auf die berufliche Geschlechtersegregation konnte Paula England bereits in den 1980er-Jahren zeigen, dass Frauen, die in Frauenberufen erwerbstätig waren, bei Erwerbsunterbrechungen die gleichen – und nicht etwa geringere –Lohneinbußen hatten wie Frauen, die in Männerberufen erwerbstätig waren (vgl. England 1982). Zudem wählten in dieser Studie Frauen, die Erwerbsunterbrechungen planten, nicht häufiger Frauenberufe als Frauen, die solche Unterbrechungen *nicht* planten (vgl. auch Okamoto/England 1999). Zudem weisen Frauenberufe keine höheren Anfangsgehälter als Männerberufe auf, wie es die Theorie nahe legt (vgl. England et al. 1988). Diese Ergebnisse widersprechen der Annahme, dass Frauen Frauenberufe vor dem Hintergrund zu minimierender Opportunitätskosten wählen. Fitzenberger und Kunze (2005) zeigen dagegen, dass Frauen von Beginn ihrer beruflichen Laufbahn an in geringer entlohnten Berufen wie in einer Falle gefangen sind.

Sozialwissenschaftliche Ansätze

Ansätze aus dem sozialwissenschaftlichen Bereich versuchen dagegen, die geringeren Verdienste in Frauenberufen ausgehend von Normen, Werten und Wertungen zu erklären, die auch auf der traditionellen Aufgabenteilung zwischen den Geschlechtern im Haushalt beruhen. Gesellschaftlich wird die unbezahlte Haus- und Familienarbeit den Frauen zugeschrieben und zugewiesen, die bezahlte Erwerbsarbeit dagegen Männern (Male-Breadwinner-Modell). Daraus resultieren Zuschreibungen von Fähigkeiten und Eigenschaften, welche für Frauen zum Nachteil auf dem Arbeitsmarkt wirken. Die normativ gefestigten Zuschreibungen werden in der Sozialisation von den Personen verinnerlicht (vgl. Faulstich-Wieland 2008). Dies führt einerseits zu geschlechtstypischen Orientierungen und „Präferenzen" für geschlechtlich konnotierte Berufe (vgl. Beck-Gernsheim 1980; Ostner 1978), andererseits zu diskriminierenden Praktiken auf dem Arbeitsmarkt und in Arbeitsorganisationen (vgl. Gottschall 2000; Beck-Gernsheim 1980).

Die Internalisierung der Geschlechterrollen in Werten und Normen wird in alltäglichen Interaktionen durch ein „Doing Gender" reproduziert (vgl. Ridgeway/Smith-Lovin 1999; Ridgeway 1997; West/Zimmerman 1987): Mit dem unbewussten Ziel, die Menge und Komplexität von Informationen in Interaktionshandlungen zu reduzieren, machen Menschen vereinfachende Annahmen über das Gegenüber (vgl. Blumer 1969). Geschlecht stellt dabei ein soziales Klassifikationskonstrukt dar, anhand dessen man den Kommunikationspartner einer bestimmten Gruppe (Männer/Frauen) zuordnen kann. Diese Kategorisierung aktiviert in einem weiteren Schritt Geschlechterstereotypen; die jeweilige Kategorie wird mit bestimmten kulturellen Vorstellungen über das entsprechende Geschlecht gefüllt. Diese stereotype Kategorisierung ist jedoch nicht neutral, sondern geht mit einer Hierarchisierung einher: Im Sinne der „Theorie der Erwartungszustände" (Berger et al. 1977) werden Frauen und Männer je nach Umfeld und Situation als unterschiedlich kompetent angesehen und erhalten damit in den jeweiligen Handlungssituationen einen unterschiedlichen Status (Foschi 1996).

Frauen gelten nun gerade auf dem Arbeitsmarkt, auch aufgrund ihrer zugeschriebenen Zuständigkeit für unbezahlte Haus- und Familienarbeit, als die weniger kompetente Personengruppe (vgl. Correll/Ridgeway 2006; Ridgeway 2001b). Eigenschaften wie „rational" oder „analytisch" gelten als Voraussetzung für effiziente Entscheidungen. Sie sind gleichzeitig Fähigkeiten, die stark „männlich" konnotiert sind. Emotionalität ist demgegenüber eher eine „weiblich" konnotierte Eigenschaft und wird auf dem Arbeitsmarkt eher geringer gewertet im Vergleich zu „typisch männlichen" Fähigkeiten.

Diese Stereotypisierungen können zum Beispiel in geringere Aufstiegschancen von Frauen münden; das betrifft insbesondere gut bezahlte Führungspositionen: Frauen stoßen häufig an die sogenannte „gläserne Decke", eine unsichtbare Barriere, die Frauen daran hindert, die Karriereleiter zu erklimmen (vgl. International Labour Office 2004; Wirth 2001). Wenn es Frauen trotz dieser Barriere schaffen, in eine Führungsposition aufzusteigen, sind sie hochgradig visible „Tokens" (Kanter 1977) und damit häufig diskriminierenden Praktiken am Arbeitsplatz ausgesetzt. Ihre Erfolge und Fehler werden oftmals mit einem rigideren Standard bewertet als bei männlichen Kollegen (vgl. Foschi 1996). All das erhöht die Wahrscheinlichkeit der Marginalisierung und Diskriminierung und kann letzten Endes zu einem Rückzug der Frauen aus diesen Positionen führen. Jacobs (1989) spricht hier von einer „Drehtür".

Frauen, die es also trotz dieser Barrieren in eine Führungsposition schaffen und dort auch längerfristig bleiben, sind vermutlich hochgradig selektiert. Dies muss bei der Interpretation der Verdienste beachtet werden: Durch die Selektion dieser besonderen Frauen in Führungspositionen können, wenn eine gleiche Selektion bei den Männern nicht stattfindet, die Verdienste von weiblichen Führungskräften überschätzt und der „Gender Wage Gap" in Führungspositionen damit unterschätzt werden (vgl. ausführlicher zu diesem Selektionsproblem Busch/Holst 2011; 2010).

Neben geringeren Aufstiegschancen haben Stereotypisierungen auch Konsequenzen für die Verdienste in segregierten Berufen: Im Sinne der sogenannten *Devaluationshypothese* sind Berufe, die mehrheitlich von Frauen ausgeübt werden, gesellschaftlich weniger anerkannt und werden damit eher abgewertet (Liebeskind 2004; England 1992; Steinberg 1990; England et al. 1988). Vor diesem Hintergrund ist zu erwarten: Je höher der Frauenanteil in einem bestimmten Beruf ist, desto geringer ist der Verdienst in diesem Beruf. Dieser Zusammenhang wird in der Literatur auch als *evaluative Diskriminierung* bezeichnet (vgl. Peterson/Saporta 2004).

Zudem wird argumentiert, dass die Lohneinbußen in Frauenberufen für Männer geringer sind als für Frauen. Dies wird auch als *allokative Diskriminierung* bezeichnet, denn der Grund hierfür liege in der unterschiedlichen hierarchischen Verortung von Frauen und Männern trotz gleicher Humankapitalausstattung im gleichen Beruf (ebd.). Studien stellen etwa heraus, dass Männer in Frauenberufen, im Sinne eines „Glass Escalators", vergleichsweise häufig die raren Top-Positionen besetzen (Maume 1999; Williams 1992). Männer verletzen zwar durch ihre untypische Berufswahl Geschlechternormen, dies wird aber dadurch ausgeglichen, dass ihre Karrierechancen in diesen Berufen vergleichsweise hoch sind (Williams 1995). Einmal in einer Führungsposition, sind Männer dann wieder in einer beruflichen Umgebung, die ihrem Geschlecht via „Gender Status Beliefs" (Ridgeway 2001a) entspricht, da die Tätigkeit der Führungskraft männlich konnotiert ist und Männern auch eine im Vergleich zu Frauen im Durchschnitt höhere Führungskompetenz zugeschrieben wird (vgl. dazu Krell in diesem Band). In diesen beruflichen Positionen sind auch die Verdienste höher. Untersuchungen von Juliane Achatz et al. (2005) bestätigen sowohl die evaluative als auch die allokative Diskriminierung für den deutschen Arbeitsmarkt. Diese allokative Diskriminierung sollte jedoch abgeschwächt sein, wenn man sich, wie in dem vorliegenden Artikel, in der Untersuchung bereits auf Führungskräfte beschränkt. Trotzdem können auch hier noch Unterschiede in der hierarchischen Positionierung von Frauen und Männern angenommen werden, etwa hinsichtlich der Verortung im Topmanagement, Mittelmanagement und unteren Management.

Über die allokative Diskriminierung hinausgehend können auch andere Gründe für die für Frauen im Vergleich zu Männern höheren Lohneinbußen in Frauenberufen herangezogen werden: Denn es kann vermutet werden, dass Männer in Frauenberufen „willkommener" sind als Frauen in Männerberufen, da eine zahlenmäßige Zunahme von Männern in einem Beruf häufig mit einem Prestigegewinn für diesen Beruf einhergeht (vgl. zum sogenannten Queuing-Ansatz Reskin/Roos 1990). Dies kann sich ebenfalls positiv auf die Verdienste von Männern in Frauenberufen auswirken. Frauen in Männerberufen können demgegenüber als Gefahr für das berufliche Prestige dieses Berufs angesehen werden. Mögliche Reaktionen der Männer auf die drohenden Status- und Einkommensverluste können Feindseligkeit und Abwehr gegenüber den Frauen sein (vgl. ebd.). Dies kann sich in vergleichsweise geringen Verdiensten für Frauen äußern. Diese Mechanismen können zusammengefasst die Beobachtung erklären, dass innerhalb der Frauen- und Männerberufe Frauen geringer entlohnt werden als Männer.

Die These der Devaluation wird in der Literatur kontrovers diskutiert. Der generelle Verdienstnachteil in Frauenberufen im Vergleich zu Männerberufen ist in Studien belegt, jedoch herrscht keine Einigkeit hinsichtlich der Erklärung dieses Verdienstnachteils (vgl. Olsen/Walby 2004; England et al. 2000; 1988; Tam 2000; 1997; Jacobs/Steinberg 1995; Kilbourne et al. 1994). Zudem ist speziell für Führungspositionen die Frage des Zusammenhangs zwischen der Erwerbstätigkeit in einem segregierten Beruf und dem Einkommen noch nicht hinreichend geklärt. Im Folgenden wird daher überprüft, inwieweit überhaupt in Führungspositionen eine Geschlechtersegregation vorliegt und inwieweit sich dies auf die Verdienste auswirkt. Die Fragen lauten hier: Werden Frauenberufe auch in Führungsetagen generell schlechter entlohnt (evaluative Diskriminierung)? Werden weibliche Führungskräfte in Frauen- und Männerberufen geringer entlohnt als Männer (z.B. durch allokative Diskriminierung)?

3. Daten und Variablen

Die nachfolgenden Untersuchungen basieren auf Daten des Sozio-oekonomischen Panels (SOEP) (vgl. Wagner et al. 2007).[2] Als Untersuchungszeitraum werden die Jahre 2001 bis 2008 herangezogen. Dabei erfolgt eine Fokussierung auf Angestellte in der Privatwirtschaft. Die Untersuchungsgruppe bilden Führungskräfte (18 Jahre und älter), die über die Eigenangaben der Befragten zur Stellung im Beruf abgegrenzt wurden. Unter Führungskräften werden hier Personen mit umfassenden Führungsaufgaben verstanden (z.b. Direktor/-innen, Geschäftsführer/-innen oder auch Vorstände größerer Betriebe und Verbände) sowie Personen in sonstigen Leitungsfunktionen oder hochqualifizierten Tätigkeiten (z.B. Abteilungsleiter/-innen, wissenschaftliche Angestellte, Ingenieur/-innen).

Der Verdienst wird durch die monatlichen Bruttostundenverdienste abgebildet.[3] Alle Verdienstberechnungen werden nur für vollzeitbeschäftigte[4] Führungskräfte durchgeführt. Als maßgebliche Variable zur beruflichen Geschlechtersegregation wird in der vorliegenden Analyse der Frauenanteil im jeweiligen Beruf herangezogen. Als Frauenberufe gelten dabei Tätigkeiten, die zu 70% und mehr von Frauen, und als Männerberufe jene, die zu mindestens 70% von Männern ausgeübt werden. Alle anderen Tätigkeiten wurden als Mischberufe kategorisiert (vgl. Jacobs 1989). Die Größe wurde anhand des mittleren Frauenanteils

---

2 Vgl. zu den Daten und Operationalisierungen ausführlicher: Holst/Busch (2010).
3 Durch fehlende Verdienstangaben können strukturelle Verzerrungen entstehen. Dem wurde versucht entgegenzuwirken: durch Verwendung der im SOEP bereitgestellten imputierten Verdienstvariablen, die bei fehlenden Angaben (Item Non-response) auf Basis mathematischer Verfahren geschätzte Verdienstgrößen zuweisen (Frick/Grabka 2005). Hier wurden Monats- und nicht Jahresverdienste gewählt, da Letztere nur für das Vorjahr vorliegen, in der vorliegenden Analyse aber die aktuellen Verdienste von Interesse sind.
4 Vollzeiterwerbstätigkeit ist hier definiert als Beschäftigung mit einer vereinbarten Arbeitszeit ab 35 Stunden bzw. mit einer tatsächlichen Arbeitszeit ab 35 Stunden, falls keine Arbeitszeit vereinbart wurde. Es gibt keine einheitliche Definition von Voll- und Teilzeitarbeit. International – so die OECD (2003) – liegt die Grenze gewöhnlich bei unter 30 oder 35 Wochenstunden.

pro Berufskategorie nach der Berufsklassifikation des Statistischen Bundesamts jahresspezifisch über den Mikrozensus ermittelt.

4. Ergebnisse

Der Anteil abhängig beschäftigter Frauen in der Privatwirtschaft hat im Beobachtungszeitraum leicht zugenommen: Fast die Hälfte der auf Basis des SOEP hochgerechneten rund 22,6 Mio. abhängig Beschäftigten (Arbeiter/-innen, Angestellte) im Jahr 2008 waren Frauen. Ihr Anteil stieg von 42% im Jahr 2001 auf 46% (vgl. Abb. 1). Unter den Angestellten in der Privatwirtschaft überwiegen die Frauen mit zuletzt 56% im Jahr 2008. Dieser hohe Anteil spiegelt sich jedoch nicht bei den Führungskräften wider: Mit 27% sind die Frauen hier wesentlich geringer vertreten. Der Frauenanteil unter den Führungskräften nahm im Beobachtungszeitraum zunächst bis 2006 um 5% zu. Dieser Anstieg ist jedoch statistisch nicht signifikant (Holst/Busch 2010). Seit 2006 stagniert der Wert.

Auch in den Führungsetagen existiert ein „Gender Wage Gap": In der Privatwirtschaft erreichen vollzeitbeschäftigte Frauen in Führungspositionen bei Weitem nicht die Verdienste der männlichen Führungskräfte. Ihr monatlicher Bruttoverdienst liegt im Jahr 2008 im Durchschnitt bei 3.410 € (Mittelwert),

Abb. 1: Anteil Frauen an abhängig Beschäftigten[1], Angestellten und Führungskräften in der Privatwirtschaft 2001 bis 2008 (in %)

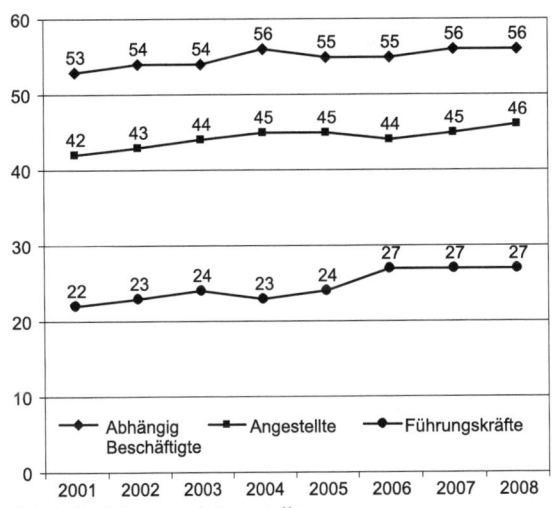

Jahr	Abhängig Beschäftigte	Angestellte	Führungskräfte
2001	42	53	22
2002	43	54	23
2003	44	54	24
2004	45	56	23
2005	45	55	24
2006	44	55	27
2007	45	56	27
2008	46	56	27

1 Arbeiter/-innen und Angestellte
Quelle: SOEP, eigene Darstellung

Männer erzielen 4.763 € (vgl. Abb. 2). Damit erreichen Frauen rund 72% der Männerverdienste. Der „Gender Wage Gap" beträgt also 28% – und liegt damit sogar über dem durchschnittlichen „Gender Wage Gap" (s.u. 1.).
Im Beobachtungszeitraum hat der Wert zunächst etwas zugenommen; ab 2004 ist eine leichte Annäherung der Verdienste zu erkennen.[5]

Abb. 2: Vollzeiterwerbstätige Führungskräfte in der Privatwirtschaft nach Geschlecht: monatlicher Bruttoverdienst (Mittelwert in Euro) sowie „Gender Wage Gap" (in %) 2001 bis 2008

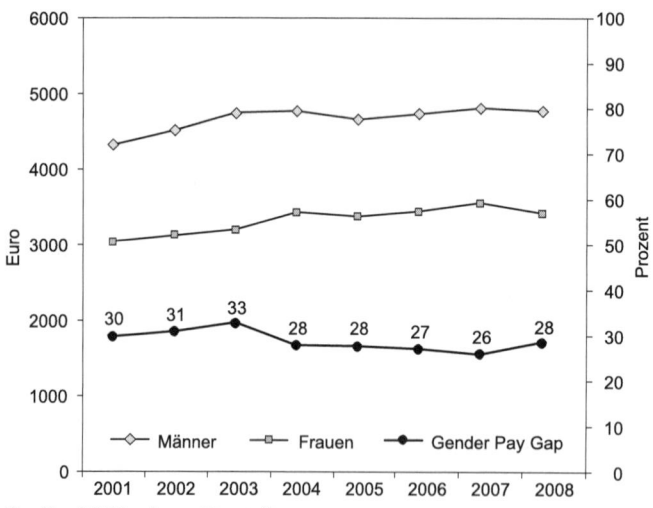

Quelle: SOEP; eigene Darstellung

Inwieweit könnte der „Gender Wage Gap" nun auf die Erwerbstätigkeit dieser Führungskräfte in Frauen- oder Männerberufen zurückzuführen sein? Um diese Frage beantworten zu können, ist es zunächst notwendig herauszufinden, ob sich die geschlechtstypischen Berufsstrukturen auch in den Führungsetagen finden. Hier zeigt sich: Frauen in Führungspositionen sind im Vergleich zu anderen weiblichen Angestellten in der Privatwirtschaft weniger segregiert, sie sind vergleichsweise häufiger in Berufen mit einem höheren Männeranteil tätig (vgl. Tab. 1). Bei den Männern in Führungspositionen hingegen ist die berufliche Segregation stärker ausgeprägt als bei anderen männlichen Angestellten. Weib-

---

5   Die monatlichen Verdienstunterschiede wurden hier nicht für weitere Charakteristika, z.B. Bildung oder Berufserfahrung, kontrolliert. Es handelt sich also um die „reinen" durchschnittlichen Verdienstunterschiede.

liche Führungskräfte arbeiteten 2008 in Berufen, deren Frauenanteil im Durchschnitt bei 48% liegt, bei den sonstigen weiblichen Angestellten in der Privatwirtschaft liegt der Anteil deutlich höher (71%). Unter den Männern in Führungspositionen ist dieser Wert mit 29% besonders niedrig (sonstige männliche Angestellte: 38%). Grundsätzlich gilt: Je stärker der Wert von der Mitte (ein beruflicher Frauenanteil von 50%, also geschlechtlich ausbalanciert) abweicht, desto stärker sind die Berufe segregiert. Bei den Frauen findet eine Abweichung nach oben statt (Frauen arbeiten in Berufen mit einem höheren Frauenanteil), bei Männern eine Abweichung nach unten (Männer arbeiten in Berufen mit einem geringeren Frauenanteil).

Tab. 1: Führungskräfte und Angestellte ohne Führungskräfte in der Privatwirtschaft: durchschnittlicher Frauenanteil im Beruf, nach Geschlecht 2001 bis 2008 (Mittelwerte)

	Führungskräfte			Angestellte ohne Führungskräfte		
------	Frauen	Männer	Gesamt	Frauen	Männer	Gesamt
2001	43	27	30	71	36	59
2002	44	27	31	72	38	61
2003	45	26	30	72	38	60
2004	49	26	31	72	39	62
2005	48	26	32	72	36	60
2006	51	27	34	73	37	61
2007	44	28	33	72	40	61
2008	48	29	34	71	38	60

Quelle: SOEP/Mikrozensus; eigene Darstellung

Der Großteil der weiblichen Führungskräfte ist in Mischberufen tätig; im Jahr 2008 waren es 54% (vgl. Abb. 3). Typische Frauenberufe werden von Frauen in Führungspositionen im Vergleich zu anderen Angestellten eher selten ausgeübt. Demgegenüber sind in Führungspositionen anteilig erheblich mehr Frauen in Männerberufen tätig als bei den sonstigen weiblichen Angestellten; im Jahr 2008 waren es 27% (gegenüber lediglich 5% bei den sonstigen angestellten Frauen). Sowohl bei den Frauen in Führungspositionen als auch bei den anderen angestellten Frauen nimmt der Anteil derer, die in Mischberufen erwerbstätig sind, tendenziell zu.

Bei den Männern sieht die Situation anders aus. Sie sind in Führungspositionen besonders häufig in typischen Männerberufen tätig – wenn auch in geringerem Umfang als noch 2001 (vgl. Abb. 4). Männliche Führungskräfte in typischen Frauenberufen stellen die Ausnahme dar. Allerdings nimmt wie bei den

Abb. 3: *Führungskräfte und Angestellte ohne Führungskräfte in der Privatwirtschaft: Frauen in Frauen-, Misch- und Männerberufen 2001 bis 2008 (in %)*

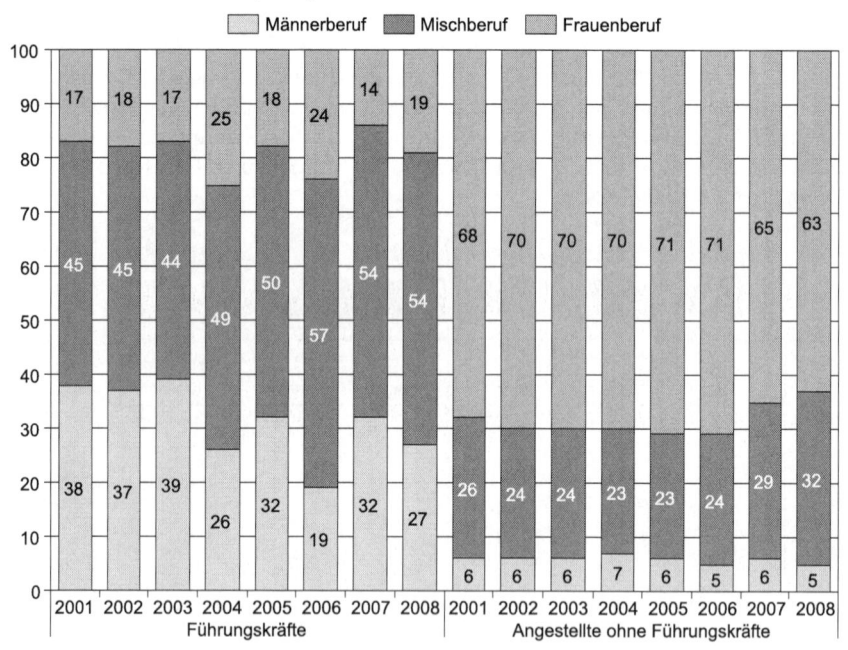

Quelle: SOEP/Mikrozensus; eigene Darstellung

Frauen auch der Anteil der Männer zu, die in Mischberufen arbeiten, was als Hinweis auf die Tendenz hin zu einer zunehmenden Durchmischung der Geschlechter in den Berufen gewertet werden kann.[6] Bei den Frauen geht dies allerdings auf Kosten ihres Anteils in den – besser angesehenen und vergüteten – Männerberufen.

Zusammengefasst bedeutet dies: Die geschlechtstypische Berufswahl bzw. die Segregation nach Geschlecht ist in Führungspositionen bei den Frauen schwächer und bei den Männern im Vergleich zu den anderen Angestellten stärker ausgeprägt.

---

6 Allerdings kann diese Beobachtung der Zunahme von Erwerbstätigen in Mischberufen auch darin begründet sein, dass durch den sektoralen Wandel auf dem Arbeitsmarkt immer weniger Stellen in typischen Männerberufen besetzt werden.

Berufliche Geschlechtersegregation und Verdienste in Führungspositionen 91

Abb. 4: *Führungskräfte und Angestellte ohne Führungskräfte in der Privatwirtschaft: Männer in Frauen-, Misch- und Männerberufen 2001 bis 2008 (in %)*

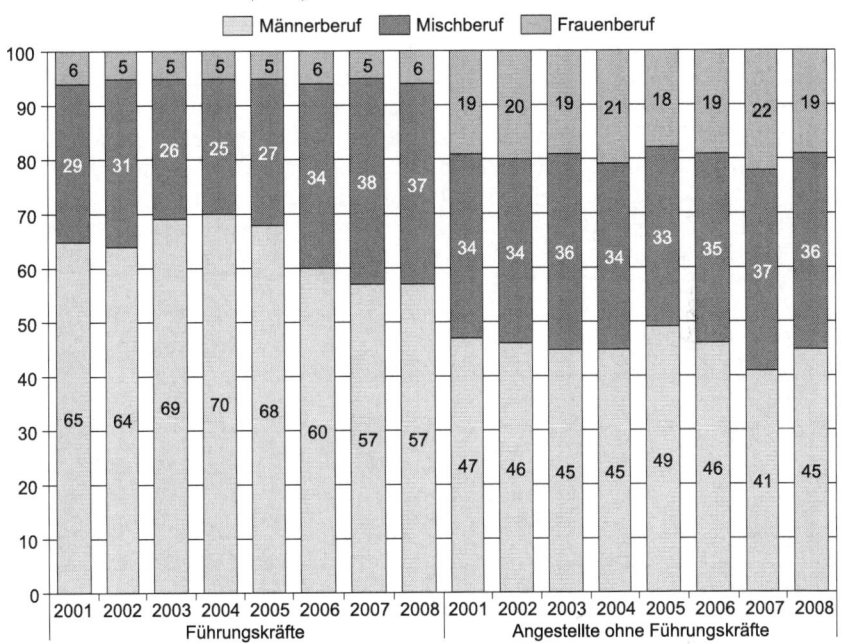

Quelle: SOEP/Mikrozensus; eigene Darstellung

Steht nun auch in Führungsetagen die berufliche Geschlechtersegregation mit geschlechtstypischen Verdiensten im Zusammenhang? Tatsächlich werden auch in Führungspositionen Frauenberufe schlechter entlohnt als Männerberufe, dies betrifft sowohl Frauen als auch Männer (vgl. Tab. 2). Für Frauen sind die Verdienstabschläge jedoch stärker als für Männer. Vollzeitbeschäftigte weibliche Führungskräfte in Frauenberufen erzielen 2008 mit im Durchschnitt 2.609 € monatlich (brutto) nur 64% des Verdiensts ihrer Kolleginnen in Männerberufen (zum Vergleich: 80% in den Mischberufen). Männer in Frauenberufen erreichen mit 4.876 € monatlich 76% der Verdienste ihrer Kollegen in Männerberufen. Der Verdienstunterschied zwischen Misch- und Männerberufen ist bei den Männern weniger gravierend als bei den Frauen; in den meisten Jahren liegt der mittlere Verdienst in Mischberufen sogar über dem der Männerberufe. Das Muster ist hier also weniger eindeutig als bei den Frauen. Weiterhin liegt das Einkommensniveau bei den Männern in allen drei Berufsgruppen über dem der weiblichen Führungskräfte, vor allem in Frauenberufen und in Mischberufen. In Männerberufen ist allerdings eine leichte Annäherung zwischen Frauen und Männern zu verzeichnen. Während also Männer in Mischberufen ähnlich hohe Verdienste wie in Männerberufen erzielen, zeigen sich bei den Frauen deutliche Abstufungen zwischen Frauenberufen, Mischberufen und Männerberufen. Abgesehen davon, dass Führungspositionen nahezu generell Männerberufe sind (Stichwort: vertikale Segregation), zeigt sich hier also auch der Effekt der horizontalen Segregation: Bewegen sich Frauen auf tradierten Wegen, ist dies gewöhnlich mit erheblichen Abschlägen beim Verdienst verbunden. Die Hinwendung zu nicht traditionellen bzw. Männer-Berufen erhöht zwar die Verdienstchancen, zu den männlichen Einkommen aufschließen können die weiblichen Führungskräfte jedoch auch dort nicht.

Tab. 2: *Vollzeiterwerbstätige Führungskräfte in der Privatwirtschaft in Frauen-, Misch- und Männerberufen nach durchschnittlichem Bruttoeinkommen und Geschlecht (2001 bis 2008)*

	Frauen					Männer				
	Männer-beruf	Misch-beruf	Frauen-beruf	Frauen-berufe an Männer-berufe	Misch-berufe an Männer-berufe	Männer-beruf	Misch-beruf	Frauen-beruf	Frauen-berufe an Männer-berufe	Misch-berufe an Männer-berufe
Jahr	Mittelwerte in Euro			%		Mittelwerte in Euro			%	
2001	3.276	2.972	2.406	73	91	4.250	4.489	3.697	87	106
2002	3.254	3.235	2.418	74	99	4.451	4.778	3.464	78	107
2003	3.472	3.191	2.588	75	92	4.756	4.901	3.483	73	103
2004	3.963	3.305	3.006	76	83	4.695	4.902	4.578	98	104
2005	3.690	3.232	2.925	79	88	4.656	4.694	4.136	89	101
2006	4.230	3.322	2.919	69	79	4.704	4.959	3.430	73	105
2007	3.769	3.574	2.746	73	95	4.799	4.867	4.132	86	101
2008	4.086	3.274	2.609	64	80	4.876	4.766	3.682	76	98
Gesamt	3.675	3.276	2.722	74	89	4.639	4.794	3.816	82	103

Quelle: SOEP/Mikrozensus; eigene Darstellung

Inwieweit diese Ergebnisse auch nach der Kontrolle wichtiger Einflussfaktoren bestehen bleiben und worauf die geringere Entlohnung in Frauenberufen im Vergleich zu Männerberufen zurückzuführen ist, kann nur mit multivariaten statistischen Modellen beantwortet werden. Hier muss die nach Geschlecht differierende Aufstiegswahrscheinlichkeit in Führungspositionen und damit die Stichprobenselektivität statistisch berücksichtigt werden, um einer Unterschätzung des „Gender Wage Gap" und Verzerrung der Koeffizienten entgegenzuwirken. Im Querschnitt zeigt sich hier, dass auch nach statistischer Kontrolle wichtiger persönlicher und beruflicher Charakteristiken der negative Effekt des Frauenanteils im Beruf bestehen bleibt, und zwar für Frauen stärker als für Männer (Busch/Holst 2010). Somit kann die schlechtere Entlohnung in Frauenberufen nicht auf eine reine „Selbstselektion" von Frauen mit geringer Humankapitalausstattung in diese Berufe erklärt werden. Das Ergebnis spricht eher für eine kulturelle Abwertung dieser Berufe, die mehrheitlich von Frauen ausgeübt werden, die auch die Führungspositionen dort einschließt. Auch nach statistischer Kontrolle zeitkonstanter unbeobachteter Heterogenität bleibt dieser Effekt bestehen, allerdings in nicht-linearer Form (Busch/Holst 2011): Nur in Mischberufen sind für Frauen die Verdienste signifikant geringer als in Männerberufen. Das heißt, gerade in Mischberufen scheint es spezielle verdienstsenkende Mechanismen zu geben, die es in weiteren Studien herauszufinden gilt.

5. Fazit

Der Anteil von Frauen in Führungspositionen lag im Jahr 2008 bei 27% und stagnierte in den letzten drei Jahren des Untersuchungszeitraums auf dem gleichen Niveau. Im Jahr 2008 erhielten vollzeitbeschäftigte weibliche Führungskräfte einen durchschnittlichen Bruttomonatsverdienst, der um 28% unter dem der Männer in Führungspositionen lag. Da es sich bei den Führungskräften um nahezu gleichermaßen hochqualifizierte Frauen und Männer handelt (vgl. Holst/ Busch 2010), ist der „Gender Wage Gap" nur zum Teil durch akkumuliertes Humankapital, wie Ausbildung und Berufserfahrung, zu erklären.

Die deskriptive Analyse auf Basis des Sozio-oekonomischen Panels für die Jahre 2001 bis 2008 zeigte, dass die berufliche Geschlechtersegregation eine wichtige Bestimmungsgröße auch für den „Gender Wage Gap" in Führungspositionen ist. Deutlich wurde zunächst, dass Frauen in Führungspositionen in geringerem Maße als andere angestellte Frauen in Berufen tätig sind, die stark von ihrem Geschlecht dominiert sind. Frauen in Führungspositionen sind also weniger segregiert als andere Frauen auf dem Arbeitsmarkt. Unter den Männern in Führungspositionen ist die berufliche Segregation im Vergleich zu anderen erwerbstätigen Männern dagegen deutlich stärker ausgeprägt. Diese starke Konzentration der männlichen Führungskräfte auf einzelne Berufsgruppen könnte sich als Nachteil erweisen, da Innovations- und Kreativitätspotentiale durch „Gender Diversity" nicht zum Tragen kommen. Eine stärkere Durchmischung der Geschlechter auch auf den Führungsetagen – also nicht nur: mehr Frauen in Männerberufe, sondern ebenfalls: mehr Männer in Frauenberufe – dürfte sich auch hinsichtlich der Erhöhung der Produktivität als sinnvoll erweisen.[7]

---

7 Zu den ökonomischen Vorteilen von Diversity bzw. Diversity Management allgemein vgl. zusammenfassend: Krell/Sieben 2011; zu den Studien, die ökonomische Vorteile

In frauendominierten Berufen werden nicht nur im Durchschnitt geringere Gehälter bezahlt als in typischen Männerberufen. Auch in Führungspositionen sind die Verdienste in Frauenberufen geringer als in Männer- oder Mischberufen, und dies betrifft Frauen in stärkerem Maße als Männer. Das lässt sich nicht auf eine „Selbstselektion" von Frauen mit geringer Humankapitalakkumulation zurückführen. Vielmehr dürften Mechanismen der kulturellen Abwertung von Tätigkeiten, die mehrheitlich von Frauen ausgeübt werden, eine Rolle spielen. Die dementsprechende These der Devaluation hat die sogenannte Comparable-Worth-Debatte ausgelöst, die sich gegen die Unterbewertung frauendominierter Tätigkeiten richtet und gleichen Lohn nicht nur für gleiche, sondern auch für gleichwertige Arbeit fordert (vgl. England 1992; zusammenfassend: Krell/Winter 2011). Aus dieser Perspektive kann eine Lohnangleichung der Geschlechter nicht (nur) dadurch erreicht werden, dass Frauen vermehrt in besser bezahlte „Männerberufe" gehen, sondern vor allem (auch) dadurch, dass typische „Frauentätigkeiten" aufgewertet werden.

Literatur

Achatz, Juliane 2008: Geschlechtersegregation im Arbeitsmarkt. In: Abraham, Martin/Hinz, Thomas (Hg.): Arbeitsmarktsoziologie: Probleme, Theorien und empirische Befunde (2. Auflage). Wiesbaden, S. 263–301

Achatz, Juliane/Beblo, Miriam/Wolf, Elke 2010: Berufliche Segregation. In: Projektgruppe GiB 2010, S. 89–139

Achatz, Juliane/Gartner, Hermann/Glück, Timea 2005: Bonus oder Bias? Mechanismen geschlechtsspezifischer Entlohnung. In: Kölner Zeitschrift für Soziologie und Sozialpsychologie, Jg. 57, H. 3, S. 466–493

Bardasi, Elena/Gornick, Janet C. 2008: Working for Less? Women's Part-Time Wage Penalties across Countries. In: Feminist Economics, Jg. 14, H. 1, S. 37–72

Beck-Gernsheim, Elisabeth 1980: Das halbierte Leben: Männerwelt Beruf, Frauenwelt Familie. Frankfurt/M.

Becker, Gary S. 1975: Human Capital (2. Auflage). New York

Berger, Joseph/Fisek, Hamit/Norman, Robert Z./Zelditch, Morris 1977: Status Characteristics and Social Interaction: An Expectation States Approach. New York

Bertrand, Marianne/Hallock, Kevin F. 2001: The Gender Gap in Top Corporate Jobs. In: Industrial and Labor Relations Review, Jg. 55, H. 1, S. 3–21

---

speziell von Gender Diversity in Führungspositionen nachweisen, vgl. zusammenfassend: Krell 2011.

Blau, Francine D./Ferber, Marianne A./Winkler, Anne E. 2006: The Economics of Women, Men and Work (5. Auflage). New Jersey

Blau, Francine D./Kahn, Lawrence M. 2000: Gender Differences in Pay. In: Journal of Economic Perspectives, Jg. 14, H. 4, S. 75–99

Blau, Francine D./Kahn, Lawrence M. 2003: Understanding International Differences in the Gender Pay Gap. In: Journal of Labor Economics, Jg. 21, H. 1, S. 106–144

Blau, Francine D./Kahn, Lawrence M. 2006: The U.S. Gender Pay Gap in the 1990s: Slowing Convergence. In: Industrial and Labor Relations Review, Jg. 60, H. 1, S. 45–66

Blumer, Herbert 1969: Symbolic Interactionism: Perspective and Method. Englewood Cliffs, NJ

Busch, Anne/Holst, Elke 2010: Der Gender Pay Gap in Führungspositionen: Warum die Humankapitaltheorie zu kurz greift. In: Femina Politica, Jg. 19, H. 2, S. 91–102

Busch, Anne/Holst, Elke 2011: Gender-Specific Occupational Segregation, Glass Ceiling Effects, and Earnings in Managerial Positions: Results of a Fixed Effects Model. DIW Discussion Paper, Nr. 1101. Berlin. Internet: http://www.diw.de/documents/publikationen/73/diw_01.c.367559.de/dp1101.pdf [21.04.2011]

Cohen, Philip N./Huffman, Matt L. 2003: Individuals, Jobs, and Labor Markets: The Devaluation of Women's Work. In: American Sociological Review, Jg. 68, H. 3, S. 443–463

Cohen, Philip N./Huffman, Matt L. 2007: Working for the Woman? Female Managers and the Gender Wage Gap. In: American Sociological Review, Jg. 72, H. 5, S. 681–704

Correll, Shelley J./Ridgeway, Cecilia L. 2006: Expectation States Theory. In: Delamater, John (Hg.): Handbook of Social Psychology. New York, S. 29–51

England, Paula 1982: The failure of human capital theory to explain occupational sex segregation. In: The Journal of Human Resources, Jg. 17, H. 3, S. 358–370

England, Paula 1989: A Feminist Critique of Rational-Choice Theories: Implications for Sociology. In: The American Sociologist, Jg. 20, H. 1, S. 14–28

England, Paula 1992: Comparable Worth. Theories and Evidence. New York

England, Paula/Farkas, George/Kilbourne, Barbara Stanek/Dou, Thomas 1988: Explaining occupational sex segregation and wages: Findings from a model with fixed effects. In: American Sociological Review, Jg. 53, H. 4, S. 544–558

England, Paula/Hermsen, Joan M./Cotter, David A. 2000: The Devaluation of Women's Work: A Comment on Tam. In: American Journal of Sociology, Jg. 105, H. 6, S. 1741–1751

Europäische Kommission 2010: Report on Equality between Women and Men 2010. Luxembourg. Internet: ec.europa.eu/social/BlobServlet?docId=4613&langId=en [16.04.2011]

Faulstich-Wieland, Hannelore 2008: Sozialisation und Geschlecht. In: Hurrelmann, Klaus/ Grundmann, Matthias/Walper, Sabine (Hg.): Handbuch Sozialisationsforschung (7. Auflage). Weinheim, Basel, S. 240–253

Ferber, Marianne 1987: Women and Work, Paid and Unpaid: A Selected, Annotated Bibliography. New York, London

Finke, Claudia (2010): Verdienstunterschiede zwischen Männern und Frauen 2006. Wiesbaden

Fitzenberger, Bernd/Kunze, Astrid 2005: Vocational Training and Gender: Wages and Occupational Mobility among Young Workers. In: Oxford Review of Economic Policy, Jg. 21, H. 3, S. 392–415

Foschi, Martha 1996: Double Standards in the Evaluation of Men and Women. In: Social Psychology Quarterly, Jg. 59, H. 3, S. 237–254

Frick, Joachim R./Grabka, Markus M. 2005: Item-non-response on income questions in panel surveys: Incidence, imputation and the impact on the income distribution. In: Allgemeines Statistisches Archiv (ASTA), Jg. 89, H. 1, S. 49–61

Gottschall, Karin 2000: Soziale Ungleichheit und Geschlecht. Kontinuitäten und Brüche, Sackgassen und Erkenntnispotentiale im deutschen soziologischen Diskurs. Opladen

Heintz, Bettina/Nadai, Eva/Fischer, Regula 1997: Ungleich unter Gleichen. Studien zur geschlechtsspezifischen Segregation des Arbeitsmarktes. Frankfurt/M., New York

Hinz, Thomas/Gartner, Hermann 2005: Geschlechtsspezifische Lohnunterschiede in Branchen, Berufen und Betrieben. In: Zeitschrift für Soziologie, Jg. 34, H. 1, S. 22–39

Holst, Elke/Busch, Anne 2010: Führungskräfte-Monitor 2010. Politikberatung kompakt 56/2010. Berlin. Internet: http://www.diw.de/documents/publikationen/73/diw_01.c.358490.de/diwkompakt_2010-056.pdf [09.10.2010]

International Labour Office 2004: Breaking through the glass ceiling: Women in management. Update 2004. Genf. Internet: http://www.ilo.org/dyn/gender/docs/RES/292/F2679 81337/Breaking%20Glass%20PDF%20English.pdf [22.09.2011]

Jacobs, Jerry A. 1989: Revolving Doors. Sex Segregation and Women's Careers. Stanford, CA

Jacobs, Jerry A./Steinberg, R. 1995: Further Evidence on Compensating Differentials and the Gender Gap in Wages. In: Jacobs, Jerry A. (Hg.): Gender Inequality at Work. Beverly Hills, CA, S. 93–124

Kanter, Rosabeth Moss 1977: Men and Women of the Corporation. New York

Kilbourne, Barbara/England, Paula/Farkas, George/Beron, Kurt/Weir, Dorothea 1994: Returns to Skill, Compensating Differentials, and Gender Bias: Effects of Occupational Characteristics on the Wages of White Women and Men. In: American Journal of Sociology, Jg. 100, H. 3, S. 689–719

Kirchmeyer, Catherine 2002: Gender Differences in Managerial Careers: Yesterday, Today, and Tomorrow. In: Journal of Business Ethics, Jg. 37, H. 1, S. 5–24

Krell, Gertraude 2011: Geschlechterungleichheiten in Führungspositionen. In: Krell et al. 2011, S. 403–422

Krell, Gertraude/Carl, Andrea-Hilla/Krehnke, Anna 2001: Diskriminierungsfreie Bewertung von (Dienstleistungs-)Arbeit. Ein Projekt im Auftrag der Gewerkschaft Öffentliche Dienste, Transport und Verkehr. Stuttgart

Krell, Gertraude/Ortlieb, Renate/Sieben, Barbara (Hg.) 2011: Chancengleichheit durch Personalpolitik (6. Auflage). Wiesbaden

Krell, Gertraude/Sieben, Barbara 2011: Diversity Management: Chancengleichheit für alle und auch als Wettbewerbsvorteil. In: Krell et al. 2011, S. 155–174

Krell, Gertraude/Winter, Regine 2011: Anforderungsabhängige Entgeltdifferenzierung: Orientierungshilfen auf dem Weg zu einer diskriminierungsfreieren Arbeitsbewertung. In: Krell et al. 2011, S. 334–360

Kunze, Astrid 2008: Gender wage gap studies: Consistency and decomposition. In: Empirical Economics, Jg. 35, H. 1, S. 63–76
Lausten, Mette 2001: Gender Differences in Managerial Compensation – Evidences from Denmark. Working Papers 01-4, University of Aarhus, Aarhus School of Business, Department of Economics. Internet: http://www.hha.dk/nat/WPER/01-4_ml.pdf [22.09.2011]
Leuze, Kathrin/Strauß, Susanne 2009: Lohnungleichheiten zwischen Akademikerinnen und Akademikern: Der Einfluss von fachlicher Spezialisierung, frauendominierten Fächern und beruflicher Segregation. In: Zeitschrift für Soziologie, Jg. 38, H. 4, S. 262–281
Liebeskind, Uta 2004: Arbeitsmarktsegregation und Einkommen. Vom Wert „weiblicher" Arbeit. In: Kölner Zeitschrift für Soziologie und Sozialpsychologie, Jg. 56, H. 4, S. 630–652
Maume, David J. JR 1999: Glass Ceilings and Glass Escalators. Occupational Segregation and Race and Sex Differences in Managerial Promotions. In: Work and Occupations, Jg. 26, H. 4, S. 483–509
Mincer, Jacob 1962: On-the-Job-Training: Costs, Returns and some Implications. In: Journal of Political Economy, Jg. 70, H. 5, S. 50–79
OECD 2003: Glossary of Statistical Terms. Part-time Employment/Work. Internet: http://stats.oecd.org/glossary/detail.asp?ID=3046 [22.09.2011]
Okamoto, Dina/England, Paula 1999: Is there a Supply-Side to Occupational Sex Segregation? In: Sociological Perspectives, Jg. 42, H. 4, S. 557–582
Olsen, Wendy/Walby, Sylvia 2004: Modelling Gender Pay Gaps. EOC Working Paper Series, Nr. 17. Internet: www.lancs.ac.uk/fass/sociology/papers/walby-modellinggenderpaygapswp17.pdf [22.09.2011]
Ostner, Ilona 1978: Beruf und Hausarbeit. Die Arbeit der Frau in unserer Gesellschaft. Frankfurt/M.
Peterson, Trond/Saporta, Ishak 2004: The Opportunity Structure for Discrimination. In: American Journal of Sociology, Jg. 109, H. 4, S. 852–901
Polachek, Solomon W. 1981: Occupational Self-Selection: A Human Capital Approach to Sex Differences in Occupational Structure. In: The Review of Economics and Statistics, Jg. 63, H. 1, S. 60–69
Projektgruppe GiB 2010: Geschlechterungleichheiten im Betrieb. Arbeit, Entlohnung und Gleichstellung in der Privatwirtschaft. Berlin
Reskin, Barbara F./Roos, Patricia A. 1990: Job Queues, Gender Queues. Explaining Women's Inroad into Male Occupations. Philadelphia
Ridgeway, Cecilia L. 1997: Interaction and the Conservation of Gender Inequality: Considering Employment. In: American Sociological Review, Jg. 62, H. 2, S. 218–235
Ridgeway, Cecilia L. 2001a: Interaktion und die Hartnäckigkeit der Geschlechter-Ungleichheit in der Arbeitswelt. In: Heintz, Bettina (Hg.): Geschlechtersoziologie. Sonderheft 41 der Kölner Zeitschrift für Soziologie. Opladen, S. 250–275
Ridgeway, Cecilia L. 2001b: Social Status and Group Structure. In: Hogg, Michael A./Tindale, Scott (Hg.): Blackwell Handbook of Social Psychology: Group Processes. Oxford, S. 352–375
Ridgeway, Cecilia L./Smith-Lovin, Lynn 1999: The Gender System and Interaction. In: Annual Review of Sociology, Jg. 25, S. 191–216

Smyth, Emer/Steinmetz, Stephanie 2008: Field of Study and Gender Segregation in European Labour Markets. In: International Journal of Comparative Sociology, Jg. 49, H. 4–5, S. 257–281

Steinberg, Ronnie J. 1990: Social construction of skill. Gender, power, and comparable worth. In: Work and occupations, Jg. 17, H. 4, S. 449–482

Tam, Tony 1997: Sex Segregation and Occupational Gender Inequality in the United States: Devaluation or Specialized Training? In: The American Journal of Sociology, Jg. 102, H. 6, S. 1652–1692

Tam, Tony 2000: Occupational Wage Inequality and Devaluation: A Cautionary Tale of Measurement Error. In: American Journal of Sociology, Jg. 105, H. 6, S. 1752–1760

Wagner, Gert G./Frick, Joachim R./Schupp, Jürgen 2007: The German Socio-Economic Panel Study (SOEP) – Scope, Evolution and Enhancements. In: Schmollers Jahrbuch, Jg. 127, H. 1, S. 139–169

Waldfogel, Jane 1998: Understanding the „Family Gap" in Pay for Women with Children. In: Journal of Economic Perspectives, Jg. 12, H. 1, S. 137–156

West, Candace/Zimmerman, Don H. 1987: Doing Gender. In: Gender and Society, Jg. 1, H. 2, S. 125–151

Williams, Christine L. 1992: The Glass Escalator: Hidden Advantages for Men in the „Female" Professions. In: Social Problems, Jg. 39, H. 3, S. 253–267

Williams, Christine L. 1995: Still a Man's World: Men Who Do Women's Work. Berkeley

Winter, Regine (1998): Gleiches Entgelt für gleichwertige Arbeit – Ein Prinzip ohne Praxis. Baden-Baden

Wirth, Linda 2001: Breaking through the glass ceiling: Women in management. Genf

Ziegler, Astrid/Gartner, Hermann/Tondorf, Karin 2010: Entgeltdifferenzen und Vergütungspraxis. In: Projektgruppe GiB 2010, S. 271–346

„Women on Boards"
Wie kann Deutschland von Norwegen lernen?

Katrin Hansen, Andrea D. Bührmann,
Vibeke Heidenreich

1. Einleitung

Women on Boards (Frauen in Aufsichtsräten) ist ein Thema, das in Europa und nun gerade in Deutschland zunehmend an Brisanz gewinnt. In Deutschland werden die wenigen in Aufsichtsräten vorzufindenden Frauen bislang überproportional von der Arbeitnehmerseite gestellt: 2009 hatten Frauen nur 9,8 Prozent der 2.175 Aufsichtsratspositionen in den 200 größten Unternehmen außerhalb des Finanzsektors inne; 72% von ihnen wurden von der Arbeitgeberseite gestellt (vgl. Holst/Wiemer 2010a). Unter den anderen finden sich (wie auch bei Männern) Frauen, die mehrere Posten innehaben. Insgesamt ist der Kreis beteiligter Frauen in Deutschland zurzeit also extrem klein (vgl. dazu zusammenfassend Holst/Wiemer 2010b; Rudolph 2009; Wippermann 2010). Dies ist angesichts der hohen Bedeutung, die Aufsichtsräte bei der strategischen Steuerung von Unternehmen[1] und vor allem bei der Besetzung von Vorstandspositionen einnehmen, ein wirtschaftlich und politisch zunehmend brennendes Thema geworden. Bei der Besetzung von Vorstandspositionen kommt dem Aufsichtsrat nämlich unter dem Aspekt der Geschlechtergerechtigkeit eine Schlüsselposition zu: Der Aufsichtsrat soll auf Diversität achten und seit Mai 2010 „insbesondere eine angemessene Berücksichtigung von Frauen anstreben" (DCGK 5.1.2).

In der aktuellen Diskussion wird vor allem durch Politik und Gewerkschaften das Beispiel Norwegen immer wieder als Best Practice für eine effektive Steigerung der Anzahl von Frauen in Aufsichtsräten und in Top-Management-Positionen herangezogen. Dies spiegelt sich auch in der Wirtschaftspresse wi-

---

1 So legt der Deutsche Corporate Governance Kodex (DCGK) – diesem Aufsatz liegt die Fassung des DCGK vom 26. Mai 2010 zugrunde; wir zitieren als DCGK mit dem zugehörigen Absatz – die Einbindung des Aufsichtsrats in Entscheidungen von grundlegender Bedeutung mit Zustimmungsvorbehalt fest (3.3.5.1.1) sowie die Abstimmung der strategischen Ausrichtung und die Erörterung des Stands der strategischen Umsetzung (3.2). Hier lassen sich als wesentliche Funktionen des Aufsichtsrats auch für Deutschland einige der von Huse erläuterten Rollen des „value creating boards" erkennen (Huse 2005). Dabei kommt den Mitgliedern von Ausschüssen und dem oder der Aufsichtsratsvorsitzenden besondere Bedeutung zu (vgl. DCGK 5.2 und 5.3).

der: Bereits 2009 findet sich zum Beispiel in der „zeitonline" die Schlagzeile „Erfolgsmodell Norwegen" (Borchert 2009). „Bullerbüs starke Frauen" titelt die „Frankfurter Allgemeinen Zeitung" im Januar 2011 in der Rubrik „Beruf und Chance". In diesem Artikel wird festgestellt:

> „Kein um Frauenförderung bemühter Personalprofi vergisst zu erwähnen, dass es in Norwegen ein Gesetz zum Geschlechtergleichgewicht in Aufsichtsräten gibt und Verstöße seitens der Unternehmen seit 2008 zum Teil empfindlich bestraft werden können – es dazu aber bislang keinen Anlass gegeben hat, weil alle brav ihre Quoten erfüllen." (Baltzer 2011a)

Gleichzeitig aber werden auch kritische Stimmen laut: Das „Erfolgsmodell" wird auf den Prüfstand gestellt und insbesondere wird angefragt, ob die Steigerung des Frauenanteils in Aufsichtsräten tatsächlich primär mit der Quotenregelung zusammenhängt oder nicht ganz andere Ursachen hat. Bereits früh und nun in stärkerem Ausmaß wird diskutiert, inwieweit die norwegische Quotenregelung nicht nur zu einer scheinbar stärkeren Diversität führt und inwieweit die Mehrfachmandate der sogenannten „Goldröcke"[2] in Norwegen nicht als Fehlentwicklung angesehen werden müssen. Im bereits zitierten Artikel in der „Frankfurter Allgemeinen Zeitung" wird auch vom „Bullerbü-Syndrom" gesprochen, das skandinavische Verhältnisse mystifiziert, und in einem späteren Artikel warnt die „Frankfurter Allgemeinen Zeitung" sogar vor „norwegischen Verhältnissen" (Baltzer 2011b). Insgesamt kommt der Autor zu dem Schluss: „Die Folgen, die eine Frauenquote für Deutschland hätte, lassen sich aus den Erfahrungen in Norwegen nur eingeschränkt ableiten" (ebd.) und führt hierfür vor allem rechtliche und kulturelle Unterschiede an. Im selben Artikel kommt auch Morten Huse, einschlägig forschender Wissenschaftler an der Wirtschaftshochschule BI in Oslo, zu Wort. Er will zwar zurzeit für die Entwicklung in Norwegen noch kein abschließendes Fazit ziehen, sieht aber „viele positive Zeichen" (ebd., S. 18).

Dennoch können Akteure und Akteurinnen in Deutschland bereits aus den ersten Jahren der norwegischen Erfahrungen lernen.[3] Als konzeptionellen Ansatz dafür schlagen wir das „Benchmarking" vor. Dieses Konzept wird in der Unternehmensführung bereits seit vielen Jahren erfolgreich angewendet, um die Leistung der eigenen Organisation zu steigern (vgl. Braun/Lawrence 1995).

---

2   Der Begriff wird in Kapitel 2 erläutert.
3   Eine gute Möglichkeit hierzu bot sich Anfang März 2011 durch eine Tagung an der BI in Oslo, die unter dem Thema „Women on Board: Lessons from Norway" stand. Auf dieser Tagung war ein internationaler Kreis von Politiker_innen, Wissenschaftler_innen und Akteur_innen aus der skandinavischen Wirtschaft vertreten. Auch die Autorinnen haben an dieser Konferenz aktiv teilgenommen und lassen die Ergebnisse in das vorliegende Papier einfließen. Wir zitieren als „BI (2011)".

Benchmarking bedeutet erstens, von den „Besten" zu lernen. Wie die quantitativen Analysen von Catalyst (vgl. Tab. 1) zeigen, kann Norwegen diesen Platz als Vorbild für Deutschland in Bezug auf die Vertretung von Frauen in Aufsichtsräten durchaus berechtigt einnehmen.

Tab. 1: Frauen in Aufsichtsräten und Vorständen im europäischen Vergleich

Land	%	Land	%
Norwegen	44,2	Deutschland	7,8
Schweden	26,9	Luxemburg	7,2
Finnland	25,7	Belgien	7,0
Dänemark	18,1	Schweiz	6,6
Niederlande	12,3	Spanien	6,6
Großbritannien	11,5	Griechenland	6,0
Rep. Irland	10,1	Italien	2,1
Österreich	9,2	Portugal	0,8

Quelle: http://www.catalyst.org/file/244/qt_women_in_europe.pdf (download 26.07.2010)

Das Benchmarking beschränkt sich aber nicht auf den quantitativen Vergleich von erzielten Ergebnissen. Erfolgskritisch ist es vielmehr zweitens herauszufinden, wodurch diese Ergebnisse bei der „Best Practice" entstehen, also die Prozesse zu identifizieren, die zu diesen Resultaten geführt haben. Und drittens sind die Umfeldbedingungen zu analysieren – der Kontext, in dem der/die „Beste" erfolgreich sein konnte, und der Kontext, in dem der oder die Lernende die eigene Leistung verbessern will. In einem vierten Schritt ist dann zu fragen, ob und wie die Erfolgsprozesse in den anderen Kontext transferiert werden können bzw. welche weitergehenden Fragen beantwortet werden müssen. Beim Benchmarking geht es also nicht um das Kopieren der „Best Practice", sondern um das Verständnis komplexer Zusammenhänge und um den kreativen Transfer des Gelernten in die eigene Praxis. Ein möglicher Effekt kann sein, dass die benchmarkende Institution damit selbst zur „Best Practice" wird.

Dieser Benchmarking-Konzeption werden wir in diesem Beitrag folgen. In einem ersten Schritt skizzieren wir zunächst das Vorgehen in Norwegen und umreißen die norwegische Situation in ihren für unser Thema relevanten Aspekten. In einem zweiten Schritt stellen wir die spezifischen Besonderheiten der Situation in Deutschland dar. Abschließend werden wir erste Schlussfolgerungen für Wirtschaft, Wissenschaft und Politik ableiten und weiterführende Forschungsfragen entwickeln.

2. Norwegens Gesetzgebung zur Frauenquote in Unternehmen

Nach einer jahrelangen Diskussion verabschiedete das norwegische Parlament 2003 ein Gesetz, das Geschlechterquoten für alle Allgemeinen Aktiengesellschaften (public limited companies: ASA) und für andere Aktiengesellschaften (AS) einführte, die sich mehrheitlich in Besitz des Staates oder der Kommunen befanden. Die Forderung war für staatliche Unternehmen und für Unternehmen im Besitz der Kommunen sofort (also ab dem 1. Januar 2004) verpflichtend. Dagegen war sie für die börsennotierten Unternehmen zunächst nur eingeschränkt gültig und gab diesen eine Zeitspanne von zwei Jahren, um eine ausbalancierte Gender-Zusammensetzung in den Aufsichtsräten zu erreichen. Sollte es diesen Unternehmen nicht gelingen, einen akzeptablen Frauenanteil an den Aufsichtsratsmitgliedern bis Juli 2005 zu erzielen, würde die Regierung eine verpflichtende Gesetzgebung zu Geschlechterquoten für neue ASA mit dem Stichtag 1. Januar 2006 und für bereits bestehende ASA mit Stichtag 1. Januar 2008 beschließen.

Die Regelung der Geschlechterquote wird häufig als 40%-Regel beschrieben. Eigentlich variiert aber der Mindestanteil für beide Geschlechter, wie in Tabelle 2 sichtbar wird.

Alle Allgemeinen Aktiengesellschaften müssen in Norwegen einen Aufsichtsrat haben, der von der Aktionärsversammlung gewählt wird. Der Aufsichtsrat hat sowohl Kontrollaufgaben als auch strategische Aufgaben und besteht ausschließlich aus „Non-Executives", also Personen, die nicht direkt an der Unternehmensführung beteiligt sind.[4] Der Aufsichtsrat ist für die Bestellung

Tab. 2: Differenzierung der „Geschlechterquote" in Norwegen

Anzahl der Aufsichtsratsmitglieder	Min. Anzahl für jedes Geschlecht	%
2	1	50
3	1	33
4	2	50
5	2	40
6	3	50
7	3	43
8	3	38
9 oder mehr		40

Quelle: Allmennaksjeloven, § 6–11a (Public Limited Company Law)

---

4 In Unternehmen mit mehr als 30 Beschäftigten sind auch Vertreter_innen der Beschäftigten in den Aufsichtsräten.

eines CEO verantwortlich. Dies entspricht in etwa den deutschen Vorstandsvorsitzenden, und dieser CEO darf selbst kein Mitglied des Aufsichtsrats sein. Entsandte Mitglieder_innen sind von der Quotenregelung genauso betroffen wie die Mitglieder_innen, die von der Arbeitnehmerseite gestellt werden, außer in Unternehmen, deren Mitarbeiterschaft zu über 80% einem Geschlecht angehört. Im Unternehmensgesetz (Companies Act) ist generell festgelegt, dass ein Unternehmen, das nicht über einen rechtmäßigen Aufsichtsrat verfügt, durch Gerichtsbeschluss aufgelöst wird.

Die Wirtschaft reagierte zunächst sehr negativ auf diesen Eingriff in die Rechte der Shareholder, ihre Vertretungen zu wählen. Um zu erklären, warum ein solcher Schritt dennoch möglich war, werden im Folgenden einige norwegische Besonderheiten dargestellt, die die Grundlagen für Geschlechterquoten in Unternehmen legten.[5]

2010 rangierte Norwegen an der Spitze des genderbezogenen Entwicklungsindexes der Vereinten Nationen (Gender-related Development Index: GDI;[6] vgl. hdr.undp.org). Die Beteiligung beider Geschlechter am Erwerbsleben ist hoch, und die Norm des „doppelten Familieneinkommens" ist stark.[7] Diese Norm ist Teil eines umfassenden nationalen Projekts der Geschlechtergerechtigkeit, das manchmal als „Staatsfeminismus" gekennzeichnet worden ist und sich seit den 1970er-Jahren entwickelt hat. Unterstützt wird es durch diverse politische Maßnahmen, die insbesondere darauf abzielen, Frauen als Arbeitskräfte zu mobilisieren (Sejersted 2005, S. 475). Hier ist das Adult-worker-Modell deshalb weit verbreitet, bei dem von allen Erwerbsfähigen zunächst erwartet wird, dass sie erwerbstätig sind. Dies führt dazu, dass die sogenannte „Hausfrauenehe" weitgehend nicht staatlich subventioniert wird. Trotz umfassender und großzügiger Maßnahmen der Geschlechtergerechtigkeit wählen jedoch norwegische Männer und Frauen nach wie vor sehr genderspezifische Ausbildungen und Beschäftigungen. Das Resultat ist zunächst ein horizontal geschlechtersegregierter Arbeitsmarkt. Aber dieser Arbeitsmarkt ist auch vertikal stark segregiert. Die meisten Führungspositionen werden durch Männer besetzt (SSB 2010) inklusive der Aufsichtsratsposten (Heidenreich 2009). Die Debatte um Frauen im Management nahm in Norwegen während der 1990er Fahrt auf und drängte die Regierung zu radikaleren Schritten, um den Frauenanteil in Aufsichtsräten zu steigern (Teigen 2005).

In Norwegen besteht eine lange Tradition von Geschlechterquoten im öffentlichen Leben und in der Arbeitswelt. Untersuchungen zeigen, dass die Men-

---

5   Diese Analyse ist entnommen aus Heidenreich 2011, forthcoming.
6   http://hdr.undp.org/en/media/HDR_2010_EN_Table4_reprint.pdf.
7   70% der Frauen und beinahe 80% der Männer sind erwerbstätig (http://www.ssb.no/arbeid/).

schen in Norwegen Quoten in öffentlichen Einrichtungen (Ausschüsse, Räte und Kommissionen), in der Bildung und in öffentlichen Positionen, in denen ein Geschlecht deutlich unterrepräsentiert ist, positiv gegenüberstehen (Teigen 2010). Diese Tradition ebnete der Geschlechterquote auch in herausragenden Wirtschaftspositionen den Weg.

Die Idee des Kapitalismus in seiner norwegischen Ausprägung impliziert, dass das Wirtschaftsleben vor allem der Gemeinschaft dienen soll und nicht primär den Kapitalisten oder Kapitalistinnen. Der norwegische Historiker Francis Sejersted beschreibt dies als „democratic capitalism" (Sejersted 1993), als eine Art des Kapitalismus, die Prinzipien von Demokratie, Gerechtigkeit und Gleichheit vereint (Christensen et al. 2003). Das Prinzip des demokratischen Kapitalismus gibt dem Staat eine beachtliche Legitimität der Rahmensetzung für die Wirtschaft. Eine solide Ölwirtschaft versorgt außerdem den norwegischen Staat mit machtvollen Instrumenten zur Einflussnahme auf die Wirtschaft. Zusätzlich bedeutet der hohe staatliche Anteil an der Osloer Stock Exchange, dass eine Geschlechterquotenregelung für börsennotierte Unternehmen eigentlich vor allem Unternehmen betrifft, bei denen der Staat ein bedeutender Shareholder ist.[8]

Eine ganz besondere Rolle spielten die sozialdemokratischen Regierungen durch ihre Förderung der Geschlechterbalance seit den 1970ern (Skjeie/Teigen 2003). Dennoch wurden interessanterweise die Regeln für Mindestanteile an Aufsichtsräten durch eine konservativ-liberale Regierung und einen ebensolchen Kabinettsminister durch das Parlament gebracht (vgl. für den politischen Prozess Storvik et al. 2010): Während des frühen Prozesses der Entwicklung eines Quotengesetzes für die Wirtschaft war Valgerd Svarstad Haugland von der Christdemokratischen Partei Ministerin für Kinder und Familie und damit verantwortlich für Fragen der Gleichstellung der Geschlechter. Und sie brachte den Prozess voran, bevor dann die Ministerin für Geschlechtergleichstellung, Laila Dåvøy von der Christdemokratischen Partei, und der Minister für Industrie und Handel, Ansgar Gabrielsen von der Konservativen Partei, das Projekt weiter vorangetrieben haben. Als der Wirtschaftsminister 2002 die Idee von Quoten in der Wirtschaft wiederbelebte und öffentlich forderte, machte er deutlich, dass seine hauptsächliche Motivation für diese Initiative das sogenannte Ressourcenargument war. Gabrielsen sah es als wichtig an, alle verfügbaren Humanressourcen zu nutzen, insbesondere weil der norwegische Staat sich seit 1945 sehr stark bei der Ausbildung von Frauen engagiert hatte. Eine sehr lebendige interne Debatte brach in der Konservativen Partei aus, doch schließlich stimmten alle Parlamentsmitglieder dieser Partei für eine Quotenregelung (Dysthe 2010). Diese Wende war entscheidend für das Ergebnis der Debatte (Skjeie/Teigen 2003).

---

8   2003 kontrollierte der Staat über 40% der Wirtschaft überhaupt und 40% der Oslo Stock Exchange (Ownership Report 2003, S. 5).

Abbildung 1 illustriert, wie rapide der Frauenanteil nach der schrittweisen Einführung der Gesetzgebung im Jahr 2006 anstieg, und sie demonstriert zugleich, dass die Unternehmen die Anforderungen bis zum Jahre 2008 erfüllten. Daten des Statistischen Amts (Statistics Norway) zeigen, dass – obwohl alle ASA-Unternehmen der gesetzlichen Regelung folgen – in keinem Sektor der Frauenanteil an den Aufsichtsratsmitgliedern über 41% liegt. Die Unternehmen beschränken sich darauf, das absolute Minimum an weiblichen Aufsichtsräten zu berufen. Eine weitere interessante Erkenntnis ist, dass die durchschnittliche Größe von Aufsichtsräten reduziert wurde. Es sind keine zusätzlichen Plätze für Frauen in den Aufsichtsräten geschaffen worden; stattdessen haben die Unternehmen die Anzahl der Männer in den Aufsichtsräten reduziert und Männer durch Frauen ersetzt (Bartsch/Skårerhøgda 2010).

Abb. 1: Anteil der Frauen in Aufsichtsräten börsennotierter Unternehmen 2002 bis 2010 in Norwegen

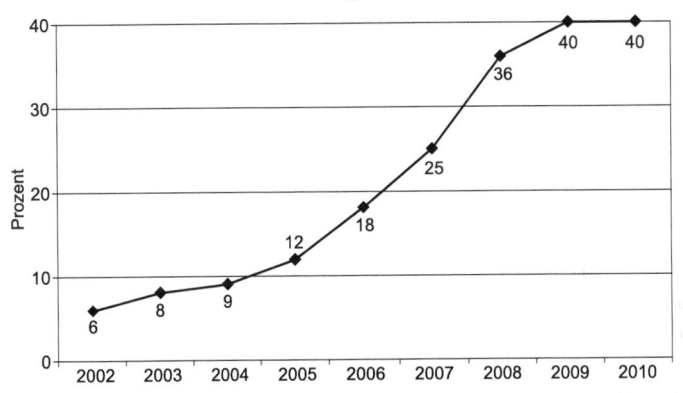

Quellen: 2002: Econ 2003; 2003: Schätzung durch die Autorin (Heidenreich); 2004 bis 2010: Statistics Norway

Um noch andere Effekte als die quantitative Zunahme von weiblichen Aufsichtsräten zu erforschen, führte das Institute for Social Research (ISF) im Herbst 2009 eine elektronische Befragung der norwegischen Aufsichtsratsmitglieder der ASA-Unternehmen durch. 880 Personen antworteten (40% weiblich). Die Antwortrate betrug 62%. Somit ist die Befragung als repräsentativ anzusehen (Heidenreich/Storvik 2010).

Die Erhebung zeigt: Aufsichtsrätinnen waren im Allgemeinen jünger als ihre männlichen Kollegen;[9] Frauen hatten durchschnittlich eine etwas längere

---

9 Das Alter der Frauen lag mehrheitlich zwischen 40 und 50 Jahren, das der Männer zwischen 50 und 60.

Ausbildung, aber Männer und Frauen hatten mehr oder weniger den gleichen Ausbildungshintergrund (Betriebswirtschaft, Ingenieurwesen, Rechtswissenschaft). Die überwiegende Mehrheit der befragten Aufsichtsratsvorsitzenden waren Männer (ebd.). Die meisten Männer und Frauen hatten Führungserfahrung in Top-Positionen (Background als „Leader"[10]), aber erheblich mehr Männer als Frauen leiteten ihr eigenes Unternehmen als Partner_innen oder Inhaber_in. Mehr Männer als Frauen gaben an, die Arbeit in Aufsichtsräten als hauptsächlichen Beruf zu betreiben. Männer und Frauen berichteten, dass sie in etwa in vergleichbarer Art und Weise rekrutiert worden seien, was bedeutet, dass dies durch berufliche und soziale Netzwerke geschah. Einige wenige Mitglieder von Aufsichtsräten, hierunter Frauen und Männer, berichteten, durch familiäre oder Freundesnetzwerke rekrutiert worden zu sein. Aber deutlich mehr Frauen als Männer scheinen auf verschiedene Art und Weise in Unabhängigkeit von den Shareholdern zu handeln: Weniger Frauen als Männer geben an, starke Inhaber-Interessen an dem Unternehmen zu besitzen, in dessen Aufsichtsrat sie tätig sind; relativ wenige Frauen geben an, Vertreterin der Anteilseigner_in zu sein, sei es durch Familienzugehörigkeit oder berufliche Beziehung. Die Befunde zeigen weiter, dass die meisten Aufsichtsratsmitglieder zufrieden mit den Konsequenzen eines erhöhten Frauenanteils sind. 60% der Männer berichten, dass es nach der Reform keine signifikante Veränderung im Funktionieren der Aufsichtsräte gegeben habe, und 12% schätzen die erfolgten Veränderungen positiv ein. Die Männer mit positiven Erfahrungen weisen auf die neuen Sichtweisen und die neuen Kompetenzen hin, die Frauen mit in den Aufsichtsrat gebracht haben. Lediglich 11% der Männer sagen, dass die Reform die Arbeit im Aufsichtsrat erschwert habe. Die meisten dieser Männer glauben, den neuen weiblichen Aufsichtsratsmitgliedern mangele es an den notwendigen Einsichten und Kompetenzen.

Nach der schnellen Zunahme der Anzahl weiblicher Aufsichtsratsmitglieder stellte sich bald heraus, dass einige beruflich hochqualifizierte und erfahrene Frauen gleich mehrere Aufsichtsratspositionen einnahmen. In der internationalen Presse und der Forschung wurden diese Frauen mit dem Label „Goldröcke" belegt (Seierstad/Opsahl 2011, S. 9). Für einige wenige hocherfahrene Frauen eröffnete die Geschlechterquotenregelung ganz neue Karrieremöglichkeiten als Berufsaufsichtsrätinnen. Nichtsdestotrotz stellen die Frauen generell nur 5% aller befragten Personen mit 20 Mandaten oder mehr. Die meisten Aufsichtsrät_innen haben nur eine einzige Aufsichtsratsposition inne (Bartsch/Skårerhøgda 2010).

Als das norwegische Parlament 2003 das Geschlechterquotengesetz verabschiedete, gab es knapp 600 ASA-Unternehmen (Norwegian Business Register

---

10 Aus Datenschutzgründen durften wir nicht danach fragen, welche(r) unserer Interviewpartner_innen eine CEO-Position hielt oder innegehabt hatte.

2002). Als die Regelung für die bereits existierenden ASA-Unternehmen 2008 in Kraft trat, existierten nur noch 480 ASA-Unternehmen (Norwegian Business Register 2008, S. 30). War die Quotenregelung der Grund für die starke Abnahme der betreffenden Unternehmen? Ein Indiz hierfür kann die Zahl der Unternehmen sein, die den Status von ASA nach AS wechselten. Diese Zahl ist tatsächlich in 2007 signifikant angestiegen, dem Jahr vor Wirksamwerden der Genderquote für bestehende ASA-Unternehmen. 2010 führte das ISF eine telefonische Befragung aller früheren ASA-Unternehmen durch, die nun AS-Unternehmen waren. Gefragt wurde nach den Gründen für die Änderungen der Rechtsform, die in 2007 oder dem ersten Halbjahr 2008 durchgeführt worden waren. 108 Unternehmen beteiligten sich (86%). Nur 31% der Unternehmensvertreter_innen erwähnten die Quotenregelung überhaupt als einen der Gründe für die Umregistrierung. Nur insgesamt sieben Unternehmen (7%) wiesen auf das Gesetz als den einzigen Grund hinter dem Wechsel der Rechtsform hin (Heidenreich/Storvik 2010).[11] Mit anderen Worten: Für die meisten Unternehmen, die einen solchen Wechsel vornahmen, war die Quotenregelung zumindest nicht explizit der Grund.

Interessanterweise steigerte sich nach dem Eingangsboom und der darauffolgenden Zeit geringer ASA-Anmeldungen im Jahr 2006 die Anmeldung *neuer* ASA-Unternehmen wieder deutlich. 2006 war aber genau das Jahr, in dem die Quotenregelung für neue ASA wirksam wurde und sie zur Genderbalance in den Aufsichtsräten zwang (ebd., S. 61). Es sind also keine Hinweise darauf zu erkennen, dass dies etwa Neuanmeldungen von ASA-Unternehmen verhindert hätte.

3. Deutschland und Norwegen im Vergleich

Bei einem Vergleich der deutschen Situation mit anderen Staaten und insbesondere Norwegen sind einige wichtige Spezifika zu berücksichtigen: Wichtig sind hier das duale Führungssystem für Aktiengesellschaften sowie die bereits bestehende Quote zur Beteiligung für die Arbeitnehmerseite in Aufsichtsräten. Zudem stellt der strategische Ansatz, über den Corporate Governance Kodex eine weichere Variante der Einflussnahme auf Unternehmen zu realisieren, eine Be-

---

11 Die meisten Antwortenden (CEO oder Aufsichtsratsvorsitzende) wiesen auf die Vereinfachungen hin, die die Wahl der Rechtsform AS im Vergleich zur ASA mit sich bringt, oder auf einen Wechsel in den Besitzverhältnissen des Unternehmens, aus dem folgte, dass von einer Börsennotierung an der Börse Oslo abgesehen wurde. Die Unternehmen der Finanzbranche wiesen auf den laufenden Wechsel in der Gesetzgebung und den Sicherheitsbestimmungen hin, der von ihnen seit 2007 nicht mehr die Wahl der ASA forderte (Heidenreich/Storvik 2010).

sonderheit in Deutschland dar. Schließlich sind soziostrukturelle wie -kulturelle Spezifika Deutschlands zu diskutieren.

In Deutschland ist eine sehr eindeutige und klare Trennung von Aufgaben der Unternehmensleitung und Aufsichtsfunktionen vorgesehen. Formal lässt sich das mit Norwegen zwar vergleichen, allerdings ist in Norwegen die operative Leitung des Unternehmens nicht einem Vorstandsteam, sondern dem CEO zugewiesen, der dabei den Richtlinien des „boards" folgen muss (Rasmussen/Huse 2011, S. 134).

Das duale Führungssystem ist im Deutschen Aktiengesetz vorgegeben.[12] Die Leitung der Aktiengesellschaft liegt beim Vorstand, der sie unter eigener Verantwortung leitet und dem Aufsichtsrat über die beabsichtigte Geschäftspolitik und andere grundsätzliche Fragen der Unternehmensführung und ihre Resultate zu berichten hat. Ein Aufsichtsratsmitglied kann nicht zugleich Vorstandsmitglied, dauernd Stellvertreter_in von Vorstandsmitgliedern, Prokurist_in oder zum gesamten Geschäftsbetrieb ermächtigte_r Handlungsbevollmächtigte_r der Gesellschaft sein. Weitere Unabhängigkeitskriterien, z.B. eine „Cooling-down"-Phase von zwei Jahren, sind in § 100 des Deutschen Aktiengesetzes geregelt. Es liegt also eine klare und eindeutige Trennung zwischen exekutiven und nicht-exekutiven Aufgaben vor, die jeweils einem der Gremien eindeutig zugewiesen sind.

Der Aufsichtsrat setzt sich in allen Unternehmen, die einem Mitbestimmungsgesetz unterliegen, aus Vertreter_innen der Aktionär_innen und Vertreter_innen der Arbeitnehmerseite zusammen. Die Mitglieder des Aufsichtsrats werden von der Hauptversammlung gewählt, soweit sie nicht in den Aufsichtsrat zu entsenden oder als Aufsichtsratsmitglieder der Arbeitnehmer_innen zu wählen sind. Die Arbeitnehmerseite soll nach dem Drittelbeteiligungsgesetz (§ 4 Abs. 4) und nach dem SE-Beteiligungsgesetz (§ 6 Abs. 2) Männer und Frauen entsprechend ihrem zahlenmäßigen Verhältnis im Unternehmen berücksichtigen. Dies fordern auch das Bundesgremienbesetzungsgesetz (§ 7 Abs. 2) sowie die Gleichstellungsgesetze verschiedener Bundesländer. Insofern existieren in deutschen Aufsichtsräten für die Arbeitnehmerseite bereits Quoten in Form von Soll-Vorschriften. Dies könnte eine Begründung dafür sein, dass unter den Frauen in Aufsichtsräten Vertreterinnen der Arbeitnehmerseite überproportional vertreten sind.

Eine weitere Besonderheit in Deutschland besteht darin, dass Vorstand und Aufsichtsrat börsennotierter Gesellschaften jährlich erklären müssen, dass sie in ihrem Geschäftsgebaren den Empfehlungen des Corporate Governance Kodex (DCGK) entsprochen haben (§ 161 AktGes). Dieser Kodex wird von einer Kom-

---

12 Alternativ ist seit Dezember 2004 mit der Europäischen Gesellschaft (SE) ein monistisches System (Verwaltungsrat) prinzipiell möglich (SEEG). In der Praxis ist dies aber noch immer eher die Ausnahme.

mission der deutschen Regierung erarbeitet, jährlich überprüft und bei Bedarf angepasst.

In diesem Kodex werden besondere Anforderungen gestellt, die sich u.a. auch von den Prinzipien unterscheiden, die in Norwegen verfolgt werden. Besonders hervorzuheben ist hier, dass der Aufsichtsrat eine eindeutige Unabhängigkeit vom Vorstand haben soll. Insgesamt sollen einem Aufsichtsrat nicht mehr als zwei ehemalige Mitglieder des Vorstands angehören, und die Aufsichtsratsmitglieder dürfen auch keine Organfunktion oder Beratungsaufgaben bei wesentlichen Wettbewerber_innen des Unternehmens ausüben (DCGK 5.4.2). Im Unterschied zu Norwegen ist auch die zahlenmäßige Begrenzung von Aufsichtsratsmandaten streng geregelt. In Ziffer 5.4.5 fordert der DCGK schon seit 2009 eine Begrenzung der Aufsichtsratsmandate auf max. drei in börsennotierten konzernexternen Gesellschaften. So kann in Deutschland das Phänomen der „Goldröcke" gar nicht auftauchen. In der aktuellen Fassung wurde diese strenge Regelung noch über Mandate in börsennotierten Gesellschaften auf vergleichbare Gesellschaften ausgedehnt. 2010 wurden die Anforderungen an Aufsichtsratsmitglieder in ihrem Fokus deutlich verändert: Wurde in der Vergangenheit das einzelne Mitglied als Bezugspunkt gewählt, findet sich in der aktuellen Fassung ein Fokus auf das Gesamtgremium und das dort insgesamt vorhandene Portfolio an Kompetenzen:

> „Der Aufsichtsrat ist so zusammenzusetzen, dass seine Mitglieder insgesamt über die zur ordnungsgemäßen Wahrnehmung der Aufgaben erforderlichen Kenntnisse, Fähigkeiten und fachlichen Erfahrungen verfügen." (DCGK 5.4.1)

Dies ermöglicht oder erfordert sogar ein Aufbrechen klassisch homogener Profile und deren Ersetzen durch heterogene, dabei aber komplementäre Einzelprofile für die Individuen, die in einen Aufsichtsrat berufen werden und in ihrer Zusammenarbeit ein erfolgreiches Gesamtprofil darstellen müssen. Insofern wird Diversität in Kenntnissen, Fähigkeiten und Erfahrungen zu einem neuartigen Charakteristikum deutscher Aufsichtsräte, die sich zukünftig auch in der Rekrutierungspolitik niederschlagen muss. Folgerichtig fordert der Deutsche Corporate Governance Kodex explizit, sich aktiv um mehr Diversität zu bemühen:

> „Der Aufsichtsrat soll für seine Zusammensetzung konkrete Ziele benennen, die unter Beachtung der unternehmensspezifischen Situation die internationale Tätigkeit des Unternehmens, potentielle Interessenkonflikte, eine festzulegende Altersgrenze für Aufsichtsratsmitglieder und Vielfalt (Diversity) berücksichtigen. Diese konkreten Ziele sollen insbesondere eine angemessene Beteiligung von Frauen vorsehen." (DCGK 5.4.1)

Eine explizite Aufforderung zur Diversität richtet der Kodex auch an den Vorstand:

„Der Vorstand soll bei der Besetzung von Führungsfunktionen im Unternehmen auf Vielfalt (Diversity) achten und dabei insbesondere eine angemessene Berücksichtigung von Frauen anstreben." (DCGK 4.1.5)

Das Gleiche gilt für den Aufsichtsrat hinsichtlich Vorstandspositionen, die langfristig geplant werden und bei denen Frauen angemessen berücksichtigt werden sollen (DCGK 5.1.2).

Eine angemessene Beteiligung von Frauen in Vorständen und Aufsichtsräten ist auch Bestandteil der Koalitionsvereinbarung der 2009 gewählten Bundesregierung. Dort heißt es konkret:

„Der Anteil von Frauen in Führungspositionen in der Wirtschaft und im öffentlichen Dienst soll maßgeblich erhöht werden. Dazu wird ein Stufenplan, insbesondere zur Erhöhung des Anteils von Frauen in Vorständen und Aufsichtsräten vorgelegt. Der Stufenplan setzt in einer ersten Stufe auf verbindliche Berichtspflichten und transparente Selbstverpflichtungen." (CDU 2010, S. 75)

Freilich scheinen die bisher vorgestellten Strategien in Bezug auf eine Erhöhung der Anzahl von Frauen in Aufsichtsräten bisher noch nicht gefruchtet zu haben. Damit stellt sich die Frage, worin mögliche Probleme liegen könnten.

Eines der erkennbaren Probleme liegt in der Definition von Diversity[13] (vgl. Hansen/Aretz 2007; Aretz/Hansen 2003). Es ist also zu fragen, welche Definition und welcher konzeptionelle Ansatz zugrunde gelegt werden, wenn von Diversity gesprochen wird. Der Kodex selbst gibt hier einen wichtigen Hinweis mit der Hervorhebung, dass „Frauen" besonders berücksichtigt werden sollen. Im DCGK spielt also Geschlecht explizit eine wichtige Rolle. Hieraus ergeben sich für uns zwei Fragen:

1. Werden Frauen im Zuge einer Diversity-Strategie in größerer Anzahl in Aufsichtsräte berufen? Oder, um mit Egon Zehnder International zu sprechen: „Is it getting easier to find women on European boards?" (EZI 2010)
2. Unterscheiden sich Aufsichtsrätinnen von Aufsichtsräten in Bezug auf ihre Erfahrungen, Qualifikationen, Problemlösungsmuster etc.?

---

13 Klassischerweise umfasst Diversity in der einschlägigen wirtschaftswissenschaftlichen Literatur zum Thema Diversity Management die Kategorien Gender, ethnische Herkunft/Rasse, Alter, Behinderung, Glauben und Weltanschauung sowie sexuelle Identität. Hierbei liegt das Konzept der sozialen Identitätsgruppen zugrunde, und der Fokus liegt auf sozialen Fragen wie Diskriminierung und angemessene Beteiligung der verschiedenen sozialen Gruppen. Dieses Konzept von Diversity Management kann ausgeweitet werden auf jeweils relevante Unterschiede und Gemeinsamkeiten wie Erfahrungshintergrund, Qualifikation und Kompetenzen, Haltungen, Problemlösungsmuster und andere Charakteristika, die die Qualität von Teamarbeit beeinflussen können. Diese Sichtweise wird häufig eingenommen, wenn Diversity als „Business Case" betrachtet wird.

Die erste Frage verfolgte der Deutsche Juristinnenbund 2010 mit seiner Aktion „Aktionärinnen fordern Gleichberechtigung" (djb 2010). Mit einem knappen Fragenkatalog wurden Dax30-Unternehmen und 44 TecDax und MDax-Unternehmen konfrontiert. Die Ergebnisse zeigen,

- dass 28 der Dax30-Unternehmen und 37 der TecDax und MDax-Unternehmen die Kategorie Geschlecht in den Begriff Diversity einschlossen, aber nur 27% der Dax30-Unternehmen und nur 7% der TecDax und MDax-Unternehmen konkrete Maßnahmen ergriffen haben, um den Anteil von Frauen in Aufsichtsrat und Vorstand zu steigern.
- dass nur 17% der Dax30-Unternehmen mit konkreten Kennziffern arbeiten. Konkrete Ziele hatten sich die Deutsche Telekom, Allianz, Daimler, E.ON, VW gesetzt. Dies trifft nur für ein einziges der TecDax und MDax-Unternehmen zu (ProSiebenSat1 Media).
- dass 53% der Dax30-, aber nur 9% der TecDax und MDax-Unternehmen Programme zur Förderung der Beteiligung von Frauen an Führungsverantwortung und Aufsichtsräten (z.B. Mentoring, Netzwerkbildung) aufgelegt haben.

Bislang hat die Forderung des Deutschen Corporate Governance Kodex nach Diversity zu keiner signifikanten Erhöhung des Anteils von Frauen in Aufsichtsräten und Vorständen deutscher Großunternehmen geführt.

Dies liegt sicherlich auch daran, dass anders als in Norwegen in Deutschland bisher keine lange Tradition von Geschlechterquoten im Feld der Privatwirtschaft existiert. Hier entbrennt aber gerade eine kontroverse Diskussion, auf die wir schon eingangs verwiesen haben. Hier werden unterschiedliche Strategieoptionen, Haltungen und Wertungen, Vorbehalte und Antriebskräfte deutlich, die den Handlungsrahmen in Deutschland strukturieren.[14] Verschiedene Formen der Quotierung stehen im Brennpunkt der Diskussion. Von einigen Parteien werden auch harte (sanktionierte) Quoten gefordert, wie dies in Norwegen bereits Praxis ist. Die meisten Unternehmen lehnen dies aber ab. So fasst das „Handelsblatt" am 16. März 2010 zusammen: „Telekom steht allein. Frauenquote? Deutsche Unternehmen winken ab." Hierzu stellt Daniela Weber-Rey, einziges weibliches Mitglied der Regierungskommission, die den Kodex erarbeitet, fest:

„Das Potenzial der Frauen nicht zu nutzen, hieße schlechtes Wirtschaften und eine Vergeudung vorhandener Ressourcen. Das Potenzial der Frauen nicht zu fördern und dieses Potenzial nicht einzufordern, ist auf keinen Fall gute Corporate Governance. Die Einführung einer gesetzlichen Frauenquote wäre allerdings notwendigerweise eine starre Regel, die sich dann nicht mehr ausschließlich am Un-

---

14 Wir stellen im Folgenden einige markante Äußerungen aus der Wirtschaftspresse vor, die 2010 und in den ersten Monaten 2011 die Diskussion in Deutschland geprägt haben. Eine umfassendere Diskursanalyse werden wir zu einem späteren Zeitpunkt vorlegen.

ternehmensinteresse orientieren würde. Es liegt also an den Unternehmen, die angebotenen und empfohlenen Initiativen beherzt aufzugreifen und die Bereitschaft zur Änderung – im Unternehmensinteresse und gleichzeitig im Interesse der Frauen – anzugehen." (Weber-Rey 2010, S. 42).

Exkurs: Reaktionen aus den Unternehmen und der Presse

Tatsächlich reagieren Unternehmen auf diese Diskussionen um das Pro und Kontra von Quotierungen.[15] Dabei finden sich sowohl Befürwortende einer intern gesetzten Quote bzw. Zielsetzung als auch Verfechter_innen maßnahmenfokussierter Konzepte.[16] Diese Diskussionen erreichten in den ersten Wochen des Jahres 2011 einen neuen Höhepunkt, wie die Schlagzeilen über nur einen Monat und allein aus dem Wirtschafts- und Politikteil der „Frankfurter Allgemeinen Zeitung" eindrücklich belegen. In Tabelle 3 finden sich einige markante Überschriften. Sie sind hier chronologisch aufgeführt. Deutlich werden aber auch die unterschiedlichen Positionen.

Deutlich wird durch diese Schlagzeilen und Textpassagen der politische Druck, der unter anderem aus den Entwicklungen in anderen EU-Ländern und besonders aus Norwegen resultiert. Gleichzeitig wird die zentrale Position der Quotenregelung als Streitpunkt erkennbar. Interessant ist der Verlauf der Diskussionslinie: Wird zunächst mit einer gesetzlichen Quote gedroht, werden sodann verschiedene Formen (starr oder flexibel) diskutiert und die Initiative der Wirtschaft eingefordert bzw. auch angeboten. Einen Wendepunkt bildet das „Machtwort" der Kanzlerin, das die Auseinandersetzung allerdings nicht abklingen lässt, wie ein Kommentar, gleichfalls aus der „Frankfurter Allgemeinen Zeitung", unter dem Titel „Onkel Tom war eine Frau" betont:

> „Die Bundeskanzlerin hätte die Debatte über die Frage, ob wir eine Frauenquote für Führungspositionen in der Wirtschaft brauchen, gerne beendet – das ist ihr nicht gelungen. [...] Der Geist ist aus der Flasche entwichen und kehrt nicht in sie zurück." (28.02.2011)

Damit verschiebt sich aber auch der Debattenfokus: Denn die Politik selbst gerät in die Kritik, und wieder wird nach Norwegen geblickt, diesmal auf der Suche nach (vermeintlichen) Schwachstellen des dortigen Vorgehens. Lernen bedeutet nun nicht, von einer guten Praxis, sondern aus Fehlern und Fehlentwicklungen

---

15 So plant das Unternehmen Metro mit den Aufsichtsratswahlen 2013 den Anteil der Frauen zunächst auf 20% zu erhöhen („Börsenzeitung" vom 02.01.2010); die Telekom will eine Quote von 30% für die Anteilseignerseite erreichen („Handelsblatt" vom 17.06. 2010); E.ON kündigt klare Ziele für Frauenanteile in Führungspositionen an („Handelsblatt" vom 24.06.2010); vgl. auch djb 2010.

16 Vgl. Wippermann 2010, der anstelle der Quote die Forderung nach „Mindestanteilsregelungen" setzt, für die er eine deutlich höhere Akzeptanz feststellen konnte.

zu lernen. Dies kann einerseits als Immunisierungsstrategie interpretiert werden. Andererseits aber ist damit ein wichtiger Bestandteil des von uns gewählten Benchmarking-Ansatzes angesprochen: Wie können wir von Norwegen lernen, nicht um zu kopieren, sondern um es noch besser zu machen?

Tab. 3: Schlagzeilen und Textausschnitte aus der „Frankfurter Allgemeinen Zeitung"/FAZnet

„*Frankreich führt eine Frauenquote in den Unternehmen ein. 40 Prozent der Verwaltungs- und Aufsichtsräte müssen zukünftig mit Frauen besetzt sein*" (15.01.2011) „Frankreich lässt sich mit seiner Initiative von Vorläufern in Norwegen und Spanien inspirieren."

„*Leyen droht mit Frauenquote*" (20.01.2011) „'Angesichts der nur mit der Lupe erkennbaren Fortschritte der vergangenen zehn Jahre schließe ich eine gesetzliche Regelung über einen Mindestanteil von Frauen in Führungspositionen von Unternehmen nicht mehr aus [...].' Die Alternative bestehe in einer zügigen Selbstverpflichtung der Wirtschaft zu mehr Frauen in Führungspositionen."

„*Ministerin Schröder bereitet ein Gesetz für die Frauenquote vor*" (29.01.2011) „Obwohl Unternehmen jetzt mehr Frauen in Führungspositionen berufen, will die Familienministerin nicht länger warten. Sie plant eine ‚flexible' gesetzliche Quote."

„*Regierung will mit Vorständen über Frauenquoten reden. Treffen mit Dax-Unternehmen soll Zwist im Kabinett um Frauenförderung beilegen*" (01.02.2011, S. 11) „Bundesministerin Sabine Leutheusser-Schnarrenberger (FDP), deren Haus für ein solches Gesetz federführend wäre, lehnt eine ‚starre und pauschale' Quote ab. Der Vorstoß der Arbeitsministerin sei lediglich ein Diskussionsbeitrag und nicht Bestandteil der Verabredungen im Koalitionsvertrag [...]."

„*Konzerne wollen mehr Frauen an die Spitze bringen*" (01.02.2011, S. 15) (angeführt werden Daimler, BMW, Commerzbank, Allianz, Metro)

„*Widerstand gegen Frauenquote*" (02.02.2011) „FDP: Gesetz kommt nicht in diesem Jahr."

„*Merkels Machtwort*" (FAZnet 02.02.2011) 18:17:35 „Die Bundeskanzlerin hat ihre Quoten-Ministerinnen unsanft zurückpfeifen lassen. Eine gesetzliche Frauenquote werde es nicht geben, sagt der Regierungssprecher. Angela Merkel hat sich damit vorerst auf die Seite der Wirtschaft geschlagen, in dieser Koalition keine Selbstverständlichkeit."

„*Die Kanzlerin pocht auf mehr Frauen in Führungspositionen. Merkel setzt Unternehmen ein Ultimatum*" (09.02.2011) „Mitunter kommen Drohungen so nett verpackt daher, dass man sie nicht gleich als solche erkennt. Der Auftritt der Bundeskanzlerin [...] vor knapp drei Dutzend Managern, Verbandsvertretern und Gewerkschaftern bot für diese These reichlich Anschauungsmaterial. [...] Nun bekämen die Firmen noch eine Chance: ‚Je kreativer Sie werden, desto weniger kreativ müssen wir werden.' [...] ‚Wir brauchen verpflichtende Zusagen', verlangte Merkel, sie werde sich der Sache gern selbst annehmen. [...] ‚So, ich glaube, jetzt habe ich Sie alle überzeugt.'"

„*Goldröcke und Großmütter an die Macht*" (15.02.2011) „Freunde der Quotenregelung zeigen schon lange auf Norwegen. [...] Je näher ein ähnliches Gesetz in Deutschland rückt, desto genauer schauen sich nun auch die Gegner das Beispiel aus Skandinavien an – und warnen vor norwegischen Verhältnissen: Viele Unternehmen hätten die Rechtsform geändert, um dem staatlich vorgeschriebenen Frauenzwang zu entgehen. Außerdem habe das Gesetz mangels geeigneter Bewerberinnen zu vielen Mehrfachmandaten geführt, ein Kreis von 70 Managerinnen teile sich gut 300 Posten."

Wichtig ist ferner, die Unterschiede in Bezug auf das Geschlechterarrangement zwischen Norwegen und Deutschland zu beachten. Zwar kann auch für Deutschland ein hochgradig horizontal wie vertikal segregierter Arbeitsmarkt konstatiert werden, aber insbesondere in den Top-Management-Positionen sind Frauen deutlich weniger vertreten als in Norwegen. Dies könnte damit zusammenhängen, dass anders als in Norwegen und vielen anderen EU-Staaten kein sogenanntes Adult-worker-Modell vorherrscht, sondern immer noch vor allem sicherlich in Westdeutschland die modernisierte Hausfrauenehe als Lebensweise dominiert. Im aktuellen deutschen Modell haben sich Frauen dann damit auseinanderzusetzen, dass sie für die Kinderversorgung und das Management des Haushalts primär verantwortlich gemacht werden, während im Adult-worker-Modell von Frauen erwartet wird, dass sie in Vollzeit erwerbstätig sind und die Kinderbetreuung weitgehend über staatliche Institutionen geregelt wird (vgl. dazu ausführlicher Bührmann 2010).

Zwar existiert auch in Deutschland eine lange Tradition in Bezug auf Quoten: So hatte man in den Nachkriegsjahren eine Studienzugangsquote für Soldaten eingeführt, und noch immer gilt im Rahmen der gesetzlichen Mitbestimmung eine Quotierung der entsprechenden Aufsichtsräte. Eine Geschlechterquote war aber schon immer umstritten und wurde bisher dort, wo sie galt, z.B. in den Hochschulen, vielfach unterminiert – dies zeigen alle einschlägigen Studien. Es kommt hinzu, dass in Deutschland zwar im Rahmen des sogenannten „rheinischen Kapitalismus" ein Interessenausgleich zwischen Arbeitgebern und -nehmern angestrebt worden ist – ein Resultat ist im Übrigen die Mitbestimmungsgesetzgebung. Aber man sträubte sich in Bezug auf die Geschlechterfrage mit Hinweis auf einen globalisierten Wettbewerb gegen eine vermeintliche Privilegierung von Frauen und forderte die Berücksichtigung bloßer meritokratischer Kriterien für die Stellenvergabe. Dies scheint sich allerdings mit Blick auf einen zunehmend transnational strukturierten Arbeitsmarkt gegenwärtig zu verändern. Denn man sieht zum einen ein, dass eine bloß meritokratische Auswahl nie gegeben war (vgl. Sattelberger 2011). Zum anderen will man einem drohenden Fachkräftemangel jetzt mit einer verstärkten Mobilisierung von Frauen als Arbeitskräfte auch im Bereich des Top-Managements begegnen.

4. Lernen von Norwegen

Als Begründung einer stärkeren Beteiligung von Frauen in Aufsichtsräten lassen sich mit Blick auf die hier skizzierten nationalen Kontexte zunächst zwei Komplexe zur Begründung der Einführung von Quotenregelungen identifizieren. Zum einen geht es aus ethisch-moralischen Gründen um mehr Teilhabe von bisher diskriminierten Gesellschaftsgruppen, vor allem aber um die Geschlechtergerechtigkeit. Denn Aufsichtsratsposten sind attraktive Machtpositionen, die häufig nicht nur ein hohes Einkommen, sondern auch großen Einfluss auf zentrale Entscheidungen der Unternehmensführung gewährleisten. Diese Begründung ist mittlerweile weitgehend unbestritten. Zum anderen gilt es aber auch mittlerweile als ökonomisch zielführend, andere als bloß meritokratische Kriterien für die Auswahl von beruflichen Positionen zu nutzen. Hier liegen einige Befunde vor, die den Nutzen divers zusammengesetzter Aufsichtsräte unterstreichen. Über die Jahre ist sehr viel Forschung im internationalen Feld mit dem Ziel erfolgt, den Einfluss weiblicher Aufsichtsratsmitglieder auf Unternehmenserfolg und Innovation zu messen.[17]

Die Ergebnisse sind zwiespältig. Subtile Differenzen zwischen denjenigen Unternehmen, die sich bewusst für einen diverser zusammengesetzten Aufsichtsrat entschieden haben, könnten unterschiedliche Auswirkungen auf den Unternehmenserfolg haben (Huse/Solberg 2006; Huse 2008; Nielsen/Huse 2010; Erkut et al. 2008; Rost/Osterloh 2008). Für Norwegen kann hier keine generelle Aussage getroffen werden, da alle Unternehmen eines bestimmten Typs das Gesetz befolgen mussten. Eine repräsentative quantitative Erforschung der Effekte auf die Leistung und den Erfolg als Folge der norwegischen Geschlechterquoten-Reform ist bis heute noch nicht veröffentlicht worden. Für Deutschland stellt dies ein wesentliches Forschungsfeld der Zukunft dar, das sich dann öffnen wird, wenn in einer größeren Zahl von Aufsichtsräten eine kritische Masse erreicht wurde.

Aus Benchmarking-Sicht stellt sich hier aber heute schon die Frage: In welchem Verhältnis stehen einerseits die ethisch-moralisch und andererseits die ökonomisch orientierten Argumentationslinien? Konkurrieren sie miteinander, oder verstärken sie sich vielleicht sogar? Oder wirken sie komplementär derart, dass für bestimmte Akteursgruppen (z.B. die Wirtschaft und auf diese fokussierte Politiker_innen) eher ökonomische Zielsetzungen als Triebkraft wirken, während für andere Gruppen eher ethisch-moralische Zielsetzungen motivierend wirken, gerade in dieser Kombination aber der Erfolg liegt? In Norwegen wurde diese Kombination tatsächlich erfolgreich angewandt, wie auf der Konferenz „Women On Board" im März 2011 in Oslo betont wurde.

Aber wie können die Bedingungen der Wirksamkeit von Frauen in Aufsichtsräten beschrieben werden? Wir möchten hier den Ansatz des Teams um Morten Huse herausstellen, das die „Blackbox" der Boards öffnen will und nach Detailprozessen sucht, die speziell die Wirksamkeit von Frauen als Board-Mitglieder beeinflussen. Das Forschungsteam geht nicht von Effekten des „Gender *per*

---

17 Vgl. Erhardt et al. 2003; Dwyer et al. 2003; Carter et al. 2003; Smith et al. 2006; Rose 2007; Singh et al. 2008; Huse 2009; Campbell/Vera 2009; Adams/Ferreira 2009; Ahern/Dittmar 2010; Matsa/Miller 2011; Dale-Olsen et al. 2011.

se" aus, sondern sucht nach geschlechterspezifischen Ressourcen der Frauen[18] wie unterschiedliche berufliche Erfahrungen und Werte (Nielsen/Huse 2010). Sie kommen zu dem Ergebnis, dass die bloße Präsenz von Frauen in Aufsichtsräten wenig verändert. Frauen sind durchaus in der Lage, strategische Entscheidungen positiv zu beeinflussen, das Engagement der Boards auf der strategischen Ebene zu verbessern und die Effektivität der Arbeit insgesamt zu steigern (vgl. auch Huse/Solberg 2006). Allerdings ist das nur dann der Fall, wenn weibliche Board-Mitglieder in der Tat andere Werte und Erfahrungen mitbringen, als ihre männlichen Kollegen dies in der Vergangenheit getan haben. Insofern stellt sich hier die Frage nach „Criss-Cross"-Konstellationen von Diversity (Rost/Osterloh 2008, S. 27), in denen sowohl Gender als auch typische und untypische Erfahrungen und Kompetenzen als Diversity-Dimensionen berücksichtigt werden und sich Männer mit neuartigem Profil ebenso wie Frauen als diversitätsförderndes Element in die Gruppenarbeit einbringen. Ganz wesentlich ist aber insbesondere, dass die Akteur_innen mit diversem Erfahrungshintergrund von ihren Kolleg_innen als gleichberechtigt anerkannt und behandelt werden. Dies hängt in besonderem Maß von dem oder der Aufsichtsratsvorsitzenden und dem Klima im Aufsichtsrat ab: In Norwegen konnte u.a. festgestellt werden, dass dem Geschlecht des/der Board-Vorsitzenden eine hohe Bedeutung zukommt – ist diese eine Frau, gestaltet dies das Klima im Board positiv und die weiblichen Board-Mitglieder können sich effektiver einbringen, während ein männlicher CEO oder Leader ihre Möglichkeiten, einen Beitrag zu leisten, eher beschneidet (Nielsen/ Huse 2010).

Die gefühlte und erlebte Akzeptanz hängt weiterhin davon ab, ob die Frauen sich in einer zu starken Minoritätsposition befinden und dann ausgegrenzt werden („faultlines"). Dies aber ist der Fall, wenn es zahlenmäßig nach wie vor wenige sind – als „critical mass" werden hier mindestens drei Frauen identifiziert (Torchia/Calabrò 2009). Erkennbar ist aber auch, dass „faultlines" entstehen und die Minoritätsposition der Aufsichtsrätinnen verschärft wird, wenn ihr beruflicher Hintergrund so weit von der männlichen „Normalkarriere" abweicht, dass dies als Mangel an relevanter Berufserfahrung gewertet wird. Hier schlägt der mögliche Vorteil der Diversität um in eine Gefahr. Nielsen und Huse kommen zu folgendem Ergebnis:

> „Hence, the key to making women directors a valuable resource for the work of boards is to select women with appropriate characteristics and create the necessary conditions for women to be able to make distinctive contributions." (Nielsen/Huse 2010, S. 25)

---

18 Hier wird gerade nicht differenztheoretisch argumentiert. Denn Huse et al. unterstellen nicht, dass bestimmte Ressourcen weiblich sind, sondern dass Frauen in der Regel aufgrund ihrer geschlechtstypisierenden Sozialisation über bestimmte Ressourcen verfügen.

Hierin sehen wir einen Kernpunkt unseres Benchmarking-Ansatzes: Es kommt nicht nur darauf an, Aufsichtsräte für Frauen zu öffnen. Unter ökonomischen und gesellschaftlichen Gesichtspunkten ist es wichtig, diese Öffnung über eine kleine Elite mit einem sehr engen Kompetenzprofil hinaus zu erweitern. Dies stellt vor allem die Rekrutierungsprozesse, später dann auch die Führungsprozesse in und von Aufsichtsräten deutscher Unternehmen auf den Prüfstand.

5. Perspektiven für Politik, Wirtschaft und Wissenschaft

Was ist nun aus dem hier Gesagten zu schlussfolgern? Wir halten drei Aspekte für besonders wichtig:

Erstens zeigen aktuelle Befunde, dass ein Mehr an Ökonomie zu einem Mehr an Geschlechtergerechtigkeit führen könnte. Denn wie erwähnt zeigen einige einschlägige Studien zum Thema Diversity, dass es nicht nur aus ethisch-moralischen, sondern auch aus ökonomischen Gründen heraus sinnvoll ist, mehr Frauen in Top-Führungspositionen zu berufen. Würden also in Unternehmen Aufsichtsratspositionen nur nach ökonomischen Begründungen heraus besetzt, dann müssten entsprechend diesem Kriterium mehr Frauen berufen werden. Allerdings stellt sich langfristig auch die Frage, ob so auch nachhaltig ein Mehr an Diversität erreicht werden kann oder ob eine neue Form von Ähnlichkeit und gerade nicht Diversität hergestellt werden würde. Das heißt, männliche und weibliche Aufsichtsratsmitglieder gleichen sich in ihrem Erfahrungshintergrund, Ressourcen und Perspektiven soweit an, dass die Unterschiede nicht mehr relevant sind, wenn ökonomische Entscheidungen getroffen werden.

Zweitens scheint es wichtig, dass die *Politik* sich in Bezug auf eine Quotenregelung noch mehr engagiert. Hier sind in Deutschland öffentlichkeitswirksam erste interessante Ansätze – übrigens wie in Norwegen – vonseiten der konservativen Parteien gemacht worden. Zuvor hatte allerdings z.B. die Partei Bündnis 90/die Grünen solche Forderungen aufgestellt. Diese Anstrengungen sollten nachhaltig gemacht werden, indem in der Öffentlichkeit ein breiter Konsens über Geschlechtergerechtigkeit hergestellt wird. Hier reicht es sicherlich nicht, wie derzeit zu beobachten ist, dass „pünktlich" um den 8. März herum alle Parteien, die im deutschen Bundestag vertreten sind, das Thema Geschlechtergerechtigkeit aufgreifen und sich seit einigen Jahren auch verstärkt für mehr Frauen in Aufsichtsräten einsetzen.

Drittens gilt es deshalb, gute Argumente für ein Mehr an Geschlechtergerechtigkeit auch im Top-Management zu entwickeln. Dafür braucht es vor allen Dingen ein *Mehr an wissenschaftlichen Befunden und damit Forschung*. Wichtige klärungsbedürftige Forschungsfragen sind hier u.a.: Wie werden Frauen Mitglieder von Aufsichtsräten? Welche Ressourcen bzw. Erfahrungen bringen sie mit und unterscheiden sich diese von männlichen Aufsichtsratsmitgliedern? Wie wird die Arbeit von Frauen in Aufsichtsräten wahrgenommen? Und schließlich: Welche Bedingungen müssen erfüllt sein, damit mehr Frauen ihre Erfahrungen und Ressourcen nachhaltig in die Arbeit von Aufsichtsräten einbringen können?

Literatur

Adams, Rene B./Ferreira, Daniel 2009: Women in the boardroom and their impact on governance and performance. In: Journal of Financial Economics, Jg. 94, S. 291–309

Ahern, Kenneth R./Dittmar, Amy K. 2010: The changing of the boards: The value effect of a massive exogenous shock. Internet: http://ssrn.com/abstract=1364470 [19.05.2010]

Aretz, Hans-Jürgen/Hansen, Katrin 2003: Erfolgreiches Management von Diversity. Die multikulturelle Organisation als Strategie zur Verbesserung einer nachhaltigen Wettbewerbsfähigkeit. In: Zeitschrift für Personalforschung, Jg. 17, H. 1, S. 9–36

Baltzer, Sebastian 2011a: Bullerbüs starke Frauen. In: „Frankfurter Allgemeine Zeitung", Nr. 12 vom 15./16.01.2011, C1

Baltzer, Sebastian 2011b: Goldröcke und Großmütter an die Macht. In: „Frankfurter Allgemeine Zeitung", Nr. 38 vom 15.02.2011, S. 18

Bartsch, Beate/Skårerhøgda Martin 2010: Kvinner og menn i næringslivet. Menn fortsatt i førersetet. Samfunnsspeilet, Oslo: Statistisches Zentralbüro. Internet: http://www.ssb.no/vis/samfunnsspeilet/utg/201004/02/art-2010-10-04-01.html [23.06.2011]

BI (Hg.) 2011: Women on Board: Lessons from Norway. Conference at BI Business School, Oslo, 02.03.2011 (non-published)

Bopp, Lena 2011: Onkel Tom war eine Frau. Internet: http://www.faz.net/s/Rub117C535 CDF414415BB243B181B8B60AE/Doc~EBA5BD59CB44A4B4081CB236A4E4DED9 C~ATpl~Ecommon~Scontent.html [17.03.2011]

Borchert, Thomas 2009: Erfolgsmodell Norwegen. In: „Zeit online" 07.10.2009. Internet http://www.zeit.de/karriere/beruf/2009-10/frauen-aufsichtsraete-norwegen [11.03. 2011]

Braun, K./Lawrence, C. 1995: Den Vergleich mit den Vorbildern wagen. In: Harvard Business Manager, Jg. 17, H. 3, S. 118–125

Bührmann, Andrea D. 2010: Gender matters, class matter and what else? Problematisierungsweisen sozialer Ungleichheiten im erodierenden Institutionengefüge von (Sozial-)Staat, Lohn-Arbeit und Familie. In: Thien, Hans-Günter (Hg.): Klassen im Postfordismus. Münster, S. 152–174

Campbell, Kevin/Vera, Antonio M. 2009: Female Board Appointments and Firm Valuation: Short and Long-Term Effects. In: Journal of Management and Governance, Jg. 14, H. 1, S. 37–59

Carter, David/Simikins, Betty/Simpson, Gary W. 2003: Corporate governance, board diversity and firm value. In: The Financial Review, Jg. 38, S. 33–53

CDU 2009: Internet: http://www.cdu.de/doc/pdfc/091026-koalitionsvertrag-cducsu-fdp.pdf [18.11.2010]
Christensen, Sverre A./Espeli, Harald/Larsen, Espli/Sogner, Knut 2003: Kapitalistisk demokrati? Norsk næringsliv gjennom 100 år. Oslo
Dale-Olsen, Harald/Schøne, Pal/Verner, Mette 2011: Diversity among Directors – The Impact on Performance of a Quota for Women on Company Boards (unpublished manuscript)
DCGK 2010: Deutscher Corporate Governance Kodex in der Fassung vom 26. Mai 2010. Internet: http://www.corporate-governance-code.de [30.11.2011]
djb – Deutscher Juristinnenbund (Hg.) 2010: Aktionärinnen fordern Gleichberechtigung. Erhöhung des Frauenanteils in Führungspositionen insbesondere Aufsichtsratspositionen deutscher Unternehmen. Berlin
Dwyer, Sean/Richard, Orlando C./Chadwick, Ken 2003: Gender Diversity in Management and Firm Performance: The Influence of Growth Orientation and Organizational Culture. In: Journal of Business Research, Jg. 56, H. 12, S. 1009–1019
Dysthe, Pernille 2010: Da kvoteringsloven kom til verden: En politisk styrtfødsel. In: Magma. Econas tidsskrift for økonomi og ledelse, H. 7, S. 15–19
Econ Rapport 11/03 2003: Kvinner og menn med styreverv, Prosjekt nr. 37660. Oslo
Erhardt, Niclas L./Werbal, James D./Shrader, Charles B. 2003: Board of director diversity and firm financial performance. In: Corporate Governance: An international review, Jg. 11, S. 101–111
Erkut, Sumru/Kramer, Vicki W./Konrad, Alison M. 2008: Critical mass: does the number of women on a corporate board make a difference? In: Vinnicombe et al. 2008, S. 222–232
EZI – Egon Zehnder International 2010: European board diversity analysis 2010. Is it getting easier to find women on European boards? London, Düsseldorf
Ferreira, Daniel 2010: Board Diversity. In: Baker Harold/Anderson, Ronald K. 2010: Corporate Governance: A Synthesis of Theory, Research, and Practice. Hoboken
Hansen, Katrin/Aretz, Hans-Jürgen 2007: Diversity Management – eine Herausforderung für deutsche Unternehmen. In: Wollert, Artur/Knauth, Peter: Human Resource Management. Neue Formen betrieblicher Arbeitsorganisation und Mitarbeiterführung (2. Auflage). Düsseldorf
Heidenreich, Vibeke 2009: Kjønn og makt i norsk næringsliv. In: Niskanen, Kirsti/Nyberg, Anita (Hg.): Kön och makt i Norden. Del I Landsrapporter, TemaNord 2009. Köpenhamm, S. 219–243
Heidenreich, Vibeke 2011: Why gender quotas in company boards in Norway – and not in Sweden? Comparative Social Research [forthcoming]
Heidenreich, Vibeke/Storvik, Aagoth E. 2010: Rekrutteringsmønstre, erfaringer og holdninger til styrearbeid blant ASA-selskapenes styrerepresentanter. Tabellrapport fra surveyundersøkelse. ISF Rapport, Institute for Social Research. Oslo
Hernes, Helga 1985: Staten – kvinner ingen adgang? (3. Auflage). Oslo
Holst, Elke/Wiemer, Anita 2010a: Frauen in Spitzengremien großer Unternehmen weiterhin massiv unterrepräsentiert. Wochenbericht des DIW Berlin Nr. 4/2010. Internet: http://www.diw.de/documents/publikationen/73/diw_01.c.346402.de/10-4-1.pdf [15.01.12]
Holst, Elke/Wiemer, Anita 2010b: Zur Unterrepräsentanz von Frauen in Spitzengremien der Wirtschaft. Ursachen und Handlungsansätze. DIW Discussion Paper 1001/Mai. Internet: http://ideas.repec.org/p/diw/diwwpp/dp1001.html [05.11.2010]

Huse, Morten 2005: Accountability and creating accountability. A framework for exploring behavioural perspectives of corporate governance. In: British Journal of Management, Jg. 16, H. 5, S. 65–80

Huse, Morten 2008: Women directors and the „black box" of board behaviour. In: Vinnicombe et al. 2008, S. 140–151

Huse, Morten 2009: The Value creating board. Corporate governance and organizational behaviour. London

Huse, Morten/Solberg, Anne G. 2006: Gender-related boardroom dynamics. How Skandinavian women make and can make contributions on corporate boards. In: Women in Management Review, Jg. 21, H. 2, S. 113–130

Matsa, David A./Miller, Amalia R. 2011: A female style in corporate leadership? Evidence from Quotas. Working Paper, Northwestern University

Nielsen, Sabrina/Huse, Morten 2010: Women directors' contribution to board decision-making and strategic involvement: The role of equality perception. In: European Management Review, Jg. 7, H. 1, S. 16–29

Norwegian Business Register 2002: Årsstatistikk 2002. Brønnøysund: Norwegian Business Register, available in Norwegian only. Internet: http://www.brreg.no/statistikk/2002/fore1.html [23.06.2011]

Norwegian Business Register 2008: Årsmelding 2008. Brønnøysund: Norwegian Business Register, available in Norwegian only. Internet: http://www.brreg.no/organisasjon/2008/Br_aarsmelding2008.pdf [23.06.2011]

Ownership report 2003: Eierberetning 2003. Nærings- og Handelsdepartementet, Oslo, available only in Norwegian. Internet: http://www.eierberetningen.no/2009/asset/51_1.pdf [23.06.2011]

Rasmussen, Janicke L./Huse, Morten 2011: Corporate Governance in Norway: Women and Employee-elected directors in Mallin International Corporate Governance. Cheltenham, S. 121–146

Rose, Caspar 2007: Does Female Representation Influence firm Performance? The Danish Evidence. In: Corporate Governance: An International Review, Jg. 15, H. 2, S. 404–413

Rost, Katja/Osterloh, Margit 2008: You Pay a Fee for Strong Beliefs: Homogeneity as a Driver of Corporate Governance Failure. Center for Research on Economics, Management and the Arts, Basel, Working Paper Nr. 2008

Rudolph, Dirk W. 2009: Frauen in Aufsichtsräten. Befund, Ursachen und Konsequenzen des unterproportionalen Anteils der Frauen in deutschen Aufsichtsräten und mögliche Veränderungsoptionen. Frankfurt/M.

Sattelberger, Thomas 2011: Die Frauenquote – Qual der Entscheidung und der schwierige Weg vor uns. In: Krell, Gertraude/Ortlieb, Renate/Sieben, Barbara (Hg.): Chancengleichheit durch Personalpolitik (6. Auflage). Wiesbaden, S. 429–436

Sauer, Birgit 2007: Diversity. Eine staats- und hegemonietheoretische Reflexion. In: Femina Politica, H. 1, S. 33–44

Seierstad, Cathrine/Opsahl, Tore 2011: For the few not the many? The effects of affirmative action on presence, prominence, and social capital of female directors in Norway. In: Scandinavian Journal of Management, Jg. 27, H. 1. Internet: http://ssrn.com/abstract=1420639 [30.11.2011]

Sejersted, Francis 1993: Demokratisk kapitalisme. Oslo
Sejersted, Francis 2005: Sosialdemokratiets tidsalder. Norge og Sverige i det 20. århundre. Oslo
Singh, Val/Terjesen, Siri/Vinnicombe, Susan 2008: Newly appointed directors in the boardroom: How do women and men differ? In: European Management Journal, Jg. 26, H. 1, S. 48–58
Skjeie, Hege/Teigen, Mari 2003: Menn imellom. Mannsdominans og likestillingspolitikk. Oslo
Smith, Nina/Smith, Valdemar/Verner, Mette 2006: Do women in top management affect firm performance? A panel study of 2500 Danish firms. In: International Journal of Productivity & Performance Management, Jg. 55, H. 7, S. 569–593
Soares, Rachel/Carter, Nancy M./Combopiano, Jan 2009: Fortune 500 Women Board Directors Research Reports. Internet: http://www.catalyst.org/publication/357/2009-catalyst-census-fortune-500-women-board-directors [12. 02.2011]
SSB (Statistisches Zentralbüro, Oslo) 2010: Internet: http://www.ssb.no/arbeid/ [23.06.2011]
Storvik, Aagoth Elise/Teigen, Mari 2010: Women on Board. The Norwegian Experience. International Policy Analysis. Friedrich-Ebert-Stiftung, Berlin
Teigen, Mari 2005: Positive action and quotas: Their importance in general and their role in the Norwegian equal opportunities policy. ISF-Paper Nr. 101, Oslo
Teigen, Mari 2010: Kjønnskvotering i næringslivets styrer. In: Teigen, N./Nyberg, K./Nyberg, A. (Hg.) 2010: Kön och makt i Norden. Del II. Sammanfattande diskussion och analys. In: TemaNord 2010. Köbenhamn, S. 93–111
Torchia, Mariateresa/Calabrò, Andrea 2009: A Critical Mass Perspective on the Contribution of Women Directors on Board Tasks. Paper presented on AOM Annual Meeting in Chicago
Vinnicombe, Susan/Singh, Val/Burke, Ronald J./Bilimoria, Diana/Huse, Morten (Hg.) 2008: Women on Corporate Boards of Directors: International Research and Practise. Cheltenham
Weber-Rey, Daniela 2010: Professionalisierung des Aufsichtsrats, Diversität und Frauen. In: Der Betrieb, H. 23, S. 41–42
Wippermann, Carsten 2010: Frauen in Führungspositionen: Brücken und Barrieren. Heidelberg

Frauen in Aufsichtsräten
Status quo, Erklärungen, Implikationen

Jana Oehmichen

1. Einleitung

Spätestens seit der aktuellen Finanzkrise ist die Unterrepräsentanz von Frauen in den wichtigsten Gremien der Wirtschaft zum Thema gemacht worden. In den Medien werden höhere Frauenanteile in den Aufsichtsräten (und auch Vorständen) deutscher Unternehmen gefordert und mögliche Maßnahmen zu deren Erhöhung diskutiert. Durch die Öffentlichkeitsarbeit im Rahmen von Institutionen wie FidAR – Frauen in die Aufsichtsräte e.V. (vgl. Schulz-Strelow 2011) – oder Initiativen wie „Aktionärinnen fordern Gleichberechtigung. Erhöhung des Frauenanteils in Führungspositionen – insbesondere Aufsichtsratspositionen – deutscher Unternehmen" des deutschen Juristinnenbunds (vgl. djb 2010) wird der Handlungsdruck sowohl auf die Unternehmen als auch auf die Gesetzgebung verstärkt.

In der aktuellen Diskussion um die Erhöhung des Frauenanteils in Führungspositionen bzw. Leitungsgremien erfolgt nicht immer eine klare Trennung zwischen Aufsichtsräten und Vorständen als Organen. Aus einer Corporate-Governance-Perspektive wird beides gleichermaßen in den Blick genommen. Der Begriff Corporate Governance steht beschreibend für die Leitung und Überwachung von Unternehmen sowie für deren Handlungsrahmen und hat in der Regel auch eine normative Konnotation: Es geht um die „gute" oder „verantwortliche" Leitung und Überwachung (vgl. z.B. Buck/Shahrim 2005). Und in diesem Kontext werden sowohl Aufsichtsräte als auch Vorstände fokussiert. So fordert z.B. der Deutsche Corporate Governance Kodex, „bei der Besetzung des Vorstands und Aufsichtsrats auf eine ausreichende Vielfalt" zu achten (vgl. Weber-Rey 2009, S. 2262).

Auch der von FidAR konzipierte Index „Women on Board" (kurz: WoB-Index) erfasst den Frauenanteil in Aufsichtsräten und Vorständen börsennotierter Unternehmen (vgl. Schultz-Strelow 2011, S. 554). In diesem Beitrag wird eine Corporate-Governance-Perspektive eingenommen. Daraus folgt: Es soll zwar um Aufsichtsräte gehen, aber in einigen Zusammenhängen werden auch Vorstände angesprochen.

Die wohl umstrittenste Maßnahme zur Erhöhung des Frauenanteils in Aufsichtsräten (und Vorständen) ist eine Quotierung. Von den Dax-Unternehmen haben sich bereits 20% intern zu einer Quote verpflichtet.[1] Seitens der Gesetzgebung wird zwar derzeit auf Freiwilligkeit und Selbstverpflichtung gesetzt. Aber die Möglichkeit einer gesetzlich verankerten verbindlichen Quote nach dem Vorbild Norwegens wird immer häufiger diskutiert (vgl. z.B. Holst/Wiemer 2010; Hansen et al. in diesem Band).

Dieser Beitrag gibt unter 2. einen Überblick über den Status quo und die Entwicklung der weiblichen Vertreter in Aufsichtsräten deutscher Unternehmen. Dabei wird auch ein genauerer Blick auf Herkunft und Hintergründe der weiblichen Aufsichtsratsmitglieder geworfen. Unter 3. wird dann ein kurzer Vergleich mit den Frauenanteilen in den Aufsichtsräten bzw. höchsten Entscheidungsgremien von Unternehmen anderer Länder vorgenommen. Es folgen aktuelle Forschungsergebnisse zu Erklärungsansätzen über die Frauenanteile in Aufsichtsräten bzw. über Einflussfaktoren auf die Chancen von Frauen, Aufsichtsratsmitglieder zu werden (unter 4.), und über die ökonomischen Effekte von mehr Frauen in Aufsichtsräten (unter 5.). Im 6. und letzten Abschnitt geht es schließlich um die Frage, ob Quoten eine bzw. die richtige Lösung sind.

2. Status quo und Entwicklung in der deutschen Wirtschaft

Bereits seit einigen Jahren wird diskutiert, ob man in Deutschland einen festen Mindestprozentsatz für den Frauenanteil in Aufsichtsräten vorschreiben soll. Diesen Planwerten von beispielsweise 40% wie in Norwegen (vgl. z.B. Gregoric et al. 2010; Hansen et al. in diesem Band) müssen allerdings zunächst Istwerte gegenübergestellt werden. Das war das Ziel des Forschungsprojekts „Frauen in Führungspositionen – Status quo in der deutschen Wirtschaft – Analyse organisatorischer Erfolgsfaktoren und individueller Potentiale", das 2009 und 2010 vom Institut für Unternehmensführung des Karlsruher Instituts für Technologie (KIT) durchgeführt wurde. Gefördert wurde dieses Projekt durch die Initiative Neue Qualität der Arbeit (INQA) des Bundesministeriums für Arbeit und Soziales (BMAS). Die im Folgenden aufgeführten Zahlen und Abbildungen entstammen dem Abschlussbericht dieses Projekts (vgl. Lindstädt et al. 2010). In dessen Rahmen wurde für die Jahre 1998 bis 2008 der Anteil der Frauen in Aufsichtsräten (und Vorständen) aller rund 600 deutschen Unternehmen erfasst, die an der Frankfurter Börse gelistet waren. Dem Projekt liegt eine Datenbasis von 48.343 Aufsichtsratspositionen (und 21.227 Vorstandspositionen) zugrunde.

Bei der Untersuchung der Aufsichtsräte zeigt sich das folgende Bild (vgl. Abb. 1). Der Anteil weiblicher Vertreter unter den Aufsichtsratsmitgliedern deut-

---

1 http://www.welt.de/wirtschaft/article12923472/Ministerin-lobt-Frauenfoerderung-deutscher-Firmen.html [07.04.2011].

scher Unternehmen lag 2008 bei 8,2%. Bei einer differenzierten Betrachtung dieses Werts zeigt sich, dass unter den VertreterInnen der Kapitalseite nur 4,0% Frauen zu finden sind, während es seitens der ArbeitnehmerInnen 20,5% sind.

Abb. 1: Frauenanteil in deutschen Aufsichtsräten 2008

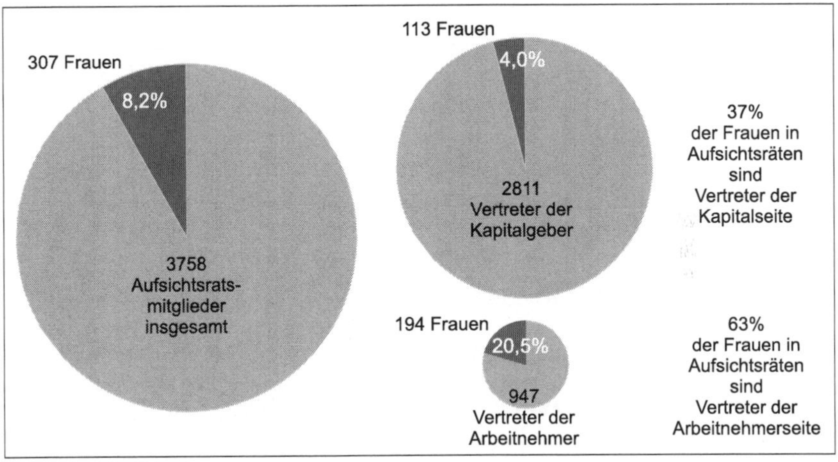

[Abbildung: Tortendiagramme zum Frauenanteil – 307 Frauen / 8,2% von 3758 Aufsichtsratsmitgliedern insgesamt; 113 Frauen / 4,0% von 2811 Vertreter der Kapitalgeber; 194 Frauen / 20,5% von 947 Vertreter der Arbeitnehmer; 37% der Frauen in Aufsichtsräten sind Vertreter der Kapitalseite; 63% der Frauen in Aufsichtsräten sind Vertreter der Arbeitnehmerseite]

Quelle: Nach Lindstädt et al. 2010, S. 14

Zur zeitlichen Entwicklung konnte das Projekt verdeutlichen, dass sich der Anteil weiblicher Aufsichtsratsmitglieder in den elf Jahren des Untersuchungszeitraums von 6,8% auf 8,2% erhöht hat. Auf der Kapitalseite ist der Anteil von 2,5% auf 4,0% gestiegen; seitens der ArbeitnehmerInnen ist eine Entwicklung von 13,6% auf 20,5% zu beobachten (vgl. Abb. 2).

Mit der Unterscheidung zwischen Vertreterinnen von Kapital und Arbeit wurde bereits etwas zur Herkunft und den Hintergründen der weiblichen Aufsichtsratsmitglieder gesagt. Zu diesen Aspekten sollen nun weitere Projektergebnisse referiert werden.

Die Betrachtung der Frauen in deutschen Aufsichtsräten der Dax- und MDax-Unternehmen im Jahr 2008 zeigt, dass es sich dabei nicht selten um Vertreterinnen der Eigentümer- oder Gründerfamilien handelt (vgl. Lindstädt et al. 2010, S. 15). Eine systematische Analyse der Lebensläufe der Inhaberinnen von 495 Aufsichtsratspositionen auf der Kapitalseite ergab einen Anteil von *Familienvertreterinnen* von 35,6% (vgl. ebd., S. 32). Im Rahmen des Projekts wurde auch die Frage aufgeworfen, ob es den weiblichen Mitgliedern der Gründer- oder Eigentümerfamilien zugetraut wird, die Familieninteressen allein zu

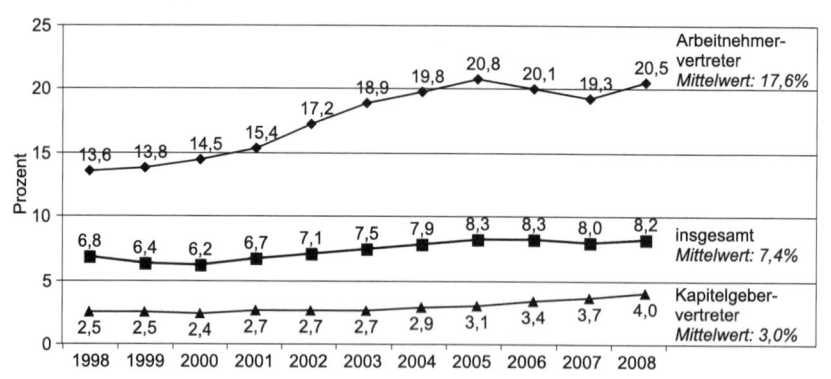

Abb. 2: Entwicklung des Frauenanteils in deutschen Aufsichtsräten von 1998 bis 2008

Jahr	Arbeitnehmervertreter	insgesamt	Kapitalgebervertreter
1998	13,6	6,8	2,5
1999	13,8	6,4	2,5
2000	14,5	6,2	2,4
2001	15,4	6,7	2,7
2002	17,2	7,1	2,7
2003	18,9	7,5	2,7
2004	19,8	7,9	2,9
2005	20,8	8,3	3,1
2006	20,1	8,3	3,4
2007	19,3	8,0	3,7
2008	20,5	8,2	4,0
Mittelwert	17,6%	7,4%	3,0%

Quelle: Nach Lindstädt et al. 2010, S. 15

vertreten. Bei 54% der Unternehmen mit einer Familienvertreterin im Aufsichtsrat hatte im Jahr noch ein weiteres Mitglied der Familie eine Position im Aufsichtsrat oder im Vorstand inne – und dieses „weitere Familienmitglied" ist in 93% dieser Fälle männlich (vgl. ebd., S. 34).

Nur 20,0% der Frauen sind *Industrievertreterinnen*, die den Weg der klassischen Industriekarriere gegangen sind, d.h. in Unternehmen tätig waren oder noch sind (vgl. ebd., S. 32). Dass davon 61,1% aus dem gleichen Industriezweig kommen, kann als Indiz dafür interpretiert werden, dass hier Branchenerfahrung von Vorteil ist. Nur einem sehr geringen Anteil dieser Frauen (5,9%) gelingt allerdings der „Karrieresprung" in den Aufsichtsrat des Unternehmens, bei dem sie zuvor schon beschäftigt waren. Die große Mehrheit (94,1%) wird extern berufen.

Der mit 44,4% größte Teil der Aufsichtsrätinnen (auf der Kapitalseite) wird als *Institutionelle Vertreterinnen* klassifiziert (vgl. ebd., S. 32). Dazu zählen unter anderem – in der Reihenfolge ihrer Häufigkeit – Rechtsanwältinnen, Private-Equity-Investorinnen, Politikerinnen, Unternehmensberaterinnen, Wirtschaftsprüferinnen bzw. Steuerberaterinnen, Vertreterinnen von Stiftungen und Vertreterinnen von Universitäten.

Soweit die Deskription. Unter 4. wird noch ausführlicher darauf eingegangen, wie sich die Eigentümerstruktur von Unternehmen auf Frauenanteile in Aufsichtsräten bzw. die Chancen von Frauen auswirkt, Aufsichtsratsmitglied zu werden.

Angesichts dessen, dass Vereinbarkeitsprobleme oft als die Hauptursache für die Unterrepräsentation von Frauen in Führungsposition angesehen werden, ist auch Folgendes bemerkenswert: Auf Basis unserer Analysen kommen wir zu dem Ergebnis, dass die Aufsichtsrätinnen im Durchschnitt 1,46 Kinder haben –

und damit sogar etwas mehr als die deutsche „Durchschnittsfrau" mit 1,4 Kindern (vgl. Lindstädt et al. 2010, S. 36).

3. *Exkurs:* Die deutsche Situation im Ländervergleich

Der Vergleich mit anderen Ländern wird zunächst dadurch erschwert, dass die duale Unternehmensverfassung mit Vorstand und Aufsichtsrat als separaten Organen eine typisch deutsche Angelegenheit ist. Hinzu kommen – auch schon mit Blick auf einzelne Länder – Probleme der Definition und Abgrenzung von Leitungspositionen und der Datenerfassung (vgl. dazu z.B. Krell 2011).

Die Europäische Kommission erhebt jährlich den Frauenanteil in den „höchsten Entscheidungsgremien" der größten börsennotierten Unternehmen in Europa. Hier liegt im Jahr 2010 Deutschland auf dem 9. Platz und mit 13% sogar etwas über dem Durchschnitt der EU-27 von 12% (vgl. Europäische Kommission 2011). Wie auch Holst und Schimeta (2011) betonen, die diese Zahlen anführen, ist diese relativ gute Platzierung Deutschlands auf den Frauenanteil der Arbeitnehmervertretung in den Aufsichtsräten zurückzuführen – und dieser ist wiederum durch die deutschen Mitbestimmungsregelungen bedingt (vgl. ebd., S. 427). Das europäische Land mit den höchsten Frauenanteilen ist Norwegen. Aufgrund der Quotenregelung konnte der Frauenanteil in norwegischen Aufsichtsräten in den Jahren 2000 bis 2007 von 6,4% auf 37% erhöht werden (vgl. Hoel 2008). Für das Jahr 2010 gibt die Europäische Kommission (2011) für die „höchsten Entscheidungsgremien" Norwegens einen Frauenanteil von 39% an. Eine kritische Diskussion dieses Sachverhalts wird an späterer Stelle in diesem Artikel erfolgen.

Abschließend noch einige ausgewählte Forschungsergebnisse zur Situation außerhalb Europas: Adams und Flynn (2005) berichten, dass im Jahre 2003 13,6% aller Board-Sitze der 500 größten US-amerikanischen Unternehmen durch Frauen besetzt waren. Ross-Smith und Bridge (2008) zufolge waren 114 der 1.066 australischen non-executive board members im Jahr 2007 Frauen.

Eine weltweite Untersuchung von 4.200 Unternehmen durch Governance-Metrics International ergab, dass sich der Anteil Frauen unter den „Direktoren" von 2009 bis 2011 nur marginal von 9,2% auf 9,8% verbessert hat (vgl. GMI 2011).

4. Erklärungsansätze

Untersuchungen zur Erklärung der Frauenanteile in Aufsichtsräten (und Vorständen) fokussieren entweder auf landesspezifische institutionelle Rahmenbedingungen wie die soziale, ökonomische und politische Struktur eines Landes (vgl. z.B. Terjesen/Singh 2008) oder auf unternehmensspezifische organisatorische Determinanten.

Im Folgenden sollen ausgewählte Forschungsarbeiten zu jenen Corporate-Governance-Mechanismen vorgestellt werden, die einen Einfluss auf die Präsenz von Frauen in Aufsichtsräten als den höchsten Gremien der Wirtschaft haben. Die Darstellung ist an dem typischen Berufungsprozess von Aufsichtsratsmitgliedern orientiert.

Bei der Berufung neuer Aufsichtsratsmitglieder sind zwei Gremien involviert: der *Aufsichtsrat* selbst und die *EigentümerInnen* des Unternehmens. Obwohl es die EigentümerInnen sind, die final in der Hauptversammlung eine Berufungsentscheidung zu treffen haben (vgl. § 101 und § 103 AktG), kann den Aufsichtsräten ein starker indirekter Einfluss unterstellt werden, denn sie unterbreiten den EigentümerInnen Vorschläge hinsichtlich zukünftiger KollegInnen (vgl. Oehmichen et al. 2010a).

Sowohl die Größe als auch die Besetzung des Aufsichtsrats sind für die Höhe und Entwicklung der Frauenanteile an den Aufsichtsratsmitgliedern von Bedeutung. Hinsichtlich der *Aufsichtsratsgröße* zeigen z.B. Carter et al. (2003) mit ihrer empirischen Untersuchung von 638 US-amerikanischen Unternehmen, dass diese einen positiven Einfluss auf die Präsenz von Frauen hat.

Hinsichtlich der *Besetzung* von Aufsichtsratspositionen US-amerikanischer Unternehmen untersuchen z.B. Farrell und Hersch (2005), wie ausscheidende Mitglieder durch neue ersetzt werden. Sie kommen zu dem Ergebnis, dass die Wahrscheinlichkeit für die Berufung einer Frau höher ist, wenn auch schon zuvor eine Frau auf dieser Position war. Farrell und Hersch erklären das mit einer konstanten Nachfrage nach weiblichen Board-Mitgliedern durch das Unternehmen. Tiefere Einsichten hinsichtlich der aktuellen Besetzung des Aufsichtsrats ermöglichen die Untersuchungen von Hillman et al. (2007) und von Oehmichen et al. (2010a). Hillman et al. werfen erstmals die Frage nach dem Einfluss der Erfahrungen der bereits vorhandenen Aufsichtsratsmitglieder auf. Ihre Studie zeigt für US-amerikanische Unternehmen: Hatten Aufsichtsratsmitglieder Erfahrungen mit einer Frau in einem anderen Unternehmen, so wirkt sich das positiv auf die Akzeptanz von Frauen im Aufsichtsrat aus. Das Netzwerk von Aufsichtsratsmitgliedern dient laut ihrer Interpretation hierbei als Diffusionskanal für Informationen hinsichtlich des hohen Werts von Geschlechter-Diversität in Aufsichtsräten. Oehmichen et al. (2010a) erweitern mit Blick auf Deutschland diese Netzwerkuntersuchung um zwei Dimensionen: Sie untersuchen zunächst den generellen Einfluss einer starken Vernetztheit des Aufsichtsrats auf die Wahrscheinlichkeit für die Präsenz einer Frau im Aufsichtsrat. Hierbei können sie zeigen, dass eine starke Verbundenheit mit dem dichten Aufsichtsratsnetzwerk der sogenannten Deutschland AG² ein signifikantes Hindernis für Frauen in Aufsichtsräten darstellt: Das zu großen Teilen männliche Elitenetzwerk der deutschen Wirtschaft hindert Frauen am Aufstieg in die höchsten Ränge. Zweitens erweitern Oehmichen et al. (2010a) die Untersuchung von Erfahrungseffekten von Hillman et al. (2007). Durch die Verwendung der Daten aus deutschen Unternehmen haben sie die Möglichkeit, zwischen Erfahrungen mit Frauen unter den kapitalseitigen VertreterInnen und unter den ArbeitnehmervertreterInnen im Aufsichtsrat zu unterscheiden. Durch diese Untersuchung können Oehmichen et al. (2010a) das Ergebnis von Hillman et al. (2007) bestätigen und zudem zeigen: Der positive Effekt der Erfahrung mit Frauen auf die Akzeptanz weiterer Frauen unter den VertreterInnen der Kapitalseite im Aufsichtsrat besteht nur dann, wenn diese Erfahrung mit einer Frau auf der Kapitalseite gemacht wurde.

Untersuchungen des Einflusses der *Eigentümerstruktur* auf die Repräsentanz von Frauen in Aufsichtsräten unterscheiden meist zwischen drei unterschiedlichen Eigentümertypen, und zwar FamilieneigentümerInnen, institutionellen und strategischen InvestorInnen.

Familien, die an Unternehmen beteiligt sind, greifen meist auf eigene Familienmitglieder zurück, wenn sie einen Vertreter oder eine Vertreterin ihrer Interessen für den Aufsichtsrat suchen. Unter Familienmitgliedern befinden sich durchschnittlich 50% Frauen. Somit ist die Wahrscheinlichkeit, weibliche Aufsichtsratsmitglieder vorzufinden, in Unternehmen mit dominanten FamilieneigentümerInnen größer (vgl. Oehmichen et al. 2010b).

Die zweite Eigentümerklasse, die der Forschung zufolge einen positiven Einfluss auf die Wahrscheinlichkeit für eine Frau im Aufsichtsrat hat, sind *institutionelle Investoren,* z.B. Investmentfonds, Private-Equity- oder Venture-Capital-Investoren und Hedgefonds (vgl. Carter et al. 2003; Oehmichen et al. 2010b; Farrell/Hersch 2005). Carleton et al. (1998) untersuchen den Einfluss institutioneller Investoren auf allgemeine Corporate-Governance-Entscheidungen und zeigen dabei unter anderem einen signifikant positiven Effekt auf die Präsenz von Frauen im Aufsichtsrat. Dies lässt sich unter anderem dadurch begründen, dass diese Art von Investoren bei der Wahl ihrer InteressenvertreterInnen in Aufsichtsräten häufig auf UnternehmensberaterInnen oder auch WirtschaftsprüferInnen zurückgreift, und in den Top-Etagen dieser Dienstleistungsunternehmen finden sich vergleichsweise mehr Frauen als in denen aller deut-

---

2 Unter diesem Begriff versteht man Charakteristika der deutschen Corporate-Governance-Landschaft wie das enge Verhältnis zwischen Großbanken und Industrieunternehmen sowie starke Verbindungen zwischen Unternehmen untereinander auf Basis von Eigenkapitalbeteiligungen oder der Vernetzung von Aufsichtsräten (vgl. Buck/Shahrim 2005; Deeg 2005; Oehmichen 2011).

schen Unternehmen, aus denen die üblichen VertreterInnen deutscher Aufsichtsräte stammen.

Bei dem dritten Eigentümertyp, den sogenannten *strategischen Investoren*, handelt es sich um die wechselseitigen Beteiligungen deutscher Industrieunternehmen und damit um das Eigentümergegenstück der Deutschland AG. Die EntscheiderInnen in diesen Unternehmen sind die Mitglieder des Vorstands. Bei der Suche nach InteressenvertreterInnen für die Aufsichtsräte ihrer Beteiligungen greifen sie auf Mitglieder ihres Netzwerks, der Deutschland AG, zurück. Das führt zu einer Verschlechterung der Chancen von Frauen, Aufsichtsratsmitglied zu werden (vgl. Oehmichen et al. 2010b).

5. Ökonomische Effekte und Erfolgsfaktoren

Die Forderung nach mehr Frauen in Aufsichtsräten wird oft (auch) mit ökonomischen Argumenten begründet (vgl. z.B. Schulz-Strelow 2011). In der Forschung sind dazu widersprüchliche Ergebnisse zu finden.

Hinsichtlich der Wirkung von Frauen in Aufsichtsräten auf den Unternehmenserfolg finden Carter et al. (2003) einen positiven Effekt, während Adams und Ferreira (2009) sogar einen negativen Effekt nachweisen können. Hansen et al. (in diesem Band) zeigen, dass es dabei nicht nur um die Zahlen geht, sondern auch um die Bedingungen, unter denen die weiblichen Aufsichtsratsmitglieder arbeiten.

Bei konzeptionellen Untersuchungen wird häufig auf allgemeine Argumente zu den ökonomischen Vorteilen von Diversity (vgl. dazu zusammenfassend: Krell/Sieben 2011) zurückgegriffen: Mit gesteigerter Diversität in Führungsgremien werden eine gesteigerte Kreativität und Perspektivenvielfalt (vgl. Ferreira 2010; Kilduff et al. 2000; Elsass/Graves 1997), Zugang zu neuen wichtigen Ressourcen (vgl. Ferreira 2010) und Legitimität auf Faktor- und Kapitalmärkten erwartet (vgl. Ferreira 2010; Hillman et al. 2007; Daily et al. 1999). Frauen in Top-Managementpositionen stellen ein Signal für bestehende und zukünftige Mitarbeiterinnen dar, dass Frauen in diesem Unternehmen Wertschätzung entgegengebracht wird (vgl. Dutton et al. 2002). Wenn Unternehmen keine Frauen in ihren Führungsgremien beschäftigen, bedeutet das außerdem, dass sie einen großen Anteil des von der Gesellschaft zur Verfügung gestellten Humankapitals nicht nutzen (vgl. Westphal/Milton 2000; Brammer et al. 2009). Eine Steigerung der Diversität bezüglich des Frauenanteils in Führungspositionen ist daher von großer Relevanz – sowohl für die Unternehmen als auch für den Gesetzgeber, da sonst durch diese Diskriminierung von annähernd der Hälfte der Gesellschaft ein großer Teil der verfügbaren Kompetenz nicht genutzt wird.

Das bereits erwähnte INQA-Projekt „Frauen in Führungspositionen – Status quo in der deutschen Wirtschaft – Analyse organisatorischer Erfolgsfaktoren und individueller Potentiale" hat sich mittels einer Befragung 29 deutscher Unternehmen auch mit der Frage beschäftigt, welche unternehmensseitigen Maßnahmen effektiv zu einer Steigerung des Frauenanteils beitragen. Da, wie gezeigt, die Analyse des privaten Hintergrunds der Frauen in Aufsichtsräten deutlich gemacht hat, dass es keine Indikatoren für Vereinbarkeitsprobleme als Haupthindernis gibt, muss bei der Gestaltung unternehmensinterner Maßnahmen über die beliebten Maßnahmen zur Erleichterung der Vereinbarkeit (z.B. Unterstützung bei der Kinderbetreuung und Arbeitszeitflexibilisierung) hinausgegangen werden.[3] Bei der konkreten Planung von Karrierepfaden sollten dennoch auch Unterschiede im Mobilitätsverhalten in Abhängigkeit von Geschlecht und Familienstand berücksichtigt werden (vgl. Valcour/Tolbert 2003).

Erfolgversprechender als vereinbarkeitsfokussierte Maßnahmen sind bisher nur selten genutzte transparenzfördernde Maßnahmen wie das Veröffentlichen – und auch das Bewerben – des Frauenanteils in Aufsichtsräten und den oberen drei Führungsebenen (vgl. Lindstädt et al. 2010, S. 46, 52). So schätzen auch die von uns befragten UnternehmensvertreterInnen einen Diversity-Report als die wichtigste Maßnahme im Rahmen des Diversity Managements ein.

Zum Schluss sei noch einmal betont, dass es – sowohl mit Blick auf die ökonomischen Effekte als auch mit Blick auf mehr Geschlechtergerechtigkeit – nicht nur um Diversity im Sinne von mehr Frauen geht, sondern auch um Diversity im Sinne von Diversity Management, d.h. die Gestaltung und Veränderung der Bedingungen der (Zusammen-)Arbeit der Vielfältigen (vgl. dazu auch Rastetter 2006; Krell/Sieben 2011). Karrierepfade, Auswahlprozesse bei Beförderungen und die Unternehmenskultur im Allgemeinen müssen hinterfragt werden – nicht nur hinsichtlich möglicher direkter Diskriminierung, sondern auch hinsichtlich möglicher Signalwirkungen, die Frauen davon abhalten, die eigene Karriere realistisch einzuschätzen (vgl. Gibson/Lawrence 2010).

6. Gesetzlich vorgeschriebene Quotierung als Lösung?

Hier stehen dem Gesetzgeber mehrere Handlungsmöglichkeiten zur Verfügung: eine harte *Quotenregelung,* die einen verbindlichen Anteil an Frauen in Aufsichtsräten (und anderen Führungspositionen) vorgibt, eine sogenannte Flexi-Quote, die Unternehmen dazu verpflichtet, sich selbst Sollwerte zu setzen und diese auch zu überprüfen, oder eine *Transparenzverpflichtung* für Unternehmen, die Frauenanteile zu erfassen und bekannt zu geben.

---

3 Für eine kritische Diskussion der Effekte familienbezogener Maßnahmen vergleiche auch Jüngling/Rastetter (2011).

Ein klarer Vorteil der *harten Quotenregelung* wäre ihre schnelle Wirkung: Die Frauenanteile würden sich vermutlich erhöhen, wie das Beispiel Norwegen zeigt. Das Gleiche gilt – wenn auch vermutlich bei höherem Zeitbedarf – auch für die Flexi-Quote.

Dennoch ist Vorsicht geboten, ob sich die Situation der Frauen durch Quoten wirklich nachhaltig verbessern wird. Verbindliche Maßnahmen, die zur Unterbindung von Diskriminierung dienen sollen, verursachen oder verstärken häufig Vorurteile gegen die diskriminierte Minderheit (vgl. Oehmichen et al. 2010a; Franck/Jungwirth 1998; Coate/Loury 1993). Es ist denkbar, dass Frauen, die eine Aufsichtsratsposition mithilfe der Quotenregelung erreicht haben, dem Generalverdacht ausgesetzt sind, nur eine Quotenfrau zu sein. Zudem besteht auch nach einer verbindlichen Quotierung für Männer noch die Möglichkeit, wichtige Entscheidungen unter sich zu treffen. Zunächst können Entscheidungen in Ausschüsse verlagert werden, die durch Männer besetzt sind. Um dies zu unterbinden, müsste auch die Zusammensetzung der Ausschüsse einer Quotenregelung unterzogen werden. Und selbst dann ist es nicht ausgeschlossen, dass die Entscheidungen in einem informellen Rahmen, z.B. dem abendlichen Stammtisch, getroffen werden. Spätestens in dieser Instanz wären die Quotenregelungen des Gesetzgebers oder auch des Unternehmens ausgehebelt (vgl. Oehmichen 2010).

Eine weitere Frage, die sich bei Quotenregelungen stellt, ist die nach der Qualität der KandidatInnen. Kann diese Qualität unter Quotierung noch sichergestellt werden? Eine Antwort auf diese Frage geben erste Untersuchungen des „Falls Norwegen" als des weltweit ersten Landes, das sich zur Einführung einer Quotenregelung hinsichtlich weiblicher Aufsichtsratsmitglieder entschieden hat (vgl. Bøhren/Strøm 2010; Hansen et al. in diesem Band). Der Gesetzesentwurf entstand bereits 2003. Die Regelung war zunächst als unverbindliche Empfehlung geplant. Im Jahr 2006 wurde dann allerdings eine verbindliche Quotenregelung eingeführt, die Unternehmen vorschrieb, innerhalb von zwei Jahren einen Frauenanteil von 40% in den Aufsichtsgremien zu erreichen (vgl. Gregoric et al. 2010). Nach Einführung der Quote kann festgestellt werden, dass die berufenen Frauen jünger sind als ihre männlichen Kollegen, weniger Erfahrung als Vorstands- oder Aufsichtsratsmitglied haben und über mehr zusätzliche Mandate verfügen (vgl. Ahern/Dittmar 2010).[4] Dass das Halten zusätzlicher Mandate zu einer Reduktion der Entscheidungsqualität des Aufsichtsratsgremiums führt, konnte in der Corporate-Governance-Forschung bereits gezeigt werden (vgl. Core et al. 1999; Loderer/Peyer 2002; Fich/Shivdasani 2006; Oehmichen 2011).

---

4 Anmerkung der Herausgeberinnen: Dieser Befund wird durch Hansen et al. (in diesem Band) relativiert.

Eine weitere Reaktion seitens der Unternehmen, die in Norwegen bereits beobachtet werden konnte, ist das Ausweichen aus dem Geltungsbereich der Regulierung – zum Beispiel durch die Aufhebung der Notierung an der Börse. Ahern und Dittmar (2010) konnten ein solches Verhalten für Norwegen bereits zeigen: Dort sind nur noch 77% der vor Einführung der Quotenregelung notierten Unternehmen an der Börse.[5]

Zusammengefasst kann also gesagt werden, dass sich mit der Einführung einer Quote die Anzahl der Frauen in Aufsichtsräten erhöhen wird, es für eine tatsächliche Gleichberechtigung von Frauen und Männern dort und in anderen Führungspositionen allerdings mehr als nur einer einfachen Erhöhung der Anzahl der „Exemplare" bedarf, wie auch schon unter 5. thematisiert wurde (vgl. dazu auch Gibson/Lawrence 2010).

Als Alternative zur gesetzlichen Verpflichtung zu einer starren oder flexiblen Quote besteht die Möglichkeit der Regulierung mittels eines sogenannten „soft-law" (vgl. Aguilera et al. 2008): die Implementierung einer *Transparenzverpflichtung,* d.h. die Verpflichtung, die Frauenanteile in Aufsichtsräten (und Vorständen) zu erfassen und zu veröffentlichen und dies durch den Deutschen Corporate Governance Kodex verbindlich zu machen. Das würde die folgenden Vorteile mit sich bringen:[6] Durch die öffentliche Diskussion könnte sozialer Druck auf diejenigen Unternehmen mit besonders geringen Frauenanteilen erzeugt und diese könnten so zum internen Handeln gezwungen werden. Zudem können Unternehmen mit vergleichsweise hohen Frauenanteilen diese Veröffentlichung als Image- und Employer-Branding-Maßnahme nutzen. Der hohe Frauenanteil signalisiert potentiellen Mitarbeiterinnen die Wertschätzung weiblicher Organisationsmitglieder (vgl. Dutton et al. 2002). Durch die Verwendung des Kodex anstelle beispielsweise des Aktiengesetzes wäre zudem die Umsetzung erleichtert, da es keiner Gesetzesänderung bedarf.

Wichtig ist es, eine solche Transparenzverpflichtung von der im Jahr 2001 vereinbarten Freiwilligen Vereinbarung zur kollektiven Selbstverpflichtung zwischen dem Bundesministerium für Familie, Senioren, Frauen und Jugend und den Spitzenverbänden der deutschen Wirtschaft zu unterscheiden, die nicht zum

---

5   Anmerkung der Herausgeberinnen: Dafür könnte es allerdings auch andere Gründe als die Quotenregelungen geben, wie Hansen et al. (in diesem Band) zeigen.
6   Grundsätzlich sind die Besetzung und die Pflichten von Aufsichtsräten im deutschen Aktiengesetz geregelt. Diese Regelungen fasst der Deutsche Corporate Governance Kodex zusammen, der darüber hinaus weitere Empfehlungen und Anregungen zur Gestaltung der Unternehmensführung deutscher Unternehmen enthält (vgl. Oehmichen 2011; DCGK 2010). Die bisherige Forderung hinsichtlich der Förderung der Gleichstellung in Aufsichtsräten lautet, „bei der Besetzung des Vorstands und Aufsichtsrats auf eine ausreichende Vielfalt" zu achten (vgl. Oehmichen et al. 2010a; Weber-Rey 2009; DCGK 2010).

gewünschten Ergebnis geführt hat, weil eine Strategie des Aussitzens der Unternehmen weitgehend unbemerkt bleiben konnte (vgl. z.B. Holst/Wiemer 2010). Die Verpflichtung aller Unternehmen zur Transparenz verbessert die Informationslage nach außen (und innen) und vergrößert damit die Angriffsfläche für sozialen Druck durch Diskussionen in der Öffentlichkeit bzw. Gesellschaft (und auch innerhalb des Unternehmens).

Vertiefende und vergleichende Untersuchungen der langfristigen Wirksamkeit von Quoten- und Transparenzverpflichtungen stehen noch aus. Eine gute Möglichkeit, langfristige Folgen von harten oder starren Quotenregelungen empirisch zu untersuchen, bietet zunächst das Beispiel Norwegen (vgl. z.B. Bøhren/Strøm 2010; Gregoric et al. 2010). Bei diesen Untersuchungen sollte über eine rein darstellende Analyse der Entwicklung des Frauenanteils hinausgegangen und der Fokus auf die Wahrnehmung der durch die Quote berufenen Frauen sowie ihre Integration in den Alltag der Gremienarbeit gelegt werden (vgl. z.B. Hansen et al. in diesem Band). Nur so können Antworten darauf gegeben werden, ob bzw. unter welchen Bedingungen die Frauen dem Generalverdacht einer Quotenfrau unterliegen oder in gleichberechtigter Art und Weise in den Aufsichtsrat eingegliedert werden. Zukünftige Forschungsarbeiten, die sich mit diesen Fragestellungen beschäftigen, können dem Gesetzgeber relevante Informationen bieten, die bei einer Entscheidung über eine Quotierung der Frauenanteile in deutschen Aufsichtsräten zu berücksichtigen sind.

Literatur

Adams, Renée B./Ferreira, Daniel 2009: Women in the boardroom and their impact on governance and performance. In: Journal of Financial Economics, Jg. 94, H. 2, S. 291–309

Adams, Susan M./Flynn, Patricia M. 2005: Local Knowledge Advances Women's Access to Corporate Boards. In: Corporate Governance: An International Review, Jg. 13, H. 6, S. 836–846

Aguilera, Ruth V./Filatotchev, Igor/Gospel, Howard/Jackson, Gregory 2008: An Organizational Approach to Comparative Corporate Governance: Costs, Contingencies, and Complementarities. In: Organization Science, Jg. 19, H. 3, S. 475–492

Ahern, Kenneth R./Dittmar, Amy K. 2010: The Changing of the Boards: The Value Effect of a Massive Exogenous Shock. University of Michigan: Workingpaper

Brammer, Stephen/Millington, Andrew/Pavelin, Stephen (2009): Corporate Reputation and Women on the Board. In: British Journal of Management, Jg. 20, H. 1, S. 17–29

Buck, Trevor/Shahrim, Azura 2005: The Translation of Corporate Governance Changes across National Cultures: The Case of Germany. In: Journal of International Business Studies, Jg. 36, H. 1, S. 42–61

Bøhren, Øyvind/Strøm, R. Øystein 2010: Governance and Politics: Regulating Independence and Diversity in the Board Room. In: Journal of Business Finance & Accounting, Jg. 37, H. 9–10, S. 1281–1308

Carleton, Willard T./Nelson, James M./Weisbach, Michael S. 1998: The Influence of Institutions on Corporate Governance through Private Negotiations: Evidence from TIAA-CREF. In: The Journal of Finance, Jg. 53, H. 4, S. 1335–1363

Carter, David A./Simkins, Betty J./Simpson, W. Gary 2003: Corporate Governance, Board Diversity, and Firm Value. In: The Financial Review, Jg. 38, H. 1, S. 33–53

Coate, Stephen/Loury, Glenn C. 1993: Will affirmative-action policies eliminate negative stereotypes? In: The American Economic Review, Jg. 83, H. 5, S. 1220–1240

Conyon, Martin J./Mallin, Chris 1997: Women in the Boardroom: Evidence from Large UK Companies. In: Corporate Governance: An International Review, Jg. 5, H. 3, S. 112–117

Core, John E./Holthausen, Robert W./Larcker, David F. 1999: Corporate governance, chief executive officer compensation, and firm performance. In: Journal of Financial Economics, Jg. 51, H. 3, S. 371–406

Daily, Catherine M./Certo, S. Trevis/Dalton, Dan R. 1999: A decade of corporate women: Some progress in the boardroom, none in the executive suite. In: Strategic Management Journal, Jg. 20, H. 1, S. 93–99

DCGK 2010: Deutscher Corporate Governance Kodex. In: Regierungskommission Deutscher Corporate Governance Kodex, Stand: 26. Mai 2010. Internet: www.corporate-governance-code.de/ger/kodex/index.html [26.02.2011]

Deeg, Richard 2005: The comeback of Modell Deutschland ? The New German Political Economy in the EU. In: German Politics, Jg. 14, H. 3, S. 332–353

djb – Deutscher Juristinnenbund 2010: Aktionärinnen fordern Gleichberechtigung. Erhöhung des Frauenanteils in Führungspositionen – insbesondere Aufsichtsratspositionen – deutscher Unternehmen, hg. vom BMFSFJ – Bundesministerium für Familie, Senioren, Frauen und Jugend. Berlin

Dutton, Jane E./Ashford, Susan J./Lawrence, Katherine A./Miner-Rubino, Kathi 2002: Red light, green light: Making sense of the organizational context for issue selling. In: Organization Science, Jg. 13, H. 4, S. 355–369

Elsass, Priscilla M./Graves, Laura M. 1997: Demographic diversity in decision-making groups: The experiences of women and people of color. In: Academy of Management Review, Jg. 22, H. 4, S. 946–973

Europäische Kommission 2011: Datenbank über Frauen und Männer in Entscheidungsprozessen. Internet: http://ec.europa.eu/social/BlobServlet?docId=3430&langId=de [28.02.2011]

Farrell, Kathleen A./Hersch, Philip L. 2005: Additions to corporate boards: the effect of gender. In: Journal of Corporate Finance, Jg. 11, H. 1–2, S. 85–106

Ferreira, Daniel 2010: Board Diversity. In: Baker, H. K./Anderson, R. (Hg.): Corporate Governance: A Synthesis of Theory, Research, and Practice. Hoboken, New Jersey, S. 225–242

Fich, Eliezer M./Shivdasani, Anil 2006: Are Busy Boards Effective Monitors? In: The Journal of Finance, Jg. 61, H. 2, S. 689–724

Franck, Egon/Jungwirth, Carola 1998: Vorurteile als Karrierebremse? Ein Versuch zur Erklärung des Glass Ceiling-Phänomens. In: Zeitschrift für betriebswirtschaftliche Forschung, Jg. 50, H. 12, S. 1083–1097

Gibson, Donald E./Lawrence, Barbara S. 2010: Women's and Men's Career Referents: How Gender Composition and Comparison Level Shape Career Expectations. In: Organization Science, Jg. 21, H. 6, S. 1159–1175

GMI – GovernanceMetrics International 2011: 2011 Women on Boards Report. New York

Gregoric, Aleksandra/Oxelheim, Lars/Randoy, Trond/Thomsen, Steen 2010: How diverse can you get? Gender quotas and the diversity of nordic boards. In: Center for Corporate Governance, Copenhagen Business School: Workingpaper

Hillman, Amy J./Shropshire, Christine/Cannella, Albert A. 2007: Organizational Predictors of Women on Corporate Boards. In: Academy of Management Journal, Jg. 50, H. 4, S. 941–952

Hoel, Marit 2008: The quota story: five years of change in Norway. In: Vinnicombe et al. 2008, S. 79–87

Holst, Elke/Wiemer, Anita 2010: Zur Unterrepräsentanz von Frauen in Spitzengremien der Wirtschaft – Ursachen und Handlungsansätze. DIW Discussion Paper. Berlin

Holst, Elke/Schimeta, Julia 2011: Forschungsskizze: Unterrepräsentation von Frauen in Aufsichtsräten deutscher Unternehmen. In: Krell et al. 2011, S. 423–428

Jüngling, Christiane/Rastetter, Daniela 2011: Die Implementierung von Gleichstellungsmaßnahmen: Optionen, Widerstände und Erfolgsstrategien. In: Krell et al. 2011, S. 25–40

Kilduff, Martin/Angelmar, Reinhard/Mehra, Ajay 2000: Top management-team diversity and firm performance: Examining the role of cognitions. In: Organization Science, Jg. 11, H. 1, S. 21–34

Krell, Gertraude 2011: Geschlechterungleichheiten in Führungspositionen. In: Krell et al. 2011, S. 403–422

Krell, Gertraude/Ortlieb, Renate/Sieben, Barbara (Hg.) 2011: Chancengleichheit durch Personalpolitik (6. Auflage). Wiesbaden

Krell, Gertraude/Sieben, Barbara 2011: Diversity Management: Chancengleichheit für alle und auch als Wettbewerbsvorteil. In: Krell et al. 2011, S. 155–174

Lindstädt, Hagen/Oehmichen, Jana/Wolff, Michael/Watrinet, Christine 2010: Frauen in Führungspositionen – Status quo in der deutschen Wirtschaft – Analyse organisatorischer Erfolgsfaktoren und individueller Potentiale. Internet: http://www.inqa.de/Inqa/Navigation/projekte,did=251530.html?view=renderPrint [07.04.2011]

Loderer, Claudio/Peyer, Urs 2002: Board Overlap, Seat Accumulation and Share Prices. In: European Financial Management, Jg. 8, H. 2, S. 165–192

Maclean, Mairi/Harvey, Charles 2008: Women on corporate boards of directors: the French perspective. In: Vinnicombe et al. 2008, S. 47–56

Noe, Raymond A. 1988: Women and Mentoring: A Review and Research Agenda. In: Academy of Management Review, Jg. 13, H. 1, S. 65–78

Oehmichen, Jana 2010: Frauenquoten in Deutschland? – Wer Symptome lindert adressiert nur selten die Grundursache des Problems. In: ifo-Schnelldienst, Jg. 63, H. 17, S. 10–12

Oehmichen, Jana 2011: Mehrfachmandate von Aufsichtsratsmitgliedern. Eine Panel-Analyse ihrer Wirkung in deutschen Unternehmen. München, Mering

Oehmichen, Jana/Rapp, Marc S./Wolff, Michael 2010a: Der Einfluss der Aufsichtsratszusammensetzung auf die Präsenz von Frauen in Aufsichtsräten. In: Zeitschrift für betriebswirtschaftliche Forschung, Jg. 62, H. August, S. 504–533

Oehmichen, Jana/Rapp, Marc S./Wolff, Michael 2010b: Women on Supervisory Boards – An Analysis of Supporters and Detractors. Workingpaper. Karlsruhe

Rastetter, Daniela 2006: Managing Diversity in Teams: Erkenntnisse aus der Gruppenforschung. In: Krell, Gertraude/Wächter, Hartmut (Hg.): Diversity Management: Impulse aus der Personalforschung. München, Mering, S. 81–108

Ross-Smith, Ann/Bridge, Jane 2008: „Glacial at best": women's progress on corporate boards in Australia. In: Vinnicombe et al. 2008, S. 67–78

Schulz-Strelow, Monika 2011: FidAR e.V.: Mehr Frauen in die Aufsichtsräte – nicht nur ein Gebot wirtschaftlicher Notwendigkeit. In: Krell et al. 2011, S. 551–554

Terjesen, Siri/Singh, Val 2008: Female Presence on Corporate Boards: A Multi-Country Study of Environmental Context. In: Journal of Business Ethics, Jg. 83, H. 1, S. 55–63

Valcour, P. Monique/Tolbert, Pamela S. 2003: Gender, family and career in the era of boundarylessness: determinants and effects of intra- and inter-organizational mobility. In: The International Journal of Human Resource Management, Jg. 14, H. 5, S. 768–787

Vinnicombe, Susan/Singh, Val/Burke, Ronald J./Bilimoria, Diana/Huse, Morton (Hg.): Women on corporate boards of directors: international research and practice. Cheltenham, Northampton

Weber-Rey, Daniela 2009: Änderungen des Deutschen Corporate Governance Kodex 2009. In: Zeitschrift für Wirtschafts- und Bankenrecht – Wertpapiermitteilungen, Jg. 63, S. 2255–2264

Westphal, James D./Milton, Laurie P. 2000: How Experience and Network Ties Affect the Influence of Demographic Minorities on Corporate Boards. In: Administrative Science Quarterly, Jg. 45, H. 2, S. 366–398

Geschlechtsunterschiede in der Verhandlungsführung – Schlüssel für die Karriere?

Andrea Ruppert, Martina Voigt

1. Auftakt: Der Gender Pay Gap in Führungspositionen als ein Indikator für Ungleichbehandlung

Frauen verdienen in Deutschland nach wie vor deutlich weniger als Männer. Aktuell wird der Gender Pay Gap auf 23,2% beziffert, wobei sich diese Zahl auf die unbereinigte Lohnlücke bezieht, die durch einfachen Vergleich der Bruttostundenlöhne von Frauen und Männern ermittelt wird. Mit dieser Differenz liegt Deutschland im EU-Vergleich im hinteren Mittelfeld an fünftletzter Stelle (vgl. Eurostat 2008).

Der Gender Pay Gap wird auf allen Ebenen der vertikalen Arbeitsteilung festgestellt. Er ist in den letzten Jahrzehnten nicht wesentlich kleiner geworden und stellt somit ein beharrliches Moment der Ungleichheit zwischen den Geschlechtern dar. Wir sehen ihn darüber hinaus als Kernindikator für die gesellschaftliche Ungleichbehandlung von Frauen im Erwerbsleben an, da sich in dem Gender Pay Gap fast alle Problemfacetten verdichten, mit denen Frauen im Berufsleben zu kämpfen haben. Diese reichen von Zugangsbarrieren zu „Männerdomänen" über das nach wie vor vorhandene tradierte Rollenverständnis, die praktischen und mentalen Schwierigkeiten, Familie und Beruf unter einen Hut zu bringen, und die damit einhergehenden Hürden beim beruflichen Wiedereinstieg nach einer familienbedingten Erwerbsunterbrechung bis hin zu Karrierehemmnissen aufgrund direkter und indirekter Diskriminierung (vgl. auch Bundesministerium für Familien, Senioren, Frauen und Jugend 2010, S. 2).

Die ursächliche Erklärung des Gender Pay Gap und das Aufzeigen von Handlungs- und Lösungsalternativen sind folgerichtig ein aktuelles Thema der Frauen- und Geschlechterforschung mit besonders hoher Relevanz für die Gleichstellung der Geschlechter. Zur Erklärung von geschlechtsspezifischen Entgeltunterschieden gibt es bereits zahlreiche Studien, jedoch beziehen sich nur wenige davon explizit auf Führungskräfte, und auch diese können den Gender Pay Gap nicht vollständig erklären (vgl. Holst/Busch 2009, S. 2, und Busch/Holst in diesem Band).

Ein theoretischer Ansatz, der regelmäßig zur Erklärung von Verdienstunterschieden herangezogen wird, ist die Humankapitaltheorie, die die Lohnlücke zwischen den Geschlechtern durch eine unterschiedliche Ausstattung mit Humankapital erklärt (vgl. Becker 1993). Allerdings wird dieser Ansatz für die Erklärung von Einkommensdifferenzen in Führungsjobs als weniger geeignet angesehen, da empirische Untersuchungen belegen, dass Männer und Frauen in Führungsetagen auch bei gleichwertiger Humankapitalausstattung unterschiedlich vergütet werden. Aktuell haben beispielsweise Beblo, Ohlert und Wolf (2011, S. 50) gezeigt, dass in 81% der westdeutschen und 64% der ostdeutschen Betriebe erhebliche Lohnungleichheiten nach dem Geschlecht bestehen, die sich nicht durch Bildungs- oder Erfahrungsunterschiede der Personen erklären lassen. In die gleiche Richtung weist eine Studie aus Österreich (vgl. Strunk/Hermann 2009), die unterschiedlichste humankapitaltheoretische Attribute (Ausbildung, Persönlichkeit, soziale Herkunft und mikropolitische Einstellungen) berücksichtigt. Strunk und Hermann untersuchten die Karriereverläufe von Absolventinnen und Absolventen der Wirtschaftsuniversität Wien und kamen zu dem Ergebnis, dass die auf das Humankapital der Probanden bezogenen Variablen die festgestellten „dramatischen Gehaltsunterschiede" zwischen Männern und Frauen nicht erklären können (vgl. dazu Hermann/Strunk in diesem Band).

Einen weiteren theoretischen Beitrag zur Erklärung des Gender Pay Gap liefern das Konzept des „doing gender" und die hierauf basierende Devaluationshypothese.[1] Nach dem Konzept des „doing gender" werden Geschlechterdifferenzen durch alltägliche Interaktionsprozesse (re)produziert. Die so erzeugten Geschlechterkategorisierungen wiederum aktivieren Geschlechterstereotype, darunter auch die Vorstellung, dass das männliche Geschlecht dem weiblichen überlegen sei. Dies führt dazu – so die Devaluationshypothese –, dass „weibliche" Arbeit entwertet und Männern (unter sonst gleichen Bedingungen) eine höhere berufliche Kompetenz und Leistungsfähigkeit zugeschrieben wird (vgl. Holst/Busch 2009, S. 8; Foschi 1996). Letzteres ist gerade im Hinblick auf den

---

1 Das Konzept des „doing gender" geht auf die soziologische Handlungstheorie zurück, insbesondere auf die Arbeiten von Garfinkel (1967) und Goffman (1977). Wesentlich für das Konzept ist die sozialkonstruktivistische Vorstellung, dass Genderdifferenzen durch die Interaktionen der Akteure konstruiert bzw. reproduziert werden. Die Devaluationshypothese besagt in diesem Kontext, dass horizontale Arbeitsmarktsegregation und geschlechtsspezifische Einkommensungleichheit mit einer kulturellen Entwertung von als „weiblich" konnotierter Arbeit zusammenhängen: „[...] because women are devalued, social roles (including occupations) and skills that are associated with women are devalued relative to those associated with men" (Kilbourne et al. 1994, S. 694). Die Devaluationsthese konnte durch verschiedene empirische Arbeiten gestützt werden. England (1992) zeigte für die USA, dass personenbezogene, fürsorgende Dienstleistungen mit geringeren durchschnittlichen Einkommen einhergehen. Liebeskind (2004) stellte für Deutschland fest, dass Berufe, die bezüglich ihrer Arbeitsinhalte „weiblich" konnotiert sind (personenbezogene, haushaltsnahe Dienstleistungen und Schreibarbeiten), mit signifikant schlechteren Einkommenschancen verbunden sind.

Aufstieg von Frauen in Führungspositionen und ihre Vergütung von erheblicher Relevanz. Zum einen werden vor dem Hintergrund kulturell verankerter „gender status beliefs" die weibliche Geschlechterrolle und die Anforderungen einer Führungsposition als weniger kompatibel eingeschätzt (vgl. Holst/Busch 2009, S. 8; Gmür 2004; Ridgeway 2001; Krell in diesem Band). Es herrscht inzwischen zwar „gender-political-correctness", d.h., es ist eine wohlwollende Zustimmung zu einem allgemeinen Anstieg von Frauen in Führungspositionen zu vernehmen, und der geringe Anteil von Frauen in den obersten Hierarchieebenen wird auch von Männern bedauert. Diese grundsätzliche Einstellung erhöht allerdings bei der konkreten Entscheidung für die Besetzung einer Führungsposition noch lange nicht die Chance einer Kandidatin (vgl. Wippermann 2010, S. 9). Wichtige Verhinderungsfaktoren für Frauen in Führungspositionen sind „männliche Machtrituale", d.h. verbale und habituelle Regeln und Spiele in der Organisation (vgl. ebd., S. 55ff.) und die hierin implizit enthaltenen weiterhin existierenden Vorbehalte gegenüber Frauen in Führungspositionen. Zum anderen wird in deutschen Führungsetagen die Vergütungsfindung nach wie vor stark von tradierten Rollenerwartungen beeinflusst, was eine hieraus resultierende Geringerbewertung der Leistungen weiblicher Führungskräfte durchaus plausibel macht (vgl. Projektgruppe GiB 2010).

Neben den skizzierten Erklärungsansätzen hat sich ein Forschungsstrang entwickelt, der das Verhandlungsverhalten von Frauen in den Vordergrund rückt. Für diesen Ansatz steht markant die Arbeit von Babcock und Laschever (2007) mit der These: „Women don't ask". Diese Wissenschaftlerinnen machen folgende Rechnung auf: Frauen versäumen es, ihr Einstiegsgehalt zu verhandeln, und erleiden daher im Laufe ihres Arbeitslebens einen Einkommensnachteil, der sich auf bis über eine halbe Million Dollar summieren kann. Dieser Zusammenhang wird mit eigenen und von anderen WissenschaftlerInnen durchgeführten Studien untermauert (ebd., S. 1f.).

Darüber hinaus gibt es noch einige weitere empirische Untersuchungen, die das Verhandlungsverhalten von Frauen und Männern in den Fokus rücken, wobei als State of the Art angenommen wird, dass sich erstens Frauen in Verhandlungen kooperativer verhalten und zweitens Männer die besseren Ergebnisse erzielen (vgl. Lewicki et al. 2006, S. 378f.; Stuhlmacher/Walters 1999; Walters et al. 1998, S. 1ff.). Diese Studien weisen allerdings im Hinblick auf unser Erkenntnisinteresse mindestens eines der folgenden vier Defizite auf: Sie sind veraltet, beziehen sich nicht explizit auf das Führen von Gehaltsverhandlungen, arbeiten mit experimentellen Untersuchungsdesigns, und die Probanden sind Studierende und keine Führungskräfte (vgl. Barron 2003; Calhoun/Smith 1999; Gerhart/Rhynes 1991; Nadler/Nadler 1987; Tannen 1997, S. 31f.; Wade 2001; Watson 2003).

Inwieweit das Verhalten von Frauen und Männern in der Gehaltsverhandlung einen Beitrag zur Erklärung des Gender Pay Gap liefern kann, haben die Verfasserinnen im Rahmen des Forschungsprojekts „Genderspezifische Verhandlungskompetenzen und ihre Auswirkungen auf Gehalts- und Aufstiegsverhandlungen"[2] untersucht.

2. Forschungsfragen und Rahmendaten der Studie

Das Forschungsprojekt wurde zwischen April 2006 und Januar 2009 am Fachbereich 3: Wirtschaft und Recht der Fachhochschule Frankfurt am Main durchgeführt. Die Finanzierung erfolgte durch das Hessische Ministerium für Wissenschaft und Kunst im Rahmen des Förderschwerpunkts „Genderforschung". Die folgenden drei Forschungsfragen standen im Zentrum unserer Untersuchung:

- Erzielen weibliche und männliche Führungskräfte in Gehalts- und Aufstiegsverhandlungen unterschiedliche Ergebnisse?
- Gibt es geschlechtstypisches Verhandlungsverhalten und geschlechtstypische Verhandlungskompetenzen?
- Wenn ja: Gibt es einen Zusammenhang zwischen geschlechtstypischem Verhandlungsverhalten und geschlechtstypischen Verhandlungskompetenzen und dem Ergebnis von Gehalts- und Aufstiegsverhandlungen?

Die empirische Erhebung erfolgte mittels einer Online-Befragung von Führungskräften,[3] wobei mit den Verbänden BPW (Business and Professional Women) und ULA (Deutscher Führungskräfteverband) kooperiert wurde. Der Fragebogen war in mehrere Abschnitte mit unterschiedlichen Themenschwerpunkten untergliedert. Zunächst wurden Angaben zur Person und deren beruflichen Werdegang sowie zum Arbeitgeber und der dort bekleideten Position erhoben. Im Anschluss daran wurden Fragen zum grundsätzlichen Verhandlungsverhalten und zur Vorbereitung sowie zum Verlauf der letzten Gehalts- und Aufstiegsverhandlung gestellt. Den Abschluss bildete eine Fragenbatterie zur Ermittlung der persönlichen Einstellung zum Verhandeln, die insbesondere auch die Präferenz für eine Win-Lose-Strategie (kompetitive Verhandlungsstrategie) bzw. eine Win-Win-Strategie (sachorientierte Verhandlungsstrategie) abfragte. Letztere ist als

---

2   In diesem Beitrag können nur einige ausgewählte Einzelergebnisse vorgestellt werden. Die vollständige Studie wurde veröffentlicht in Ruppert/Voigt (2009).
3   Führungskräfte sind nach der von uns zugrunde gelegten Definition Personen mit Dispositions- bzw. Entscheidungsbefugnis über Personen und/oder Sachmittel. Bei unserer Stichprobe handelt es sich aufgrund des Feldzugangs über die Verbände um eine Gelegenheitsstichprobe, wodurch die Verallgemeinerbarkeit der Ergebnisse auf die Grundgesamtheit aller Führungskräfte in Deutschland eingeschränkt ist.

"Harvard-Konzept der Verhandlungsführung" bekannt, auf das wir an späterer Stelle noch eingehen werden (vgl. Kap. 4, insb. Fußnote 8). Der Fragebogen war halbstandardisiert und enthielt überwiegend geschlossene Fragen mit vorgegebenen Antwortalternativen sowie einige offene Fragen, um den Probanden Raum für Informationen, Ideen und Anregungen zu geben. Insgesamt beteiligten sich mehr als 1.000 Personen an der Befragung, und es konnten 810 vollständig bearbeitete Fragebögen in die Auswertung einfließen. 42,8% der befragten Führungskräfte waren männlich und 57,2% weiblich.

3. Ergebnisse von Gehaltsverhandlungen weiblicher und männlicher Führungskräfte

Die erste zentrale Forschungsfrage zielte darauf ab zu klären, ob weibliche und männliche Führungskräfte in Gehalts- und Aufstiegsverhandlungen unterschiedliche Ergebnisse erzielen. Das Ergebnis steht im Einklang mit bisheriger Forschung: Weibliche Führungskräfte sind weniger erfolgreich in Gehalts- und Aufstiegsverhandlungen. Sie bekamen zum einen (in den letzten fünf Jahren) seltener eine Gehaltserhöhung (vgl. Abb. 1) und zum anderen (in der letzten Gehaltsverhandlung) seltener *gleichzeitig* mehr Gehalt *und* eine bessere Position (vgl. Abb. 2) als ihre männlichen Kollegen. Gerade Letzteres dürfte sich auf die langfristige Gehalts- und Karriereentwicklung sehr negativ auswirken, da die weibliche Führungskraft, die nicht auf eine neue Position und damit verbundene neue Aufgaben und Leistungen verweisen kann, in der nächsten Gehaltsverhandlungsrunde vermutlich eine schlechtere Ausgangsposition haben wird.

Abb. 1: Anzahl der Gehaltsverbesserungen in den letzten fünf Jahren

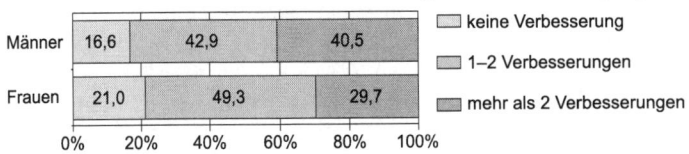

Männer	16,6 / 42,9 / 40,5	☐ keine Verbesserung
Frauen	21,0 / 49,3 / 29,7	☐ 1–2 Verbesserungen
		■ mehr als 2 Verbesserungen

Quelle: Nach Ruppert/Voigt (2009), S. 38

Abb. 2: Ergebnis der zuletzt geführten Verhandlung

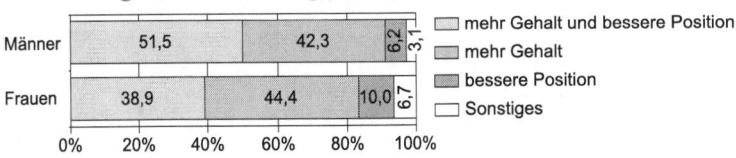

Männer	51,5 / 42,3 / 6,2 / 3,1	☐ mehr Gehalt und bessere Position
Frauen	38,9 / 44,4 / 10,0 / 6,7	☐ mehr Gehalt
		■ bessere Position
		☐ Sonstiges

Quelle: Nach Ruppert/Voigt (2009), S. 50

Ein weiterer deutlicher geschlechtstypischer Unterschied war auch bei der Höhe der Gehaltsverbesserung festzustellen. Wesentlich mehr weibliche Führungskräfte als männliche mussten sich mit Zuwächsen zwischen einem und vier Prozent zufrieden geben, während die männlichen Führungskräfte bei den Zuwächsen von mehr als zehn Prozent deutlich häufiger vertreten waren (vgl. Abb. 3).

Abb. 3: Gehaltsverbesserung in Prozent

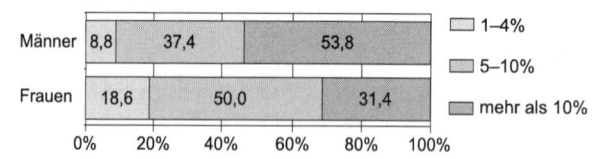

	1–4%	5–10%	mehr als 10%
Männer	8,8	37,4	53,8
Frauen	18,6	50,0	31,4

Quelle: Nach Ruppert/Voigt (2009), S. 53

Weibliche Führungskräfte erhalten also erstens seltener eine Gehaltserhöhung, bekommen zweitens seltener gleichzeitig mehr Gehalt *und* eine bessere Position, und ihre Gehaltsverbesserung fällt drittens deutlich geringer aus. Nimmt man diese drei Einzelbefunde zusammen, so kann man sich vorstellen, dass hier eine Dynamik entsteht, die den Gender Pay Gap in Führungsetagen aufrechterhält.

An dieses erste Ergebnis schließt sich die zweite Forschungsfrage an, ob und inwieweit sich weibliche und männliche Führungskräfte im Hinblick auf ihr Verhandlungsverhalten unterscheiden, insbesondere ob es geschlechtstypische Verhandlungskompetenzen gibt.

3.1 Wer initiiert Gehaltsverhandlungen und was sind die Anlässe?

Dass Frauen in Führungspositionen seltener eine Gehaltserhöhung bekommen, liegt nach unseren Erkenntnissen entgegen der populären These „Women don't ask" (Babcock/Laschever 2007) nicht daran, dass sie nicht nach einer Gehaltserhöhung oder einer Aufstiegsmöglichkeit fragen. Die weiblichen Führungskräfte initiierten mindestens genauso oft Gehalts- und Aufstiegsverhandlungen wie ihre männlichen Kollegen. Allerdings konnten wir feststellen, dass Männern häufiger ungefragt eine Gehaltserhöhung und/oder eine bessere Position angeboten wird (vgl. Abb. 4).

Welche Gründe ursächlich dafür sind, dass Männer offensichtlich seltener selbst aktiv werden müssen, um mehr Gehalt und/oder eine bessere Position zu erzielen, war leider nicht Gegenstand unserer Befragung. Eine mögliche Erklärung ist, dass männliche Führungskräfte das Terrain für ihre Karriere generell besser vorbereiten als ihre Kolleginnen, indem sie z.B. eine bessere Selbstdarstellung praktizieren und im Unternehmen besser vernetzt sind und dies für die Erreichung ihrer persönlichen Karriereziele nutzen (vgl. Jüngling/Rastetter 2009).

Abb. 4: Nach Gehalt und Aufstieg gefragt?

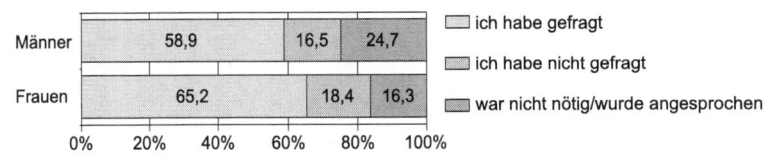

	ich habe gefragt	ich habe nicht gefragt	war nicht nötig/wurde angesprochen
Männer	58,9	16,5	24,7
Frauen	65,2	18,4	16,3

Quelle: Nach Ruppert/Voigt (2009), S. 43

Hinsichtlich der Anlässe für die Initiierung von Gehalts- und Aufstiegsverhandlungen unterscheiden sich die Geschlechter nicht. Der meistgenannte Auslöser war die Steigerung der eigenen Leistung. Hier zeigt sich eine Perspektive im Hinblick auf das Erkennen von Verhandlungschancen, die wir als „ichbezogen" charakterisieren möchten.

3.2 Wer führt gerne Gehaltsverhandlungen?

Im Zentrum der Untersuchung standen die Verhandlungskompetenzen, und die erste von uns betrachtete Kompetenzebene ist die Ebene von Einstellung, Haltung und Motivation. Hier konnten wir deutliche geschlechtsbezogene Unterschiede hinsichtlich der grundsätzlichen Disposition gegenüber Gehalts- und Aufstiegsverhandlungen feststellen.

Betrachtet man die Einstellung zum Verhandeln zunächst ganz allgemein, so zeigt sich, dass bei beiden Geschlechtern Vorbehalte gegenüber dem Verhandeln bestehen, jedoch ist der Anteil der Frauen, die generell nicht gerne verhandeln, größer als der entsprechende Anteil bei den Männern (vgl. Abb. 5).

Abb. 5: Ich verhandle gern

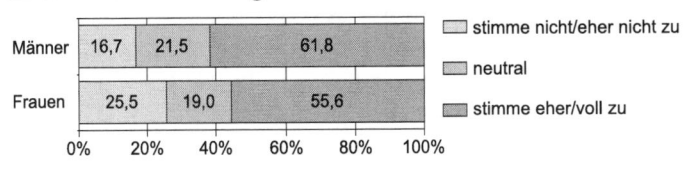

	stimme nicht/eher nicht zu	neutral	stimme eher/voll zu
Männer	16,7	21,5	61,8
Frauen	25,5	19,0	55,6

Quelle: Nach Ruppert/Voigt (2009), S. 58

Beleuchtet man die Einstellung speziell zu Gehalts- und Aufstiegsverhandlungen, wird das Bild noch schärfer: Bei beiden Geschlechtern wird die Gruppe derjenigen, die nicht gerne Gehalts- und Aufstiegsverhandlungen führen, größer und auch der Unterschied zwischen weiblichen und männlichen Führungskräften deutlicher.

Abb. 6: Es reizt mich, Gehalts-/Aufstiegsverhandlungen zu führen

Männer	33,9	35,5	30,6	☐ stimme nicht/eher nicht zu
Frauen	47,1	32,4	20,6	☐ neutral
				☐ stimme eher/voll zu

Quelle: Nach Ruppert/Voigt (2009), S. 63

Die im Unterschied zu den Männern negativere Einstellung zum Verhandeln und insbesondere zu Gehaltsverhandlungen könnte eine erste Erklärung für die schlechteren Verhandlungsergebnisse von weiblichen Führungskräften darstellen. Dieser Befund steht auch im Einklang mit bisheriger Forschung und wird u.a. mit einer generellen Abneigung von Frauen begründet, mit anderen, insbesondere mit Männern, in Wettbewerb zu treten (vgl. Örs et al. 2008; Gneezy et al. 2003; Niederle/Vesterlund 2007). Wenn man allerdings zu einer Aktivität eine negative Grundhaltung hat und diese Tätigkeit nur widerstrebend ausführt, dann wird man dabei kaum Spitzenleistungen erzielen.

Die negativere Grundeinstellung der Frauen zum Führen von Verhandlungen zeigt sich auch in ihrem Umgang mit dem Ergebnis. Deutlich mehr Frauen als Männer nehmen den nicht erfolgreichen Verlauf einer Verhandlung persönlich (vgl. Abb. 7). Auch diese Verarbeitung von „Verhandlungsverlusten" erschwert eine positive bzw. „sportliche" Einstellung zum Thema.

Abb. 7: Ich nehme Verhandlungsverluste persönlich

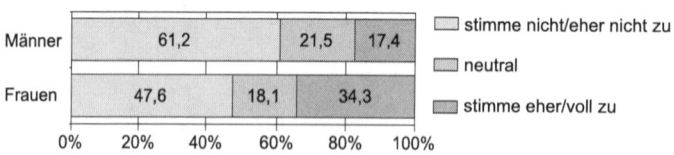

Männer	61,2	21,5	17,4	☐ stimme nicht/eher nicht zu
Frauen	47,6	18,1	34,3	☐ neutral
				☐ stimme eher/voll zu

Quelle: Nach Ruppert/Voigt (2009), S. 66

3.3 Qualität der Vorbereitung von Gehaltsverhandlungen

Die richtige Verhandlungsvorbereitung wird in der Literatur (vgl. z.B. Brinktrine/Schneider 2008, S. 17; Herzlieb 2000; Lewicki et al. 2006, S. 102ff.) als der entscheidende Faktor für den Erfolg in der Verhandlung angesehen. Entgegen der Selbsteinschätzung der Führungskräfte, die sich zum weit überwiegenden Teil (Frauen: 85,3%; Männer: 91,9%) als gut oder sehr gut vorbereitet einstuften, konnten wir anhand ihrer Angaben (vgl. Abb. 8) feststellen, dass viele schlecht vorbereitet in die Gehalts- und Aufstiegsverhandlungen gehen. Abbildung 8 gibt einen Überblick dazu, welche Elemente aus unserer Sicht zu einer umfassenden Vorbereitung einer Gehalts- und Aufstiegsverhandlung gehören, und zeigt gleichzeitig, dass die Befragten viele dieser Aktivitäten vernachlässigen: Nur knapp 60% bereiten sich mental vor, sammeln Argumente und listen eigene Leistungen auf. Nur knapp 40% recherchieren Vergleichsgehälter, entwickeln eine Verhandlungsstrategie und bereiten sich auf ihren jeweiligen Gesprächspartner vor. Nur etwa ein Drittel legt eine Mindestforderung fest, und nur ein Viertel ermittelt den externen Marktwert, legt zusätzliche Optionen fest oder entwickelt einen Alternativplan (vgl. Abb. 8). Diese Ergebnisse gelten für die Gesamtgruppe, die geschlechtsbezogenen Unterschiede erwiesen sich bei diesem Thema als marginal.

Die erfolgreichen Führungskräfte führen unabhängig vom Geschlecht ihren Erfolg am häufigsten darauf zurück, dass ihre Vorstellungen angemessen waren (64,9%) und sie von ihrem/ihrer Vorgesetzten unterstützt werden (53,6%), wobei in beiden Fällen die Männer diese Gründe deutlich häufiger nannten. Der eigenen Verhandlungskompetenz wird von beiden Geschlechtern eine eher untergeordnete Bedeutung beigemessen (37%). Ein deutlicher Geschlechtsunterschied zeigte sich jedoch bei den weiteren Erklärungsansätzen „Meine Vorbereitungen haben geholfen" und „Es war der richtige Zeitpunkt für das Unternehmen". Die weiblichen Führungskräfte führten ihren Erfolg deutlich häufiger auf ihre eigene Vorbereitung zurück, während die männlichen deutlich häufiger als Grund nannten, dass die Gehaltsverhandlung zu einem für das Unternehmen richtigen Zeitpunkt geführt wurde. Hieraus lässt sich der Schluss ziehen, dass Frauen ihre Vorbereitung stark auf die eigene Person zentriert betreiben und zu wenig auf externe Rahmenbedingungen wie z.B. die aktuelle Unternehmenssituation und das richtige Timing achten. Dies korrespondiert mit unseren Feststellungen, dass auch die Anlässe für die Initiierung einer Gehaltsverhandlung stark ichzentriert sind.

Abb. 8: Vorbereitung der Gehaltsverhandlungen

Quelle: Nach Ruppert/Voigt (2009), S. 68

Auch die emotionale Grundstimmung, mit der die Führungskräfte in die Gehaltsverhandlung gegangen sind, hat Einfluss auf den Verhandlungserfolg. Der stärkste positive Einfluss geht von dem Gefühl der Erfolgsgewissheit aus. 82,5% aller erfolgreichen Verhandler gingen erfolgsgewiss in die Gehaltsverhandlung im Vergleich zu 53,2% aller nicht erfolgreichen. Stark negativ wirkt sich hingegen aus, wenn man vor dem Gespräch nervös war. Dies gaben 25,5% der erfolgreichen und 35,1% der nicht erfolgreichen Führungskräfte an, wobei Frauen sehr viel öfter nervös waren. Daraus lässt sich schließen, dass die nervöse Grundstimmung der Frauen vor der Verhandlung ihren Verhandlungserfolg negativ beeinflusst.

3.4 Kommunikative Kompetenzen

Als wichtigster Schlüssel zum Erfolg in der Gehaltsverhandlung konnten wir die Gesprächsführungskompetenz herauskristallisieren. Wer die Fähigkeit hat, Einfluss auf den Gesprächsverlauf zu nehmen und diesen aktiv zu steuern, war in unserer Untersuchung deutlich häufiger erfolgreich in der Verhandlung um mehr Gehalt oder eine bessere Position. Alle Variablen, mit denen wir die kommunikativen Kompetenzen abgebildet haben, weisen einen positiven Zusammenhang zum Verhandlungserfolg auf.[4] Hierbei waren die Merkmale, inwieweit man den Vorgesetzten dazu bringen konnte, zuzuhören sowie die eigenen Fragen zu beantworten, besonders auffällig. Ein ebenfalls deutlich positiver Zusammenhang zeigte sich bei der Einschätzung des Einflusses auf den Gesprächsverlauf und hinsichtlich der Ausgeglichenheit der Redeanteile. Bei weiblichen Führungskräften wirkte es sich noch stärker positiv aus, wenn es ihnen gelingt, das Gespräch so zu führen, dass sie Fragen stellen können und diese auch vom Vorgesetzten beantwortet bekommen. Entgegen der gängigen Vorstellung, dass Frauen über umfangreichere soziale Kompetenzen verfügen, zeigte sich jedoch, dass es den männlichen Führungskräften besser gelang, ihre kommunikativen Kompetenzen in der Gehaltsverhandlung erfolgreich einzusetzen.[5]

---

4 Die Umsetzung kommunikativer Kompetenzen in der Gehaltsverhandlung wurde durch folgende Items abgebildet: „Meine Fragen wurden beantwortet", „Ich hatte Einfluss auf den Gesprächsverlauf", „Mir wurde zugehört", „Die Redeanteile waren ausgeglichen", „Ich konnte die Inhalte des Gesprächs bestimmen", „Ich konnte alle Fragen stellen", „Ich konnte alle meine Argumente darlegen" und „Ich konnte alle Fragen beantworten".

5 Sicherlich wäre es interessant gewesen, gerade bei den Variablen, die auf die Interaktion der Verhandlungspartner abzielen, eine Differenzierung auch nach dem Geschlecht des/ der Vorgesetzten vorzunehmen, das musste jedoch aufgrund der insgesamt sehr geringen Zahl weiblicher Vorgesetzter unterbleiben: Von allen erfolgreichen VerhandlerInnen (n = 211) verhandelten 91% mit einem männlichen Vorgesetzten.

4. Diskussion: Zwei Modelle erfolgreichen Verhandelns und ein „Strategie-Paradoxon"

Neben den bisher dargestellten bivariaten Analysen haben wir auch eine multivariate Analyse mit einer logistischen Regression (Logit-Modell) durchgeführt. Die abhängige Variable in unserem Modell ist der Verhandlungserfolg.[6] Als unabhängige Variable haben wir diejenigen Merkmale in das Modell einbezogen, bei denen wir aufgrund unseres Vorverständnisses von einem relevanten Einfluss auf den Verhandlungserfolg ausgehen konnten.[7] Neben verschiedenen Einzelvariablen wurde ein „Harvard-Index" im Modell berücksichtigt, um die Auswirkungen dieser Win-Win-Strategie auf den Verhandlungserfolg bei Gehaltsverhandlungen zu untersuchen. Der Harvard-Index ist als Summenindex aus fünf Einzelvariablen zusammengesetzt, die das Harvard-Konzept zwar nicht komplett abbilden, aber nach unserer Auffassung geeignete Indikatoren für dieses Verhandlungsmodell (vgl. Fisher et al. 2002) sind.[8]

Die Erfolgsmodelle verdeutlichen noch einmal zentrale Zusammenhänge, die wir bereits als Einzelergebnisse aufgezeigt haben, etwa die Bedeutung einer erfolgsgewissen Haltung vor dem Verhandlungsgespräch und die zentrale Rolle kommunikativer Kompetenzen. Darüber hinaus lieferten sie einige weitere interessante Erkenntnisse:

---

6 Als erfolgreich haben wir diejenigen Führungskräfte eingestuft, die in der letzten Gehaltsverhandlung eine Einkommensverbesserung von mindestens 5% erzielt haben und mit dem Verhandlungsergebnis „sehr zufrieden" oder „zufrieden" waren.

7 Hierzu zählten neben den Variablen, die die Verhandlungskompetenzen im Hinblick auf Einstellung/Motivation, Vorbereitung der Verhandlung und Gesprächsführung abbilden, auch solche, die auf persönliche Faktoren (z.B. Alter, Ausbildung), unternehmensbezogene Faktoren (z.B. Unternehmensgröße und Branche) und die persönliche Stellung im Unternehmen (z.B. Anzahl der Mitarbeiter) bezogen sind.

8 Das „Harvard-Konzept" wurde 1979 an der Harvard Law School entwickelt und ist seit dem Erscheinen der Publikation von Roger Fisher und William L. Ury: „Getting to YES: Negotiating Agreement Without Giving In" im Jahr 1981 als Verhandlungsmethode konkurrenzlos. Das Harvard-Konzept beinhaltet eine Einstellung dem Verhandeln gegenüber, die gleichzeitig auf das Verhandlungsergebnis und die Beziehung zum Verhandlungspartner Wert legt – angestrebt wird immer eine Win-Win-Situation.
Der „Harvard-Index", den wir in unserer Untersuchung verwendet haben, ist aus fünf Einzelvariablen zusammengesetzt, die wesentliche Grundideen des Harvard-Konzepts abbilden. Darunter sind drei Variablen, die sich auf die Verhandlungsvorbereitung beziehen („Vorbereitung auf den Gesprächspartner", „zusätzliche Optionen festgelegt" und „Alternativplan entwickelt"), sowie zwei Variablen, die sich auf die Einstellung zum Verhandeln beziehen („Ich habe immer einen Plan B in der Tasche" und „Ich strebe immer eine Win-Win-Situation an").

Erstens zeigte sich, dass „Verhandeln nach dem Harvard-Konzept" sehr empfehlenswert ist. Für Männer, die die diesem Konzept zugrunde liegenden Prinzipien beherzigen, ist die Chance, zu den erfolgreichen Verhandlern zu gehören, um den Faktor 5,761 höher als für Männer, die diesen Prinzipien nicht folgen. Für die Gruppe der Frauen ist der Faktor mit 2,624 zwar kleiner, aber nichtsdestotrotz bemerkenswert (vgl. Abb. 9 und 10).

Abb. 9: Das männliche Erfolgsmodell

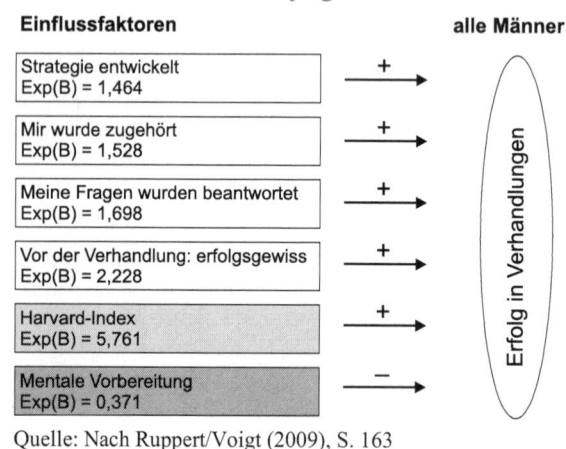

Einflussfaktoren   **alle Männer**

Faktor	Effekt
Strategie entwickelt Exp(B) = 1,464	+
Mir wurde zugehört Exp(B) = 1,528	+
Meine Fragen wurden beantwortet Exp(B) = 1,698	+
Vor der Verhandlung: erfolgsgewiss Exp(B) = 2,228	+
Harvard-Index Exp(B) = 5,761	+
Mentale Vorbereitung Exp(B) = 0,371	−

→ Erfolg in Verhandlungen

Quelle: Nach Ruppert/Voigt (2009), S. 163

Abb. 10: Das weibliche Erfolgsmodell

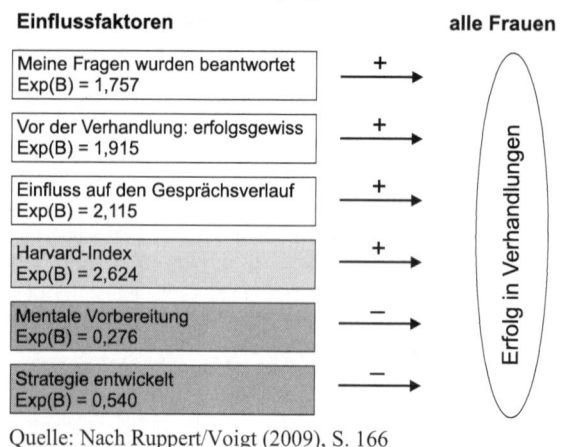

Einflussfaktoren   **alle Frauen**

Faktor	Effekt
Meine Fragen wurden beantwortet Exp(B) = 1,757	+
Vor der Verhandlung: erfolgsgewiss Exp(B) = 1,915	+
Einfluss auf den Gesprächsverlauf Exp(B) = 2,115	+
Harvard-Index Exp(B) = 2,624	+
Mentale Vorbereitung Exp(B) = 0,276	−
Strategie entwickelt Exp(B) = 0,540	−

→ Erfolg in Verhandlungen

Quelle: Nach Ruppert/Voigt (2009), S. 166

Zweitens: Als zentraler Misserfolgsfaktor erwies sich die „mentale Vorbereitung" auf die Gehaltsverhandlung. Aufgrund unseres Untersuchungsdesigns, das keine Möglichkeit bot, näher zu bestimmen, wie diese aussah, können wir hier nur spekulieren. Denkbar wäre, dass die mentale Vorbereitung der Führungskräfte kontraproduktiv war und zu einer zusätzlichen emotionalen Belastung geführt hat, was mit der häufig konstatierten nervösen Grundstimmung vor dem Verhandlungsgespräch korrespondiert. Oder, und diese These halten wir für sehr plausibel, „mental vorbereitet" steht für „gar nicht bzw. schlecht vorbereitet". Diese Interpretation steht im Einklang mit der von uns festgestellten nachlässigen Vorbereitung von Gehalts- und Aufstiegsverhandlungen.

Als drittes – uns sehr überraschendes – Ergebnis der multivariaten Analyse zeigte sich ein „Strategie-Paradoxon": Das Festlegen einer Verhandlungsstrategie im Vorfeld der Gehalts- und Aufstiegsverhandlung erwies sich bei den männlichen Führungskräften als Erfolgsfaktor und bei den weiblichen Führungskräften als Misserfolgsfaktor.

Eine Aufklärung dieses „Strategie-Paradoxons" war aufgrund der Untersuchungsmethode ebenfalls nicht möglich. Ein denkbarer Erklärungsansatz könnte in einem Strategiedefizit von Frauen liegen. Allerdings spricht die Auswertung der (wenigen) Antworten auf die offene Frage („Sie haben angegeben, dass Sie zur Vorbereitung auf das Verhandlungsgespräch eine Strategie entwickelt haben. Bitte erklären Sie uns diese in kurzen Stichworten") zunächst einmal dagegen: Die beschriebenen Strategien der männlichen und weiblichen Führungskräfte sind gleichartig und gleichwertig.

Andere denkbare Erklärungen sind, dass die Umsetzung der vorbereiteten Strategie im Gespräch nicht gelungen ist, dass Frauen an einer vorbereiteten Strategie festgehalten haben, obwohl diese nicht angemessen war, oder dass aufgrund von Rollenerwartungen und Stereotypisierungen gleiche Strategien beim Gesprächspartner unterschiedlich gut ankommen, je nachdem, ob sie von einem Mann oder einer Frau verfolgt werden. Eine plausible These ist in diesem Zusammenhang, dass von weiblichen Führungskräften praktiziertes „hartes", „männliches" Verhandeln nicht den Erwartungen an die weibliche Geschlechterrolle entspricht und daher vom Verhandlungspartner negativ sanktioniert wird.

Fazit und Ausblick

Unsere zentrale Forschungsfrage lautete: Gibt es einen Zusammenhang zwischen geschlechtstypischen Verhandlungskompetenzen und dem Ergebnis von Gehalts- und Aufstiegsverhandlungen? Diese Frage beantworten wir mit ja. Im Rahmen unserer empirischen Studie konnten wir zeigen, dass sich etliche geschlechtstypische Unterschiede in Verhandlungsverhalten und Verhandlungskompetenzen auffinden lassen, die sich negativ auf den Erfolg weiblicher Führungskräfte bei Gehalts- und Aufstiegsverhandlungen auswirken. Wir gehen demnach davon aus, dass geschlechtstypisches Verhandlungsverhalten tatsächlich ein Schlüssel für die Karriere ist. Den Einfluss anderer Faktoren auf den Aufstieg und das Einkommen weiblicher Führungskräfte, die wir eingangs dargestellt haben, möchten wir mit dieser Aussage selbstverständlich nicht bestreiten. Es geht uns vielmehr darum, dem sehr komplexen Erklärungsmuster einen Baustein hinzuzufügen, der zumindest in einer Hinsicht erheblichen Charme besitzt: Er verweist auf Handlungsspielräume und Potentiale, die weibliche Führungskräfte nutzen können, um ihre Karriere und ihr Gehalt positiv zu beeinflussen.

Auf der Basis unserer Ergebnisse sehen wir vier zentrale Handlungsfelder: Das Initiieren von Gehaltsverhandlungen, die Einstellung zum Verhandeln, die Vorbereitung des Verhandlungsgesprächs und die kommunikativen Kompetenzen.

Im Hinblick auf das Initiieren von Gehaltsverhandlungen stellten wir fest, dass der wichtigste Anlass hierfür die Steigerung der eigenen Leistung war. Wir vermuten, dass durch diese auf die eigene Person bezogene Perspektive externe Umstände nicht genügend berücksichtigt und damit Chancen nicht erkannt werden. Demnach empfehlen wir, das Potential günstiger Rahmenbedingungen in den Mittelpunkt der Aufmerksamkeit zu rücken und auch kontextbezogene Anlässe, z.B. die Veränderung der Organisationsstruktur oder ein gutes Firmenergebnis, zu berücksichtigen. In diesem Punkt sehen wir für beide Geschlechter eine Verbesserungsmöglichkeit im Hinblick auf das Verhandlungsverhalten.

Viele Führungskräfte – und ganz besonders Frauen – stehen dem Thema Verhandeln reserviert gegenüber. Sie verhandeln nicht gerne und schon gar nicht gerne um Gehalt und Aufstieg. Gleichzeitig nehmen es viele Führungskräfte persönlich, wenn sie in der Gehaltsverhandlung nicht den gewünschten Erfolg erzielen. Gerade Letzteres gilt es zu hinterfragen, da ein Misserfolg nicht zwangsläufig in der eigenen Person begründet liegt, sondern hierfür viele andere Faktoren (z.B. die schlechte wirtschaftliche Lage des Unternehmens) ursächlich sein können. In der Entwicklung einer positiven Einstellung zum Führen von Gehaltsverhandlungen und dem sportlichen Umgang mit Misserfolg sehen wir daher noch viel Potential.

Auch im Hinblick auf die Vorbereitung von Gehaltsverhandlungen bestehen viele Verbesserungsmöglichkeiten. Dies gilt für die Qualität der Verhandlungsvorbereitung hinsichtlich der verschiedenen Elemente, die diese idealerweise umfassen sollte, ebenso wie für die mentale Einstimmung auf das Verhandlungsgespräch, um in diesem eine selbstbewusste und erfolgssichere Haltung einzunehmen.

Als Schlüssel zum Erfolg von Gehalts- und Aufstiegsverhandlungen hatten wir die kommunikativen Kompetenzen der Führungskräfte identifiziert und gleichzeitig festgestellt, dass es Frauen schlechter gelingt, das Verhandlungsgespräch zu steuern. Die Verbesserung der kommunikativen Kompetenzen, z.B.

durch Training von Argumentations- und Fragetechnik, ist daher ein wichtiger Ansatzpunkt und dürfte sich positiv auf die Ergebnisse von Gehalts- und Aufstiegsverhandlungen auswirken.

Der von uns gewählte Forschungsansatz (quantitatives Untersuchungsdesign, Online-Befragung) hat allerdings nicht nur Fragen beantwortet, sondern auch neue aufgeworfen. Seine Grenze hat er vor allem in der fehlenden Möglichkeit, in die Tiefe zu gehen und bei überraschenden Ergebnissen weiter nachzufragen, wie dies z.B. bei persönlich geführten Intensivinterviews möglich gewesen wäre. Hierzu nur ein für uns besonders hervorstechendes Beispiel: Das Entwickeln einer Strategie zur Vorbereitung der Gehalts- und Aufstiegsverhandlung erwies sich als Erfolgsfaktor für die Männer und als Misserfolgsfaktor für die Frauen. Dieses Phänomen konnten wir zwar interpretieren, aber nicht abschließend erklären.

Daher ist unser nächstes Forschungsziel die Aufklärung dieses „Strategie-Paradoxons". Es geht in unserem aktuellen Projekt um die Identifizierung und das vertiefte Verständnis derjenigen Verhandlungsstrategien, die zum Erfolg bzw. Misserfolg weiblicher Führungskräfte in Gehaltsverhandlungen führen. Hierbei soll die Interaktion zwischen den Verhandlungspartnern und dabei wirksam werdende Rollenerwartungen und -stereotype der Akteure einbezogen werden. Hierfür entwickeln wir derzeit ein experimentelles Forschungsdesign. Aufbauend auf dieser derzeit in der Konzeptionsphase befindlichen empirischen Untersuchung sollen zum einen weitere konkrete Handlungsempfehlungen für weibliche Führungskräfte entwickelt werden, um deren Chancen auf eine erfolgreiche Durchsetzung ihrer Gehaltsvorstellungen zu steigern. Zum anderen möchten wir mit unseren Forschungsergebnissen ArbeitgeberInnen für unterschiedliches Verhandlungsverhalten von Männern und Frauen sensibilisieren und ihnen Vorschläge dazu machen, wie sie in ihren Unternehmen etablierte Rahmenbedingungen von Gehaltsverhandlungen sowie Vorgaben für den Verhandlungsprozess selbst auf diskriminierende Faktoren überprüfen, geschlechtersensibel ausrichten und damit die Erreichung formulierter Gleichstellungsziele fördern können.

Literatur

Babcock, Linda/Laschever, Sara 2007: Women don't ask. The High Cost of Avoiding Negotiation – and Positive Strategies for Change. New York

Barron, Lisa A. 2003: Ask und you shall receive. Gender differences in negotiator's beliefs about requests for a higher salary. In: Human Relations, Jg. 56, H. 6, S. 635–661

Beblo, Miriam/Ohlert, Clemens/Wolf, Elke 2011: Logib-D und die Entgeltunterschiede zwischen Männern und Frauen in deutschen Betrieben – eine Abschätzung des politischen Handlungsfeldes. In: Zeitschrift für Arbeitsmarktforschung, Jg. 44, H. 1–2, S. 43–52

Becker, Gary S. 1993: Human Capital. New York

Brinktrine, Ralf/Schneider, Hendrik 2008: Juristische Schlüsselqualifikationen. Heidelberg

Bundesministerium für Familien, Senioren, Frauen und Jugend 2010: Verringerung des Verdienstabstandes zwischen Männern und Frauen. Berlin

Calhoun, Patrick S./Smith, William P. 1999: Integrative Bargaining: Does Gender Make a Difference? In: Ely, Robin J./Foldy, Erica Gabrielle/Scully, Maureen A. (Hg.) 1999: Reader in Gender, Work, and Organization. Malden u.a.O., S. 108–117

England, Paula 1992: Comparable Worth: Theories and Evidence. New York

Eurostat 2008: Structure of Earnings Survey 2006 and national sources, abgedruckt in Bundesministerium für Familien, Senioren, Frauen und Jugend 2010, S. 4

Fisher, Roger/Ury, William/Patton, Bruce 1981: Getting to YES: Negotiating Agreement without Giving In. Boston

Fisher, Roger/Ury, William/Patton, Bruce 2002: Das Harvard-Konzept. Sachgerecht verhandeln – erfolgreich verhandeln (21. Auflage). Frankfurt/M.

Foschi, Martha 1996: Double Standards in the Evaluation of Men and Women. In: Social Psychology Quaterly, Jg. 59, H. 3, S. 237–254

Garfinkel, Harold 1967: Studies in ethnomethodology. Englewood Cliffs

Gerhart, Barry/Rhynes, Sara 1991: Determinants and consequences of salary negotiations by male and female MBA graduates. In: Journal of Applied Psychology, Jg. 76, H. 2, S. 256–262

Gmür, Markus 2004: Was ist ein „idealer Manager" und was eine „ideale Managerin"? Geschlechterrollenstereotypen und ihre Bedeutung für die Eignungsbeurteilung von Männern und Frauen in Führungspositionen. In: Zeitschrift für Personalforschung, Jg. 18, H. 4, S. 396–417

Gneezy, Ury/Niederle, Muriel/Rustichini, Aldo 2003: Performance in competitive environments: Gender differences. In: Quarterly Journal of Economics, Jg. 118, H. 3, S. 1049–1074

Goffman, Erving 1977: Rahmen-Analyse. Ein Versuch über die Organisation von Alltagserfahrungen. Frankfurt/M.

Herzlieb, Heinz-Jürgen 2000: Erfolgreich verhandeln und argumentieren. Berlin

Holst, Elke/Busch, Anne 2009: Der „Gender Pay Gap" in Führungspositionen der Privatwirtschaft in Deutschland. SOEPpapers on Multidisciplinary Panel Data Research 169. Berlin

Jüngling, Christiane/Rastetter, Daniela 2009: Machtpolitik oder Männerbund? Widerstände in Organisationen gegenüber Frauen in Führungsposition. In: Fröse, Marlies W./Szebel-Habig, Astrid (Hg.): Mixed Leadership: Mit Frauen in die Führung! Bern u.a.O., S. 131–146

Kilbourne, Barbara/England, Paula/Farkas, George/Beron, Kurt/Weir, Dorothea 1994: Return to Skill, Compensating Differentials, and Gender Bias: Effects of Occupational Characteristics on the Wages of White Women and Men. In: American Journal of Sociology, Jg. 100, H. 3, S. 689–719

Lewicki, Roy J./Saunders, David M./Barry, Bruce 2006: Negotiation. Boston u.a.O.

Liebeskind, Uta 2004: Arbeitsmarktsegregation und Einkommen – vom Wert weiblicher Arbeit. In: Kölner Zeitschrift für Soziologie und Sozialpsychologie, Jg. 56, H. 4, S. 630–652

Nadler, Marjorie Keeshan/Nadler, Lawrence B. 1987: The Influence of Gender on Negotiation Success in Asymmetric Power Situations. In: Nadler, Lawrence B./Nadler, Marjorie Keeshan/Todd-Mancillas, William R. (Hg.): Advances in Gender and Communication Research. Lanham, S. 189–218

Niederle, Muriel/Vesterlund, Lise 2007: Do women shy away from competition? Do men compete too much? In: Quarterly Journal of Economics, Jg. 122, H. 3, S. 1067–1101

Örs, Evren/Palomino, Frédéric/Peyrache, Eloic 2008: Performance Gender-Gap: Does Competition Matter? Discussion Paper No. 6891, Centre for Economic Policy Research, London. Internet: www.cepr.org/pubs/dps/DP 6891.asp [26.04.2011]

Projektgruppe GiB 2010: Geschlechterungleichheiten im Betrieb. Arbeit, Entlohnung und Gleichstellung in der Privatwirtschaft. Berlin

Ridgeway, Cecilia L. 2001: Interaktion und die Hartnäckigkeit der Geschlechter-Ungleichheit in der Arbeitswelt. In: Heintz, Bettina. (Hg.): Geschlechtersoziologie. Sonderheft 41 der Kölner Zeitschrift für Soziologie, S. 250–275

Ruppert, Andrea/Voigt, Martina 2009: Gehalt und Aufstieg. Mythen – Fakten – Modelle erfolgreichen Verhandelns. Aachen

Strunk, Guido/Hermann, Anett 2009: Berufliche Chancengleichheit von Frauen und Männern. Eine empirische Untersuchung zum Gender Pay Gap. In: Zeitschrift für Personalforschung, Jg. 23, H. 3, 237–257

Stuhlmacher Alice F./Walters, Amy E. 1999: Gender differences in negotiation outcomes: A meta-analysis. In: Personell Psychology, Jg. 52, H. 3, S. 653–667

Tannen, Deborah 1997: Job Talk. Wie Frauen und Männer am Arbeitsplatz miteinander reden. München

Wade, Mary E. 2001: Women and Salary Negotiation: The Costs of Self-Advocacy. In: Psychology of Women Quarterly, Jg. 25, H. 1, S. 65–76

Walters, Amy E./Stuhlmacher, Alice F./Meyer, Lia L. 1998: Gender and negotiator competitiveness: A meta-analysis. In: Organizational Behavior und Human Decision Processes, Jg. 76, H. 1, S. 1–29

Watson, Carol 2003: Gender versus power as a predictor of negotiation behavior and outcomes. In: Ely, Robin J./Foldy, Erica Gabrielle/Scully, Maureen A. (Hg.): Reader in Gender, Work, and Organization. Malden u.a.O., S. 118–128

Wippermann, Carsten 2010: Frauen in Führungspositionen, Barrieren und Brücken. Heidelberg

„... und schon gar nicht Tränen einsetzen"
Gender, Emotionsarbeit und Mikropolitik im Management

Doris Cornils, Daniela Rastetter

1. Einleitung

Eine These im Forschungsvorhaben „Mikropolitik und Aufstiegskompetenz von Frauen" lautet, dass das mikropolitische Wissen über und der bewusste Umgang mit Emotionen für Frauen während ihres Aufstiegs in Führungspositionen hohe Relevanz besitzt. Im Beitrag soll deshalb die Frage verfolgt werden, welche Emotionsregeln im Management wirken. Diese werden hinsichtlich ihrer geschlechtstypischen Besonderheiten analysiert und in den Zusammenhang von Emotionsarbeit im Management gestellt.

Dienstleistende wissen, wovon bei Emotionsarbeit die Rede ist: Kundenservice bedeutet, den KundInnen positive Gefühle zu vermitteln bzw. in ihnen zu wecken. Ein Lächeln, der bewusste Einsatz einer offenen, interessierten Gestik und Mimik, eine freundliche Stimme dienen dabei als ihr Werkzeug. Hinter diesem Einsatz von Emotionen stehen ökonomische Interessen, denn die KundInnen sollen sich durch die Erzeugung von Wohlgefühl immer wieder aufs Neue für diesen und keinen anderen Dienstleister entscheiden – und dieses gelingt wirksam mittels Emotionsarbeit am Kunden.

Wenn Emotionsarbeit ins Forschungsinteresse rückt, dann bislang in erster Linie mit dem Fokus auf den Dienstleistungsbereich. Dieser eignet sich besonders gut zur Beantwortung der Frage, welche Fertigkeiten Beschäftigte ungeachtet der eigenen emotionalen Verfasstheit dazu befähigen, sich permanent um eine positive Beziehung zu den KundInnen zu kümmern. Das Dauerlächeln der FlugbegleiterInnen zählt zu einem renommierten Beispiel für Emotionsarbeit als Serviceleistung zwecks Sicherstellung von Kundenzufriedenheit und Kundenbindung.

Wenig bekannt und erforscht ist hingegen die Frage von Emotionsarbeit im Management.[1] Hierbei handelt es sich um Emotionsarbeit gegenüber Vorgesetzten, KollegInnen und MitarbeiterInnen, aber auch gegenüber Geschäftspartne-

---

1 Einer der wenigen Beiträge aus der Managementforschung zu Emotionsarbeit stammt von Conrad (1991); zu Emotionen und Management vgl. Sieben (2007) und Schreyögg/ Sydow (2001).

rInnen oder -kundInnen. Im Management herrschen Emotionsnormen, die den beteiligten AkteurInnen bekannt sein und von ihnen eingehalten werden müssen, um beruflich erfolgreich zu sein. „... und schon gar nicht Tränen einsetzen" zählt zu den Emotionsregeln für Führungskräfte. In diesem Fall liegt der strategische Gewinn der mikropolitischen AkteurInnen nicht im Einsatz von Emotionen, sondern im Verzicht auf den taktischen Einsatz von Tränen (als Emotionsausdruck).

Da dem Handeln von Organisationsmitgliedern immer auch persönliche Interessen zugrunde liegen, werden Emotionen mit dem Ansatz der Mikropolitik verknüpft. Mikropolitik ist „das Arsenal jener alltäglichen ‚kleinen' (Mikro) Techniken, mit denen Macht aufgebaut und eingesetzt wird, um den eigenen Handlungsspielraum zu erweitern" (vgl. Neuberger 1995, S. 14). Mikropolitik wird überall dort relevant, wo Macht eine Rolle spielt – damit auch in Führungspositionen von Unternehmen. Gerade im Führungsbereich, der eine weitgehend veränderungsresistente Männerdomäne darstellt, stellt sich die Frage nach Ungleichheit zwischen den Geschlechtern auch im Hinblick auf die Chancen und Hindernisse von Frauen beim Aufstieg in Führungspositionen.

Im Beitrag wird nachfolgend in das Forschungsprojekt „Mikropolitik und Aufstiegskompetenz von Frauen" eingeführt. Im Rahmen des methodisch aufwendigen Gesamtdesigns wurden qualitative Interviews mit männlichen und weiblichen Führungskräften sowie mit weiblichen Nachwuchsführungskräften geführt. Darin wurden sie nach ihren mikropolitischen Strategien befragt, u.a. zum Thema Emotionen. Zwecks Einordnung der vorliegenden Befunde wird das methodische Gesamtdesign vorgestellt.

Emotion als Bestandteil von Mikropolitik findet sich im Handlungsstrukturmodell nach Neuberger (2006) wieder. Eine Verknüpfung mit dem Theorieansatz der Emotionsarbeit sowie der systematische Einbezug der Kategorie Gender erweisen sich hinsichtlich der oben genannten These als hilfreich. Die theoretischen Ausführungen werden an einem Fallbeispiel aus der Coachingintervention illustriert und münden in der Darstellung der fallbezogenen Erfolgsbilanz der Intervention.

2. Das Forschungsprojekt „Mikropolitik und Aufstiegskompetenz von Frauen"

„Mikropolitik und Aufstiegskompetenz von Frauen" ist ein Teilvorhaben des BMBF-Verbundprojekts „Aufstiegskompetenz von Frauen: Entwicklungspotentiale und Hindernisse auf dem Weg zur Spitze".[2] Im Zentrum des Teilvorhabens

---

2 Das Projekt wird für die Dauer von drei Jahren aus Mitteln des BMBF und aus dem Europäischen Sozialfonds (ESF) der EU gefördert.

stand eine Coachingintervention, in deren Rahmen 30 weibliche Nachwuchsführungskräfte ein eigens für das Projekt entwickeltes mikropolitisches Coaching über einen Zeitraum von einem halben Jahr erhielten. Bestandteil der Coachingintervention waren drei Gruppen- und zwei Einzelsitzungen pro Teilnehmerin. Während Gruppensitzungen als kollektives Forum zum Austausch von Erfahrungen der Vereinzelung von Frauen entgegenwirken und die Chance zur Solidarisierung und gegenseitigen Unterstützung eröffnen, kann in Einzelcoachingsitzungen die Begleitung und Unterstützung von Frauen in Führungs- und Managementfunktionen (vgl. Looss/Rauen 2005, S. 157) individuell erfolgen. Hypothetischer Ausgangspunkt der Coachingintervention war, dass das Wissen um Mikropolitik und der kompetente Umgang mit Mikropolitik notwendige Bedingungen für Frauen sind, um in betrieblichen Hierarchien aufzusteigen. Weiter wurde davon ausgegangen, dass das gezielte Coaching mikropolitischer Kompetenzen[3] die individuellen Handlungsspielräume erweitert und sich dieses wiederum positiv auf den Aufstieg von Frauen in Führungspositionen auswirken würde. Ziel der Studie war und ist, neben der theoretischen Weiterentwicklung des Konzepts Mikropolitik durch den Bezug zu Gender eine Antwort auf die Frage zu erhalten, ob ein mikropolitikorientiertes Coaching Frauen auf dem Weg zu Führungsspitzen unterstützt (vgl. Cornils/Rastetter 2010, S. 20).

2.1 Methodische Anlage der Studie

Da die Bedeutung von Mikropolitik für Frauen in Karrierepositionen bislang kaum untersucht wurde (Ausnahmen sind z.B. Schiffinger/Steyrer 2004; Mayrhofer et al. 2005; Edding 2009) und darüber hinaus offenbleibt, ob und warum Männer und Frauen auf unterschiedliche mikropolitische Strategien im beruflichen Handeln zurückgreifen, zielte die Explorationsphase der vorliegenden Untersuchung – mit Fokus auf die Kategorie Gender – auf die Identifikation von Modellsituationen ab, in denen mikropolitische Kompetenz in Führungspositionen gefordert ist. Zu Beginn der Studie wurde deshalb mit 26 Frauen und Männern in Topmanagementpositionen der freien Wirtschaft[4] eine Mischform aus „systematisierenden Experteninterviews" und „theoriegenerierenden Experteninterviews" (vgl. Bogner/Menz 2009, S. 64ff.) geführt. Dieser Interviewmix hat

---

3 Siehe Kapitel 3.
4 Alle an der Studie teilnehmenden Personen sind in Großunternehmen der freien Wirtschaft beschäftigt. Das Sample begründet sich vor dem Hintergrund, dass sich der Aufstieg für Frauen in Spitzenpositionen in großen privatwirtschaftlichen Unternehmen in Deutschland wesentlich schwieriger gestaltet als in KMU. Während jede vierte Frau in Kleinbetrieben an die Führungsspitze gelangt, liegt nach aktuellen Zahlen des Instituts für Arbeits- und Berufsforschung (IAB) der Anteil in großen Unternehmen bei gerade einmal 9% (vgl. Fischer et al. 2009; Cornils/Rastetter 2011, S. 90).

erstens den Vorteil, dass die Befragten als ExpertInnen von „spezifisch gültigen Kenntnissen und Informationen" fungieren, und zweitens, dass die „‚subjektive Dimension' des Expertenwissens" (ebd., S. 66) als Ausgangspunkt induktiver Theoriebildung herangezogen werden kann.

Aus den Interviews konnten die folgenden sieben mikropolitischen Handlungsfelder als aufstiegsrelevant identifiziert werden:

1. Vereinbarkeit von Karriere und Familie/Work-Life-Balance,
2. Netzwerken/Koalitionen bilden,
3. Selbstdarstellung,
4. Emotionen,
5. Unternehmenskultur,
6. Körperlichkeit und
7. Verhältnis zur Macht (vgl. Cornils/Rastetter 2010, S. 20).

Sie bildeten den Ausgangspunkt für die qualitativen (Prätest-)Interviews mit 30 weiblichen Nachwuchsführungskräften, die an der Intervention teilnahmen, und dienten außerdem als Basis für die inhaltliche Konzeption der Coachingsitzungen. Die Coachingphase schloss mit einer zweiten Interviewphase ab, die die individuelle Erfolgsmessung (Posttest) und Bewertung der mikropolitischen Intervention zum Gegenstand hatte.

Um individuelle Verläufe von Veränderungen während der Intervention detailliert abbilden zu können, wurde neben einem Prä-Posttest-Vergleich (vgl. Schmidt/Otto 2010, S. 235) im Sinne der Verlaufsforschung Folgendes evaluiert (vgl. Haubl 2009, S. 199):

- Dokumentation der Einzel- und Gruppencoachingsitzungen: Sie erfolgte für alle Sitzungen aus der Perspektive der Teilnehmerinnen und der Coaches. Die Dokumentation der Einzelsitzungen hatte eine Kurzdarstellung der behandelten Thematiken, der mikropolitischen Strategieanwendungen, der Bewertung der Sitzung („interne Bewertung", vgl. ebd.) sowie der Formulierung der Ziele („externe Erfolgskriterien", ebd.) zum Inhalt. Bei der Dokumentation der Gruppencoachingsitzungen standen die Bewertung der Sitzungen und die in der Gruppe getroffenen Vereinbarungen im Mittelpunkt.
- Aufzeichnung von Einzel- und Gruppensitzungen: Zwecks Einblick in den Ablauf der Coachingsitzungen wurden ausgewählte Einzel- und Gruppensitzungen aufgezeichnet. Das Material dient als Grundlage für eine Mikroanalyse der Wirk- und Erfolgsfaktoren des Coachings (vgl. ebd., S. 200).
- Erinnerte Episoden: Die Teilnehmerinnen verfassten – ähnlich wie bei der Methode der „critical incidents" (Flanagan 1954) – im Zeitraum der Intervention Episoden in Form von im Berufsalltag erlebten mikropolitischen Situationen. Es galt eine Situation zu beschreiben, die aus Perspektive der Coachees mikropolitisch besonders günstig im Sinne einer erfolgreichen

(Inter-)Aktion verlief, sowie eine, die von den Teilnehmerinnen als besonders ungünstig interpretiert wurde.
- Teilnehmende Beobachtung und Gruppendiskussion: Die zweite Gruppensitzung behandelte fokussiert das Thema Verhältnis und Umgang mit Macht und wurde mit der Methode der offenen teilnehmenden Beobachtung (vgl. Lamnek 1989, S. 245) begleitet.[5] Zum Einstieg in die Gruppendiskussion (vgl. Flick 2010, S. 250; auch Bohnsack 2006 sowie Lamnek 2005) erhielten die Teilnehmerinnen eine fiktive Vignette aus der Arbeitswelt, die den Zusammenhang Macht, Geschlecht, Mikropolitik und Aufstieg zum Gegenstand hatte.
- Gruppendiskussion und Einzelfallbesprechungen: Nach Ende der Coachingintervention wurden mit den Coaches eine Gruppendiskussion zum Zweck der Reflexion und Bewertung der Intervention sowie ein Interview zwecks Einzelfallbesprechungen durchgeführt.
- Follow-Up-Messung: Ein Dreivierteljahr nach Ende der Coachingintervention (Mitte 2011) erfolgte eine sog. quantitative Follow-Up-Messung. Erhoben wurde, ob Langzeitwirkungen (z.B. Aufstieg oder verbesserte Ausstattung des Arbeitsplatzes) von der mikropolitischen Intervention ausgehen.[6]

Gerahmt wurde der Forschungs- und Auswertungsprozess von Ansatzpunkten der Grounded Theory (Strauss/Corbin 1996): die prozessuale Evaluation, das Kodierprozedere (offenes, axiales und selektives Kodieren) und die gegenstandsverankerte Theoriebildung. Für die Ermittlung des individuellen und kollektiven Coachingbedarfs aus den ersten qualitativen Interviews mit den Coachees war die Methode der „zusammenfassenden Inhaltsanalyse" (vgl. Mayring 2009, S. 472; auch Mayring 1997) hilfreich. Die im Forschungsvorgehen angewandte methodische Triangulation („between-method" nach Denzin 1989, S. 237ff.) wurde an denselben (Einzel-)Fällen (hier: Teilnehmerinnen) angewandt – für Flick die konsequenteste Form der Methodentriangulation (vgl. Flick 2004, S. 316). Permanenter Fallvergleich und -kontrastierung sollen in einer „Konstruktion empirisch begründeter Typenbildung" (vgl. Kelle/Kluge 1999, S. 6) münden, welche als „Heuristiken der Theoriebildung" (ebd., S. 9) dienen.

---

5   Analyseergebnisse der ersten Interviewbefragung weisen darauf hin, dass die Coachingteilnehmerinnen gehäuft ein ablehnendes Verhältnis zum persönlichen Umgang mit Macht thematisierten (vgl. Cornils/Rastetter 2010). Unter Einsatz der genannten Methoden wurde dieses Phänomen im Sinne einer prozessualen Evaluation (angelehnt an das Forschungsverständnis der Grounded Theory) vertiefend untersucht (Ergebnisse aus dieser Evaluation siehe Jüngling/Rastetter 2011).
6   Eine umfassende Auswertung der Befragung steht noch aus und konnte deshalb in diesem Beitrag nicht berücksichtigt werden. Die Entwicklung der in den quantitativen Befragungen eingesetzten Skalen erfolgte zum Teil im Forschungsprojekt (siehe weiterführend Mucha 2011).

3. Mikropolitisches Handlungsstrukturmodell nach Neuberger

Der Führungsforscher Oswald Neuberger entwickelte ein mikropolitisches Handlungsstrukturmodell, das zahlreiche theoretisch-empirische Anknüpfungspunkte ermöglicht (vgl. Neuberger 2006, S. 237ff.). Der explizite Einbezug der Kategorie Gender stellt jedoch auch in diesem theoretischen Ansatz eine Leerstelle dar. Im Folgenden wird deshalb zunächst die Grundlegung des Modells erläutert und in einem weiteren Schritt durch den Theorieansatz der Emotionsarbeit (vgl. Hochschild 1990; Rastetter 2008) sowie mittels der Kategorie Gender erweitert.

Neuberger legt seinen konzeptionellen Überlegungen eine interpersonelle Perspektive zugrunde und betrachtet auf Basis handlungstheoretischer Überlegungen „jene subsystemischen Domänen, die als Mittel, Methoden und Ziele von Einflussversuchen in Frage kommen" (Neuberger 2006, S. 237). Den interaktionalen Aspekt mikropolitischen Handelns übersetzt Neuberger mit der „dyadischen Grundstruktur einer Einflusssituation" (ebd., S. 242). Vereinfacht schematisch dargestellt, zeichnet sich die Dyade jeder mikropolitischen Situation durch (mindestens) eine Einfluss ausübende Person (AkteurIn A) und eine Zielperson (AkteurIn Z) aus, die von A beeinflusst wird. Bedeutsam in diesem Zusammenhang ist das Machtverständnis, das diesen Überlegungen zugrunde liegt und sich an die Definition von Max Weber anlehnt:

> „Macht bedeutet jede Chance, innerhalb einer sozialen Beziehung den eigenen Willen auch gegen Widerstreben durchzusetzen, gleichviel, worauf diese Chance beruht." (Weber 1972, S. 28)

Das heißt, der „Einfluss-Ausübende Akteur A versucht durch/mittels Akteur Z [...] seinen Zweck zu erreichen" (Neuberger 2006, S. 237), indem er den eigenen Willen auch gegen das Widerstreben von AkteurIn Z durchsetzt. Um mikropolitischen Einfluss geltend zu machen und um zu ermitteln, ob der Einflussversuch Erfolg verspricht, prüft Person A, bevor sie handelt, zunächst die eigene Situation und im zweiten Schritt die Situation von Z. Diese Matrix verschiedener Einflussrichtungen wird im mikropolitischen Handlungsalltag noch komplexer, weil AkteurIn A gleichzeitig auch Einflussversuchen von anderen Personen ausgesetzt ist und noch allgemeiner betrachtet X-AkteurInnen parallel mikropolitisch interagieren. Diese Basisstruktur wird vor dem Hintergrund der strukturellen Bedingungen von Handlungsmöglichkeiten durch zusätzliche Annahmen erweitert. Es werden die folgenden *acht* Komponenten unterschieden, „von denen angenommen wird, dass sie die Wahl der Einflusstaktiken bzw. Reaktionen auf sie konditionieren" (ebd., S. 246).

Körperlichkeit: Vor dem Hintergrund, dass Fitness, gutes Aussehen, Sportlichkeit, Ernährung und Vitalität für ManagerInnen einen hohen Stellen- und Selektionswert besitzen, erscheint die Ignoranz gegenüber Körperlichkeit – Kurzformel „ich bin verkörpert" – umso verwunderlicher (vgl. Neuberger 2006, S. 260). Was Neuberger hier allgemein anspricht, wurde von GenderforscherInnen schon lange konstatiert: Innerhalb der Führungs- und Organisationsforschung wird Körperlichkeit kaum reflektiert (vgl. u.a. Witz 1992; Rastetter 1994). Hinzu kommt, dass in den Führungsetagen nicht geschlechtslose Körper agieren, sondern durch heteronormative Sozialisationsprozesse vergeschlechtlichte Frauen und Männer (vgl. weiterführend Halford et al. 1997; Hassard et al. 2000; Wilz 2002). Hinsichtlich der Unterrepräsentanz von Frauen im Topmanagement spielt die Integration der Dimension des vergeschlechtlichten Körpers innerhalb der Führungsforschung eine zentrale Rolle. Daten aus der vorliegenden Studie belegen die Bedeutsamkeit entlang zahlreicher sexualisierender Erfahrungen im Berufsalltag der (Nachwuchs-)Führungsfrauen. Managerinnen berichten außerdem von Erlebnissen, dass sie aus männerbündischen Netzwerktreffen, z.B. durch die Wahl der Orte (Bars im Rotlichtmilieu, Sauna, Golfplatz) oder dem Rahmenprogramm (sexuelle Dienstleistungen, Jagd), ausgeschlossen werden (vgl. Rastetter/ Cornils 2012). Auch in den für Führungskräfte wesentlichen erweiterten Verkörperlichungsaspekten der Materialisierung durch Kleidung (Dresscode), Ausstattung und Lage des Büros, Firmenwagen usw. sind implizite Geschlechtercodes enthalten, die die InsiderInnen kennen und beachten müssen. Mikropolitisches Handeln in Organisationen zeichnet sich demnach nicht nur im Allgemeinen, sondern auch im genderspezifischen Sinne durch Körperlichkeit und Verkörperung (Materialisierung) aus.

Kognition: Da mikropolitischen Einflussversuchen die Absicht der Veränderung innewohnt, setzen sie Wissen darüber voraus, was beeinflusst werden soll. Neuberger fasst das Merkmal Kognition unter der Aussage „Ich weiß" zusammen.

„Gemeint ist damit, dass, wer Einflusserfolg haben will, Informationen und explizites oder implizites/tazites Wissen braucht, Gedächtnis haben und Voraus-Sicht zeigen muss." (Neuberger 2006, S. 265)

Motivation: Mit der Kurzformel „Ich will" soll erfasst werden, dass MikropolitikerInnen mit ihren Handlungen Motive, Ziele und Anliegen verfolgen. Um die Chancen für eine Zielerreichung zu erhöhen, muss die Person sich einsetzen, ausdauernd sein, evtl. Widerstände überwinden (ebd., S. 272). Es gilt jedoch nicht nur die eigenen Interessen, sondern auch jene der anderen möglichst umfassend zu (er-)kennen. Denn fremdes Handeln ist nur dann beeinflussbar, wenn die Interessen bekannt sind und auf diese Einfluss genommen werden kann.

Institutionen: Im Innenbereich von Organisationen sind Handlungen und Beziehungen durch Normen, Regeln und Werte vorstrukturiert. Institutionen „regeln vorab und für alle verbindlich, was in typisierten Situationen erlaubt und verboten ist und ersetzen damit zeit- und ressourcenaufwändige und schlecht prognostizierbare Aushandlungsprozesse" (ebd., S. 292). Jede in einer Organisation handelnde Person ist folglich Teil einer apersonalen Ordnung, die sowohl allgemeine Organisationswerte und -regeln, Geschlechter- und Arbeitsordnungen, implizite Gesetze wie Sitzordnungen als auch Kleiderordnungen umfasst.

Relationen: Mikropolitisches Handeln basiert auf sozialer Interaktion und ist an diese geknüpft, d.h., die Handelnden stehen und agieren in Beziehung zu- und miteinander. Das Spannungsfeld für mikropolitische Interventionen offenbart sich in den (oftmals) unbekannten Erwartungen, die an eine Person gerichtet sind und von ihr wiederum an andere gerichtet werden. Die Erwartungen von organisationalen Bezugspersonen, wie KollegInnen, Vorgesetzte etc. sind unklar, widersprüchlich, unbekannt – somit eine „Ungewissheitszone" (Crozier/ Friedberg 1979, S. 43) für alle mikropolitischen AkteurInnen. Ein weiterer Aspekt mikropolitischer Interaktion liegt darin begründet, dass Entscheidungen sozial verhandelt werden. Dabei kann nicht immer mit UnterstützerInnen, sondern es muss auch mit WidersacherInnen gerechnet werden (vgl. Neuberger 2006, S. 288ff.).

Kompetenz: Der Begriff Kompetenz umfasst personale und organisationale Mittel: zum einen jene, die eine Person dazu befähigen, Anforderungen aus sich selbst heraus zu bewältigen; zum anderen, dass die Person über entsprechende Mittel (z.B. Qualifikations- und Bildungskompetenzen) zur Zielerreichung verfügt (ebd., S. 279ff.). Die gängigen vier Basiskompetenzen, die auch Neuberger erwähnt, wurden im Forschungsprojekt zum „mikropolitischen Kompetenzmodell" weiterentwickelt:

1. Fachkompetenz: Kenntnisse um Mikropolitik, Wissen um deren Bedeutung;[7]
2. Methodenkompetenz: Aneignung und Beherrschung mikropolitischer Taktiken;
3. soziale Kompetenz: Situationsangemessenes mikropolitisches Handeln;
4. Selbstkompetenz: Integration mikropolitischer Kompetenzen und Strategien ins Selbstkonzept. Unter mikropolitischer Kompetenz verstehen wir also das (Er-)Kennen mikropolitischer Strategien anderer, die potentiell hinderlich für den Aufstieg wirken (können) und die mit der herrschenden Kultur und den Werten der Organisation in Verbindung stehen, sowie die Integration geeigneter mikropolitischer Taktiken in das eigene Handlungsrepertoire.

---

7 Das Wissen um Mikropolitik im Kompetenzmodell verweist gleichzeitig auf den Handlungsstrukturaspekt Kognition. Neuberger meint damit aber generell den Umgang mit Informationen und Wissen, während wir unter Fachkompetenz spezifisches Wissen bezüglich Mikropolitik verstehen.

Identität: Das Erkennen der Ich-Identitäten ist im interaktionalen mikropolitischen Agieren deshalb von Bedeutung, weil auf diese Weise die Einflussquellen identifiziert werden können. „Es geht also um die Besonderheit, Andersartigkeit, Einmaligkeit des ‚Selbst', das durch Handeln konstituiert und verändert wird" (ebd., S. 251). Um die Reaktionen der Zielperson verstehen oder einschätzen zu können, bedarf es des Wissens um deren Selbstwahrnehmung. Entsprechend der identifizierten Ich-Identität findet die Auswahl der mikropolitischen Taktiken statt, die hinsichtlich der Realisierung eigener Interessen am meisten Erfolg versprechen.

Emotion: Emotionen bzw. emotionale Bewertungen sind eine Begleiterscheinung allen Handelns. Handlungen werden als angenehm, wertvoll, peinlich etc. bewertet. Emotionen sind im mikropolitischen Sinne eine Einflusstaktik, d.h., die Zielperson soll positive oder negative Emotionen (z.b., sich wohl oder unwohl) fühlen bzw. sie wird in eine solche Stimmung versetzt. Damit beabsichtigt die einflussausübende Person, die in der Zielperson ausgelösten Emotionen als Mittel für die Durchsetzung der eigenen Interessen zu nutzen. In mikropolitischen Interaktionen ist es (deshalb) von Bedeutung, das aktuelle Befinden der AkteurInnen zu kennen. Dieses setzt die Fähigkeit voraus, Emotionen fühlen, wahrnehmen und einschätzen zu können. Mikropolitisch betrachtet ist es jedoch weniger von Bedeutung, eigene Gefühle zu haben, als Gefühle nach außen darzustellen (vgl. ebd., S. 283). Maßgabe sind dafür implizite Emotionsnormen, deren konkrete Ausformulierung je nach Hierarchieebene, Branche, Tätigkeit, Unternehmenskultur, aber auch je nach personalen Merkmalen – zu denen auch das Geschlecht zählt – variieren. Somit eignen sich Emotionen besonders gut für mikropolitische Manöver, weil Gefühle geheuchelt werden können, Stimmungen mittels Emotionen beinflussbar sind, konkret: Euphorie vorgetäuscht oder eben auch Tränen eingesetzt werden können.

4. Emotionsarbeit und Gender im Management

Die Handlungskomponente Emotion verweist aufgrund der Fähigkeit des Menschen, Gefühle vorspielen und erzeugen zu können, auf den Theorieansatz der „Emotionsarbeit" nach Arlie Russell Hochschild, die zeigte, wie Flugbegleiterinnen mit einem Dauerlächeln alle machbaren Wünsche der Fluggäste erfüllen sollen, damit diese die Fluggesellschaft beim nächsten Mal wieder wählen (vgl. Hochschild 1983; 1990). Bei Hochschild und den meisten nachfolgenden Studien werden mit Emotionsarbeit die Charakteristika personenbezogener Dienstleistungstätigkeit umschrieben: Die Beschäftigten sollen sich zum Zweck der Aufgabenerfüllung ihre Gefühle bewusst machen und sie betrieblichen Erfordernissen unterwerfen, z.B. Stimmungen unterdrücken, für bestimmte Situationen Hochstimmung erzeugen oder sich in anderen zurücknehmen. Ziel der Emotionsarbeit ist die Erfüllung der Kriterien Kundenzufriedenheit und Kundenbindung. Bei den Kunden und Kundinnen sollen positive Gefühle wie Vertrauen, Zufriedenheit und Wohlbefinden geweckt werden (vgl. Rastetter 2008, S. 11). Diese Überlegungen sollen im Folgenden auf die innerbetriebliche Emotionsarbeit, konkret auf das Management, d.h. die Emotionsarbeit von Führungskräften, übertragen und in diesem Kontext mit der Kategorie Gender verknüpft werden.[8] Im Rahmen der vorliegenden Studie wird davon ausgegangen, dass gezielte Emotionsregulation im Führungsbereich zu den notwendigen Kompetenzen gehört, um erfolgreich zu sein, und dass Frauen aus zwei Gründen besonderen Bedarf an „Emotionsregulierungskompetenz" haben. Zum einen befinden sie sich, je höher sie aufsteigen, in einer männerdominierten Kultur mit Regeln und Normen, die von allgemein gesellschaftlichen Regeln abweichen (können). Diese zu (er-)kennen und einzuhalten erfordert Wissen sowie besondere Anstrengung und Motivation. Zum anderen werden an sie als weibliche Minderheit spezifische Erwartungen gestellt, die traditionellen Geschlechterstereotypen und Weiblichkeitsvorstellungen entstammen. Dies gilt in besonderem Maß für den Bereich der Emotionalität. Zweierlei Anforderungen werden daher an ihr Emotionsmanagement gestellt: Emotionsregeln des Managements beachten und kompetent mit geschlechtsspezifischen Erwartungen umgehen.

Grundlegend gilt im Management sowohl für weibliche als auch für männliche Führungskräfte: Je höher die hierarchische Ebene, desto riskanter ist der spontane Ausdruck von Gefühlen: „Je höher man steigt, desto einsamer wird man und desto weniger traut man sich, Emotionen zu zeigen" – so eine von uns befragte Expertin. Dagegen gilt der bewusste Ausdruck von Emotionen, wie die folgende Aussage einer anderen Expertin verdeutlicht, als wichtiger Bestandteil von Führungskompetenz: „Man muss auch mal den Hirschen spielen, also bewusst taffer, härter sein als man will, weil die Mitarbeiter eine klare Ansage brauchen. Das ist dann Schauspielstunde."[9] Die bewusste Darstellung von Gefühlen, die den Eindruck von Selbstbewusstsein und Macht beim Gegenüber hervorrufen soll, ist von Bedeutung, um Führungsstärke im Management zu demonstrieren. Also – klassische Emotionsarbeit: der bewusste Ausdruck von erwünschten Emotionen bei gleichzeitiger Zurücknahme des eigenen tatsächlichen Empfindens.

---

8   Hochschild hat Emotionsarbeit bereits mit Gender verbunden, jedoch nur im Bereich der Dienstleistungsarbeit (vgl. Hochschild 1983; 1990).
9   Hier zeigt sich eine Strategie, die Hochschild als „surface acting" bezeichnet, im Gegensatz zu „deep acting" (Hochschild 2003, S. 37f.), bei dem Einfluss auf die Gefühle selbst genommen wird (vgl. auch Rastetter 2011, S. 175f.).

Doch worin bestehen nun die besonderen Anforderungen an das Emotionsmanagement von Frauen in Führungspositionen? Zum einen liegen sie darin begründet, dass Gefühlsnormen mit dem sog. männlichen Managerideal verbunden sind („Think manager – think male", Schein et al. 1996). Dieses besagt, dass sich eine „typische" Führungskraft durch als männlich bewertete Merkmale auszeichnet: Durchsetzungsstärke, Initiative und Dominanz gelten als Ausdruck (männlicher) Führungsqualität, und zwar trotz der neueren Ansätze zur Bedeutung von Soft Skills im Management. Der Ausdruck „schwacher" Gefühle wie Trauer oder Angst, Depression, Scham oder Verlegenheit wird im allgemeinen Managerideal hingegen als unmännlich betrachtet (vgl. Mühlen-Achs 2003, S. 153) und deshalb auch als unpassend für eine Führungskraft. Vermutlich hört man deshalb nie eine Führungsperson sagen, sie habe Angst, sondern höchstens, sie stünde vor großen Herausforderungen. Zum anderen kollidiert das Managerideal mit der Stereotypisierung von Frauen, sie seien „weiblich-emotional". Dieses Stereotyp wirkt sich nicht nur auf Emotionsarbeit bei frauentypischer Dienstleistungstätigkeit aus, sondern auch bei Führungstätigkeiten. Denn selbst in hohen Positionen werden Frauen zuerst als Frauen und dann als Führungskräfte wahrgenommen. Für Frauen herrschen demzufolge Emotionsregeln in verstärktem Maß, da sie gemäß herrschender Stereotype als „emotional" gelten. Gefühlsäußerungen werden geschlechtsspezifisch gedeutet, z.B. wird Aggressivität bei Frauen als – negativ konnotierte – „Zickigkeit" interpretiert, bei Männern als legitimer Ausdruck von Unzufriedenheit oder Durchsetzungsstärke (vgl. Rastetter 2011, S. 181; Cornils 2011). Die Anforderungen an eine Emotionsregulierungskompetenz sind bei Frauen in Aufstiegspositionen somit höher als bei Männern. Gilt allgemein, dass Konflikte und Kritik nicht als persönlich gehandhabt werden dürfen, sondern cool und gelassen zu nehmen sind, gilt das für Frauen in besonderem Maß, um professionell zu wirken und nicht dem „weiblichen" Stereotyp zu entsprechen. Weinen als extremer mimischer Ausdruck ist besonders geeignet, geschlechterstereotype Zuschreibungen aufzudecken. Frauen wird eine größere mimische Expressivität zugeschrieben, von Männern wird ein selbstkontrollierter Gesichtsausdruck erwartet (vgl. Rastetter 2011, S. 183). Unsere Befragungen mit männlichen und weiblichen Führungskräften sowie weiblichen Nachwuchsführungskräften zeigten, wie stark der Zusammenhang von Emotionsregeln, Managerideal und Geschlechterstereotyp internalisiert ist:

> „Aber ich würde z.B. [...] nie anfangen zu weinen in der Firma, das ist mein absolutes Tabu." (Weibliche Nachwuchsführungskraft)

> „In Stresssituationen oder in emotionalen Situationen nicht emotional zu reagieren eben, das ist sicherlich wichtig. Und schon gar nicht, Tränen einzusetzen oder so was, was Frauen ja auch gerne tun." (Männliche Führungskraft)

An diesen Aussagen wird deutlich, wie Emotionsregeln im Management geschlechtstypisch konnotiert sind. Weibliche Führungskräfte werden via Geschlechterstereotypisierungen als Emotionsmenschen festgelegt, und gleichzeitig sieht das männliche Managerideal Emotionskontrolle vor. In der Zusammenschau bedeutet dies: Der Ausdruck von Emotionen wird Frauen als Schwäche ausgelegt, und es wird ihnen damit eine Inkompetenz für höhere Führungsaufgaben unterstellt.

Eine Zusatzanforderung an Frauen ist die Vermeidung von potentiell erotisch-sexuellen Beziehungen, das bedeutet, sie müssen klare Grenzen zu männlichen Kollegen und vor allem Vorgesetzten und Mentoren ziehen, um den Ruf der Unprofessionalität zu vermeiden. Hierbei handelt es sich um eine Verknüpfung der zwei Komponenten „Körperlichkeit" und „Emotionen". Es ist erstaunlich, wie viel sexuelle Belästigung selbst Frauen in qualifizierten Positionen erleben. Diese geht von „dummen Sprüchen": „Uh, der Ausschnitt ist aber heute ein bisschen tief" (weibliche Nachwuchsführungskraft) über Witze bis zu Übergriffen: „Ja. Das ist eigentlich als Frau auf jeder, fast jeder Dienstreise oder größeren Veranstaltung [...] kommt es irgendwie vor" (weibliche Nachwuchsführungskraft). Zeigen Frauen sexuelle Belästigung gegenüber dem Ethik-Rat oder der Gleichstellungsstelle im Unternehmen an, müssen sie damit rechnen, von Kollegen und Kolleginnen zukünftig als „Nestbeschmutzerinnen" geächtet zu werden. Im Hinblick auf die weitere Karriere im Unternehmen kann die Öffentlichmachung sexueller Belästigung mit erheblichen Nachteilen verbunden sein. Denn, gerät eine Frau durch die Isolation von KollegInnen in eine Außenseiterposition, sinken ihre Chancen auf eine Anwärterschaft für höhere Führungspositionen. Frauen in Führungspositionen greifen deshalb auf Strategien zurück, die sich für sie in ihrem Berufsalltag mit Männern „bewährt" haben: „Also ich mache dann daraus auch keine große Sache. Ich glaube damit ist auch niemandem geholfen" (weibliche Nachwuchsführungskraft). Oder: „Im Notfall lächeln und darüberstehen, weil dadurch kann man den anderen am meisten ärgern" (weibliche Nachwuchsführungskraft). Die sexuelle Belästigung „klein halten" oder sich über die Situation mit einem Lächeln stellen, zählt zu den Abwehrstrategien, um nicht in den Verdacht zu geraten, dem Geschlechterstereotyp der „Zicke" oder „Spielverderberin" zu entsprechen, sondern möglichst Coolness zu demonstrieren.[10] In diesem Zusammenhang wird deutlich, wie das Konglomerat von Emotionskontrolle, Körperlichkeit und Geschlechterstereotypisierungen für Frauen in Führungspositionen wirkt und die Herausbildung besonderer Emo-

---

10 Hagemann-White geht davon aus, dass Frauen im Umgang mit Sexualisierung „in starkem Maße familiäre Verhaltensmuster der Beschwichtigung, des Einsatzes von Charme und Anmut und der stillen Duldung als Überlebensstrategie einsetzen" (vgl. Hagemann-White 1995, S. 23).

tionsregulierungskompetenzen für ihre Karriere erfordert. Besondere mikropolitische Brisanz erhält dieser Zusammenhang für jene Frauen, die in einer Managementposition aufgrund ihrer beruflichen Aufgaben besonders viel und auf doppelte Weise Emotionsarbeit leisten müssen. Im Folgenden soll dieses am Einzelfall der Interventionsstudienteilnehmerin Frau T. verdeutlicht werden.

5. Einzelfallbeispiel Frau T.

5.1 Im Spannungsfeld: Emotionsregulationsanforderungen vs. Sexualisierung im Management

Frau T. ist Anfang 30 und in einem technischen Großunternehmen als Department Managerin für das Marketing und das Veranstaltungsmanagement zuständig. Aufstiegsmöglichkeiten zum General Management sind ihr in Aussicht gestellt worden. Aufgrund ihrer Beschäftigung in der Technikbranche hat Frau T. überwiegend mit Männern in ihrem Berufsalltag zu tun. Emotionsarbeit wird von ihr wie folgt beschrieben: Bei großen Veranstaltungen

> „darf man keine Angst haben und da muss man immer lächeln und freundlich sein und gerade im Eventbereich, man muss immer freundlich sein, immer Kompetenz ausstrahlen, immer Sicherheit und Ruhe ausstrahlen [...]." „... und natürlich habe ich immer gute Laune, auch wenn ich total genervt bin und total müde bin."

Über diese klassischen Emotionsarbeitsaspekte hinaus orientiert sich Frau T. am männlichen Managerideal: So betont die Coachee mehrfach, dass sie kaum bis keine Emotionen nach außen zeige. Emotionskontrolle gilt für sie als Zeichen von Professionalität – z.B. darf schlechte Stimmung keinesfalls zum Ausdruck gebracht werden. Das von Frau T. internalisierte männliche Managerideal verknüpft sie mit Geschlechterstereotypisierungen bzw. der Emotionalisierung von Frauen:

> „Also für mich ist das selbstverständlich, dass man die Emotionen eigentlich vor der Tür lässt", denn „... man muss immer als Frau so ein bisschen sein wie ein Mann, weil Männer sind da auch viel abgebrühter. Frauen denken immer so, die sind immer so, man ist immer so emotional."

Auch für Frau T. gilt: Weinen im Job ist für Frauen ein Tabu, denn die männlich dominierte Arbeitsumwelt erwarte ein anderes Verhalten: „die wollen jemanden, der [...] einfach einen kühlen Kopf bewahrt, ganz cool ist." Frau T. hat sich an das männliche Managerideal angepasst und identifiziert sich mit den darin enthaltenen männlich konnotierten Merkmalen. Um dennoch, wie Frau T. betont, ihre Geschlechteridentität zu wahren, bringt sie ihr „Frausein" mit einem „weiblichen" Kleidungsstil zum Ausdruck. Ihre Geschlechtszugehörigkeit ist aufgrund ihrer fast ausschließlich männlichen Kollegen, Vorgesetzten und Kunden mit häufigen Erfahrungen von Sexualisierungen verbunden. Bei einer Veranstaltung, die Frau T. als verantwortliche Eventmanagerin ausrichtete, ereignete sich folgender Vorfall: Ein Kunde, der davon erfahren hatte, dass sie tanzen kann, wünschte sich bei ihrem Vorgesetzten, dass Frau T. für alle tanze. Sie sagt: „Ich musste dann für alle Tanzen" – auf einem Podest. Als Dienstleisterin entspricht sie den Wünschen der Kunden. Innerlich empfindet sie jedoch Wut. Da sie sich nicht erklären kann, wer dem Kunden von ihren Tanzfähigkeiten erzählt haben könnte, spricht sie den Geschäftsführer daraufhin an. Seine Reaktion: Er habe nichts gesagt, „aber es war toll und Opfer müsste sie schließlich bringen". Von ähnlichen Erfahrungen mit Vorgesetzten berichtet Frau T. auch an anderer Stelle: „... der hat es auch immer am allerliebsten gemacht und hat mich immer irgendwie verschachert an irgendwelche [...] Super-VIPs."

Im Rahmen ihrer Position im Veranstaltungsmanagement entspricht Frau T. den Anforderungen an eine Emotionsarbeiterin, und zwar in doppelter Weise: Regeln der Emotionskontrolle werden von ihr sowohl in ihrer Führungsfunktion bezogen auf das männliche Managerideal als auch in ihrer Funktion als Dienstleisterin zwecks Erfüllung der Kundenbindung und Kundenzufriedenheit berücksichtigt. Eine besondere Zuspitzung und Verschärfung dieser bereits bestehenden Doppelproblematik entsteht, wenn in einer dieser Funktionen Sexualisierung durch männliche Kollegen, Vorgesetzte oder Kunden als weiterer Belastungsfaktor hinzukommt. Im vorliegenden Fallbeispiel zeichnet sich der Interessenkonflikt durch die „Erfüllung der Kundenzufriedenheit" vs. „Abwehr sexualisierenden Verhaltens" zwecks Wahrung der persönlichen Integrität aus. Dass das sexualisierende Verhalten des Vorgesetzten (scheinbar dauerhaft) unbenannt bleibt, verschärft die Gesamtproblematik. Hier wirkt eine Mixtur aus hierarchischen Machtverhältnissen und Geschlecht zulasten von Frau T., die, um im Beispiel zu bleiben, durch den Tanz auf Kundenwunsch selbst zum Dienstleistungs-x) objekt degradiert wird. An diesem Fallbeispiel wird deutlich, welche besonderen Zusatzanforderungen aus dem Kontext Emotionsarbeit, Gender und Körperlichkeit an Frauen in der machtpolitischen Arena des Managements resultieren und die Herausbildung spezifischer Formen von Emotionsregulierungskompetenz bedingen.

Vor dem Hintergrund des Erkenntnisinteresses der vorliegenden Studie knüpft an dieser Stelle die Frage an, ob und inwiefern das gezielte Coaching mikropolitischer Kompetenzen zur Erweiterung des individuellen Handlungsspielraums von Frau T. in diesem Zusammenhang beitragen konnte. Zudem soll geprüft werden, ob vom Coaching Einfluss auf die beruflichen Aufstiegsoptio-

x) bearded clams

nen von Frau T. ausging. Die nachfolgenden Resultate konzentrieren sich dabei im Wesentlichen auf die Evaluationsergebnisse des Vorher-Nachher-Vergleichs (Prä-Posttest).

5.2 Coachingergebnisse am Fallbeispiel Frau T.

Die Belastungsfaktoren im Berufsalltag von Frau T. waren vor Beginn der mikropolitischen Coachingintervention zahlreich. Wie in potentiellen Führungsaufstiegspositionen üblich, arbeitete auch Frau T. im weitaus größeren Arbeitsstundenumfang als in einer klassischen Vollzeitbeschäftigung. Gleichzeitig zeichnet sich das Veranstaltungsmanagement durch typische Anzeichen von flexibilisierter, projektförmiger Erwerbsarbeit in Bezug auf die Arbeitszeiten aus: Individualisierung der Arbeitszeiten, Vermarktlichung des zeitlichen Arbeitseinsatzes und Selbstorganisation der Arbeitszeit (vgl. Kratzer/Sauer 2005, S. 140f.). Vor dem Coaching berichtete Frau T. von einer generellen Überlastung durch permanente Ausweitung der Arbeitsstunden. Ein weiterer Belastungsfaktor resultierte für Frau T. aus dem dargestellten Spannungsfeld von Emotionskontrolle als Managerin und Emotionsarbeit als Dienstleisterin: Anpassung und Internalisierung des männlichen Managerideals einerseits bei gleichzeitiger Emotionsarbeit in ihrer Funktion als Veranstaltungsmanagerin andererseits. Die im Berufsalltag von männlichen Kollegen, Vorgesetzten und Kunden ausgehende Sexualisierung wirkte als zusätzliche (emotionale) Belastung. Die gleichzeitige Wirksamkeit der belastenden Einflussfaktoren hatte erheblichen Einfluss auf das allgemeine Wohlbefinden und somit auf die Work-Life-Balance von Frau T. Das Resultat war, dass Frau T. vor der Coachingintervention kaum noch Zugang zu den eigenen Emotionen hatte und von stark ausgeprägter körperlich-psychischer Belastung berichtete.[11]

Die Teilnahme an der mikropolitischen Coachinginterventionsstudie trug bei Frau T. allgemein betrachtet zu einer bewussteren Wahrnehmung ihrer Situation bei, besonders ihres emotionalen und körperlichen Befindens. Die Bewusstwerdung der Überlastung durch permanente Ausweitung der Arbeitszeiten führte dazu, dass sie den täglichen Arbeitsstundenumfang reduzierte. Zur Überraschung

---

11   Eine ständige Anpassung von Emotionen an Situationen kann zum emotionalen Erschöpfungszustand, bekannt unter dem Begriff „Burn-out", führen (vgl. Burisch 1989; Brotheridge/Grandey 2002). „Beim ‚Burn-out' handelt es sich um einen Zustand körperlichen, emotionalen und geistigen ‚Ausgebranntseins'" (vgl. Küpers/Weibler 2005, S. 141). Als eine Ursache und als ein wesentlicher Belastungsfaktor von Emotionsarbeit gilt in diesem Zusammenhang die sogenannte emotionale Dissonanz (vgl. Hochschild 2003, S. 90): Es tritt ein dauerhafter Widerspruch zwischen empfundenen und zum Ausdruck gebrachten Emotionen dann ein, wenn die ausgedrückten Emotionen nicht empfunden werden können (vgl. Zapf et al. 2009, S. 20).

von Frau T. reagierten weder Vorgesetzte noch KollegInnen in nennenswerter Weise auf die selbsttätige Reduzierung ihrer Arbeitszeiten:

> „Vorher hab ich ja nonstop gearbeitet, am Wochenende und immer und so 24/7. Und das fanden alle toll. Und jetzt arbeite ich ja nine-to-five und das hat auch noch keinen gestört."

Frau T. fühlte sich zunächst von dieser Reaktion irritiert, führte sie aber auf „Vorschusslorbeeren" zurück, die sie in den zurückliegenden arbeitsintensiven Zeiten gesammelt hatte. Gleichzeitig hat Frau T. bei männlichen Kollegen eine von den Kolleginnen abweichende innere Haltung zum „Verantwortungsgefühl" bei der Übernahme und Erledigung von Arbeitsaufgaben beobachtet. Während sich Frauen vierundzwanzig Stunden am Tag für ihren Job und ihre Arbeitsaufgaben verantwortlich fühlten, sei es für Männer Normalität, dieses lediglich für den Zeitraum, den sie am Arbeitsplatz verbringen, zu tun. Bleiben in der limitierten Arbeitszeit Aufgaben unerledigt, dann wendeten männliche Kollegen eine mikropolitische Strategie an, die Frau T. in der Zwischenzeit in ihr eigenes Handlungsrepertoire integriert hat und für erfolgreich in der Praxis bewertet:

> „Und wenn ich was nicht schaffe, dann schaffe ich das nicht, und ich sage einfach: Da brauchen wir noch ein bisschen Zeit für, es sind keine Ressourcen da. Das wird auch akzeptiert."

Inhaltlich argumentativ impliziert diese Strategie den taktischen Rückgriff auf die Anführung eines Sacharguments (der Arbeitseinsatz stehe in Abhängigkeit von der Ressourcensituation) und ermöglicht dadurch die Abwehr individualisierter Zuschreibungen von Fehlleistungen.

Die Coachingteilnahme führte bei Frau T. darüber hinaus zu einer bewussten Auseinandersetzung mit den Themen Gender und Körperlichkeit. Sie veränderte durch das mikropolitische Coaching ihren strategischen Umgang mit Sexualisierung. Während Frau T. vor dem Coaching auf verbale Abgrenzung lediglich dann setzte, „wenn das Kollegen waren auf der gleichen Ebene oder da drunter", berichtet sie nach dem Coaching: „Aber jetzt sage ich immer was. Es ist mir egal, ob das Kunden sind oder mein Vorgesetzter oder so. Das habe ich sozusagen jetzt daraus gelernt." Hieraus resultiert, dass Frau T. ihren Abgrenzungsradius innerhalb der hierarchischen Organisationsstrukturen auf jene männlichen Statusgruppen ausgeweitet hat, die via Position über ein höheres Machtkapital als sie selbst verfügen. In Bezug auf Emotionsarbeit weist dieses Beispiel auf einen veränderten Umgang mit herrschenden Emotionsnormen im Management hin: Während Frau T. diese vor dem Bewusstwerdungsprozess im Coaching unhinterfragt akzeptierte, entscheidet sie sich nach dem Coachingprozess für eine Ausweitung ihrer persönlichen Handlungsspielräume im Umgang mit Emotionsregeln. Sie prüft die jeweiligen Regeln auf ihre Sinnhaftigkeit und Machbarkeit für sich persönlich und lehnt die Erfüllung der für sie unzumutbar empfundenen Regeln ab.

Zu einem allgemeinen Lernerfolg zählt, dass Frau T. mikropolitische Interaktionen als Spiel betrachtet, an dem sie Interesse hat mitzuspielen:

„Man testet das ja jetzt auch aus, im Job. [...] Oder ich widerspreche einfach, wo ich es nie getan hätte, einfach, um mal auszutesten, wie weit kann ich denn gehen? Also das ist zumindest interessant."

Durch das Coaching wurde Frau T. angeregt, spielerischer mit mikropolitischen Situationen umzugehen. Sie probiert aus und erforscht Situationen zwecks Erweiterung eigener Handlungsspielräume, indem sie Grenzen von anderen mikropolitischen AkteurInnen auslotet. Im Zuge dieser Reflexionsprozesse zwischen Theorie und Anwendung beobachtet Frau T. zunehmend auch das Verhalten der anderen mikropolitischen AkteurInnen. Auf diese Weise identifiziert sie beispielsweise die von ihren männlichen Kollegen erfolgreich eingesetzte Taktik, ein Sachargument im Umgang mit zusätzlichen Arbeitsanforderungen anzuführen. Dieses ist Frau T. dienlich, um den Zusammenhang eines hohen Verantwortungsgefühls gegenüber ihren Arbeitsaufgaben und extensiver Arbeitszeiten neu zu adjustieren und die von ihr reduzierte Arbeitszeit argumentativ gegenüber potentieller Kritik abzusichern. Sprach Frau T. vor dem Coaching von einem deutlichen Ungleichgewicht zwischen Erwerbsarbeit und restlichem Leben – „ich hab ja vorher eigentlich gar kein Privatleben gehabt" –, so wandelte sich dieses Verhältnis zum Resümee: „Work-Life-Balance ist eine schöne Sache." Die Resultate des Coachingprozesses wirken sich auf das allgemeine emotionale Befinden von Frau T. aus, die sich insgesamt „wieder ein bisschen fröhlicher" fühlt.

Zusammenfassend und abschließend können im Vorher-Nachher-Vergleich folgende Coachingerfolge durch die Teilnahme an der mikropolitischen Interventionsstudie bei Frau T. festgehalten werden: Im ersten Schritt führte das Mikropolitik-Coaching bei Frau T. zu einer Bewusstwerdung ihrer beruflichen Belastungssituation und der einzelnen Faktoren, die sie in den Kontext einer unausgewogenen Balance von Erwerbsarbeit und restlichem Leben stellt und reflektiert. Auf Basis dieser Bestandsaufnahme und der Aneignung mikropolitischen Wissens erprobt Frau T. Strategien und Taktiken in der Berufspraxis je nach Situation. Jene, die sich als erfolgreich herausstellen, integriert sie dauerhaft in das eigene Handlungsrepertoire. Insgesamt hat sie damit ihre mikropolitischen Kompetenzen erweitert.

5.3 Integration der Coachingergebnisse in das Handlungsstrukturmodell

Die Teilnahme an der mikropolitischen Coachingintervention hat zur Erweiterung der vier oben genannten Kompetenzen (Fach-, Methoden-, Selbst- und soziale Kompetenzen) bei Frau T. beigetragen. Diese lassen sich wiederum in das Handlungsstrukturmodell von Neuberger integrieren. Die gezielte Aneignung von Wissen über Mikropolitik und Gender und ihre Übertragung auf die spezifischen individuellen Belastungsfaktoren entlang der für Frau T. mikropolitisch relevanten Handlungsfelder (Emotionen, Körperlichkeit und Work-Life-Balance) führten zur (Weiter-)Entwicklung von Fachkompetenz. Sie erkennt und interpretiert Emotionsregeln, bevor sie sich für eine Reaktion entscheidet (siehe Neubergers Begriff der „Kognition"). Durch die Aneignung theoretischen Wissens und mittels Beobachtung anderer mikropolitischer AkteurInnen beweist sie Methodenkompetenz, indem sie systematisch mikropolitische Taktiken erwirbt, beispielsweise emotionale Anforderungen abzuweisen, ohne allgemeine Umgangsformen und Normen zu verletzen (siehe Neubergers Begriff der „Institution"). Taktiken situationsangemessen einzusetzen und in das eigene Handlungsrepertoire zu integrieren, bedingt eine Weiterentwicklung sozialer Kompetenz, sodass sie leichter erkennt, in welchen Interaktionen welche Emotionshandlungen zielführend sind (siehe Neubergers Begriff der „Relationen"). Selbstkompetenz steigert sie durch eine verbesserte Selbstwahrnehmung ihrer Gefühle und ihres Wohlbefindens, um ihre emotionale Balance zu wahren (siehe Neubergers Begriff der „Identität").

Der systematische Einbezug der Kategorie Gender in ein mikropolitisches Handlungsmodell zeigt, dass für Frauen im Management spezifische Kompetenzen, z.B. Emotionsregulierungskompetenzen, erforderlich sind. Den Coachingerfolg resümierend kann festgehalten werden, dass das gezielte Coaching mikropolitischer Kompetenzen bei Frau T. zur Erweiterung ihrer individuellen Handlungsspielräume beitrug. Die beruflichen Aufstiegsoptionen innerhalb des Unternehmens bestehen weiterhin. Da sie jetzt die Zeit dafür findet, schaut Frau T. außerdem auf dem Arbeitsmarkt nach anderen Karriereoptionen. Ob längerfristig ein Einfluss vom mikropolitischen Coaching auf die weitere berufliche Karriere ausgeht, wird mit den Daten der Follow-Up-Evaluation beantwortet. Limitationen der Studie bestehen in der geringen Fallzahl insgesamt sowie der Einzelfalldarstellung im Besonderen. Frau T. arbeitet unter spezifischen Bedingungen der „doppelten Emotionsarbeit", die nicht für alle weiblichen (Nachwuchs-)Führungskräfte des Samples vorliegen.

6. Gender, Emotionsarbeit und Mikropolitik im Management: Schlussfolgerungen

In theoretischer Perspektive konnte verdeutlicht werden, dass eine Verknüpfung verschiedener Handlungskomponenten des mikropolitischen Handlungsstrukturmodells nach Neuberger mit dem Theorieansatz der Emotionsarbeit nach Hochschild sowie der systematische Einbezug der Kategorie Gender eine gute theoretische Grundlage bilden, um die besonderen Anforderungen an das Emotionsmanagement von Frauen im Management zu verdeutlichen. Die empirische Explizierung am Fallbeispiel aus der Coachingintervention Mikropolitik zeigte, mit welchen spezifischen Mechanismen Frauen im Management konfrontiert sein können. Die gleichzeitige soziale Wirksamkeit des Geschlechterstereotyps „Frauen sind Emotionsmenschen" und des männlichen Managerideals der Emotionskontrolle führt bei Frauen im Management zu innerem Widerspruch, zu erhöhten Bewältigungsanforderungen und der Entwicklung geschlechtsspezifischer Emotionsregulierungskompetenzen. Denn je „emotionaler" Frauen sich verhalten, desto eher widersprechen sie dem männlichen Managerideal. Durch die Internalisierung von Geschlechterstereotypen sind Frauen aufgrund der Wahrung der eigenen Geschlechteridentität gleichzeitig gefordert, diese äußerlich „sichtbar" zu machen. Denn passen sie ihr Verhalten zu sehr den herrschenden Emotionsnormen im Management an, verletzen sie Erwartungen an das Geschlechterrollenverhalten (vgl. Wippermann 2010).[12] Daraus resultieren bei weiblichen Nachwuchskräften diffuse Geschlechtsrollenbilder und unklare Vorstellungen vom eigenen „idealen" Verhalten, vor allem hinsichtlich des Ausdrucks von Emotionen. Die Gefahr der Entfremdung von den eigenen Gefühlen, die Hochschild bei Emotionsarbeiterinnen sah, dürfte für Frauen in Aufstiegspositionen besonders groß sein, da sie permanent mit Gefühlsregulierungen beschäftigt sind. Die daraus resultierenden emotionalen Belastungen könnten mit ein Grund für den sog. Drehtüreffekt (vgl. Jacobs 1989; Busch/Holst in diesem Band) sein, d.h., immer mehr qualifizierte Frauen steigen in eine Karrierelaufbahn ein, verlassen diese aber wieder. Selbstüberforderung durch extensive Arbeitszeiten, der Umgang mit Sexualisierungen am Arbeitsplatz und permanente Kämpfe um gleichwertige Chancen und Entgelte erhöhen die Anforderungen an Frauen im Management. Da Emotionsarbeit oftmals weniger bewusst und deshalb schwieriger greifbar ist als andere Themen wie z.B. Vereinbarkeitsproblematik, wird möglicherweise Letzteres überschätzt und Ersteres hinsichtlich des Zusammenhangs von Mikropolitik und dem Aufstieg von Frauen in Führungspositionen unterschätzt. Emotionsarbeit und der mikropolitische Umgang mit Emotionen sollten deshalb bei Forschungsvorhaben zu Frauen in Führungspositionen stärker berücksichtigt werden. Einen Beitrag für die Bewältigung dieser spezifischen Anforderungen an Frauen auf ihrem Karriereweg kann das gezielte Coaching mikropolitischer Kompetenzen in der Praxis leisten. Die Interventionsergebnisse lassen Rückschlüsse darauf zu, dass sich das am individuellen Anliegen orientierte Coaching mikropolitischer Kompetenzen positiv auf die Auswei-

---

12 Hierbei handelt es sich um einen Interrollenkonflikt, da die Managerinnen stets zwei Rollen vereinen müssen, an die unterschiedliche Erwartungen gerichtet werden.

tung individueller Handlungsspielräume von Frauen in (Nachwuchs-)Führungspositionen auswirkt und eine wichtige Unterstützung beim Aufstieg darstellen kann.

Literatur

Bogner, Alexander/Menz, Wolfgang 2009: Das theoriegenerierende Experteninterview. Erkenntnisinteresse, Wissensformen, Interaktion. In: Bogner, Alexander/Littig, Beate/ Menz, Wolfgang (Hg.): Experteninterviews. Theorie, Methoden, Anwendungsfelder. Wiesbaden, S. 61–98

Bohnsack, Ralf 2006: Das Gruppendiskussionsverfahren in der Forschungspraxis. Opladen

Brotheridge, Céleste M./Grandey, Alicia A. 2002: Emotional Labor and Burnout: Comparing Two Perspectives of „People Work". In: Journal of Vocational Behavior, Jg. 60, H. 4, S. 17–39

Burisch, Matthias 1989: Das Burnout-Syndrom. Theorie der inneren Erschöpfung. Berlin u.a.O.

Conrad, Peter 1991: Managementrolle: Emotionsarbeiter. In: Staehle, Wolfgang H. (Hg.): Handbuch Management: die 24 Rollen der exzellenten Führungskraft. Wiesbaden, S. 411–446

Cornils, Doris 2011: Konkurrenz und Solidarität unter Frauen im Management. In: Themenheft der Zeitschrift Freie Assoziation. Das Unbewusste in Organisation und Kultur, Jg. 14, H. 3+4, S. 75–102

Cornils, Doris/Rastetter, Daniela 2010: Projekt „Mikropolitik und Aufstiegskompetenz von Frauen". In: efas-Newsletter Nr. 14/2010, S. 20–21

Cornils, Doris/Rastetter, Daniela 2011: „Ohne Networking läuft gar nichts" – Aufstiegsstrategien weiblicher Nachwuchsführungskräfte. In: Narjes, Frauke/Feltz, Nina (Hg.): Fishing for Careers. Karrieremanagement zwischen Planung und Gelegenheit. Opladen, S. 87–95

Crozier, Michel/Friedberg, Erhard 1979: Macht und Organisation. Die Zwänge kollektiven Handelns. Königstein

Denzin, Norman K. 1989: The Research Act. Englewood Cliffs, New York

Edding, Cornelia 2009: Die gute Herrschaft – Führungsfrauen und ihr Bild der Organisation. In: Fröse, Marlies W./Szebel-Habig, Astrid (Hg.): Mixed Leadership: Mit Frauen in die Führung! Bern u.a.O., S. 167–182

Fischer, Gabriele/Dahms, Vera/Bechmann, Sebastian/Frei, Marek/Leber, Ute 2009: Gleich und doch nicht gleich: Frauenbeschäftigung in deutschen Betrieben. IAB Forschungsbericht 4/2009. Nürnberg

Flanagan, John C. 1954: The critical incident technique. In: Psychological Bulletin, Jg. 51, H. 4, S. 327–358

Flick, Uwe 2004: Triangulation in der qualitativen Forschung. In: Flick, Uwe/Kardorff, Ernst von/Steinke, Ines (Hg.): Qualitative Forschung. Ein Handbuch. Reinbek, S. 309–318

Flick, Uwe 2010: Qualitative Sozialforschung. Eine Einführung. Reinbek
Hagemann-White, Carol 1995: Feministische Wissenschaft und feministische Herrschaft. Zum Problem einer Familialisierung von Macht. In: Modelmog, Ilse/Gräßel, Ulrike (Hg.): Konkurrenz und Kooperation. Frauen im Zwiespalt? Münster, S. 13–47
Halford, Susan/Savage, Mike/Witz, Anne 1997: Gender, Careers and Organisations. Current Developments in Banking, Nursing and Local Government. Basingstoke
Hassard, John/Holliday, Ruth/Willmott, Hugh 2000: Body and Organization. London u.a.O.
Haubl, Rolf 2009: Unter welchen Bedingungen nützt die Supervisionsforschung der Professionalisierung supervisorischen Handelns? In: Haubl, Rolf/Hausinger, Brigitte (Hg.): Supervisionsforschung: Einblicke und Ausblicke. Interdisziplinäre Beratungsforschung. Göttingen, S. 179–207
Hochschild, Arlie R. 1983; 2003: The managed heart. Commercialization of Human Feeling. Berkeley
Hochschild, Arlie R. 1990: Das gekaufte Herz: zur Kommerzialisierung der Gefühle. Frankfurt/M., New York
Jacobs, Jerry 1989: Revolving Doors. Sex Segregation and Women's Careers. Stanford
Jüngling, Christiane/Rastetter, Daniela 2011: Ist die Ehrliche stets die Dumme? Mikropolitische Moral bei weiblichen Nachwuchsführungskräften. In: Themenheft der Zeitschrift Freie Assoziation. Das Unbewusste in Organisation und Kultur, Jg. 14, H. 3+4, S. 169–189
Kelle, Udo/Kluge, Susann 1999: Vom Einzelfall zum Typus. Fallvergleich und Fallkontrastierung in der qualitativen Sozialforschung. Opladen
Kratzer, Nick/Sauer, Dieter 2005: Flexibilisierung und Subjektivierung von Arbeit. In: Baethge, Martin/Bartelheimer, Peter/Fuchs, Tatjana/Kratzer, Nick/Wilkens, Ingrid (Hg.): Berichterstattung zur sozioökonomischen Entwicklung in Deutschland. Arbeit und Lebensweisen. Wiesbaden, S. 125–150
Küpers, Wendelin/Weibler, Jürgen 2005: Emotionen in Organisationen. Stuttgart
Lamnek, Siegfried 1989: Qualitative Sozialforschung. Band 2. Methoden und Techniken. München
Lamnek, Siegfried 2005: Gruppendiskussion. Theorie und Praxis. Weinheim
Looss, Wolfgang/Rauen, Christopher 2005: Einzel-Coaching – Das Konzept einer komplexen Beratungsbeziehung. In: Rauen, Christopher (Hg.): Handbuch Coaching. Göttingen u.a.O., S. 155–182
Mayrhofer, Wolfgang/Meyer, Michael/Steyrer, Johannes 2005: Macht? Erfolg? Reich? Glücklich? Einflussfaktoren auf Karrieren. Wien
Mayring, Philipp 1997: Qualitative Inhaltsanalyse. Grundlagen und Techniken. Weinheim
Mayring, Philipp 2009: Qualitative Inhaltsanalyse. In: Flick, Uwe/Kardorff, Ernst von/Steinke, Ines (Hg.): Qualitative Forschung. Ein Handbuch. Reinbek b. Hamburg, S. 468–475
Mucha, Anna 2011: „Das habe ich bewusst nicht gemacht, das ist nicht mein Stil" – Entwicklung einer Skala zur Bereitschaft zu mikropolitischem Handeln im Kontext Aufstieg. In: Themenheft der Zeitschrift Freie Assoziation. Das Unbewusste in Organisation und Kultur, Jg. 14, H. 3+4, S. 117–132
Mühlen-Achs, Gitta 2003: Wer führt? Körpersprache und die Ordnung der Geschlechter. München

Neuberger, Oswald 1995: Mikropolitik: der alltägliche Aufbau und Einsatz von Macht in Organisationen. Stuttgart

Neuberger, Oswald 2006: Mikropolitik und Moral in Organisationen. Stuttgart

Rastetter, Daniela 1994: Sexualität und Herrschaft in Organisation. Opladen

Rastetter, Daniela 2008: Zum Lächeln verpflichtet. Emotionsarbeit im Dienstleistungsbereich. Frankfurt/M.

Rastetter, Daniela 2011: Da laufe ich auf einem Minenfeld. Emotionsarbeit von Frauen im Management. In: Hoyer, Timo/Beumer, Ullrich/Leuzinger-Bohleber, Marianne (Hg.): Jenseits des Individuums – Emotionen in der Organisation. Göttingen, S. 172–189

Rastetter, Daniela/Cornils, Doris 2011: Networking: aufstiegsförderliche Strategien für Frauen in Führungspositionen. „Online First"-Artikel, abrufbar unter 10.1007/s11612-011-0171-6 (DOI), erscheint Anfang 2012 in: Zeitschrift Gruppendynamik und Organisationsberatung

Schein, Virginia E./Mueller, Ruediger/Lituchy, Terri/Liu, Jiang 1996: Think manager – think male: A global phenomenon? In: Journal of Organisational Behavior, Jg. 17, H. 1, S. 33–41

Schiffinger, Michael/Steyrer, Johannes 2004: Der K(r)ampf nach oben – Mikropolitik und Karriereerfolg in Organisationen. In: Zeitschrift Führung + Organisation, Jg. 73, H. 3, S. 136–143

Schmidt, Michaela/Otto, Barbara 2010: Direkte und indirekte Interventionen. In: Hascher, Tina/Schmitz, Bernhard (Hg.): Pädagogische Interventionsforschung. Theoretische Grundlagen und empirisches Handlungswissen. Weinheim, München, S. 235–242

Schreyögg, Georg/Sydow, Jörg (Hg.) 2001: Emotionen und Management. Managementforschung 11, Wiesbaden

Sieben, Barbara 2007: Management und Emotionen. Analysen einer ambivalenten Verknüpfung. Frankfurt/M., New York

Strauss, Anselm/Corbin, Juliet 1996: Grounded Theory. Grundlagen qualitativer Sozialforschung. Weinheim

Weber, Max 1972, zuerst 1922: Wirtschaft und Gesellschaft – Grundriss der verstehenden Soziologie. Tübingen

Wilz, Sylvia M. 2002: Organisation und Geschlecht. Strukturelle Bindungen und kontingente Kopplungen. Opladen

Wippermann, Carsten 2010: Frauen in Führungspositionen. Barrieren und Brücken. Broschüre, hg. vom Bundesministerium für Familie, Senioren, Frauen und Jugend. Berlin

Witz, Anne 1992: Professions and patriarchy. London u.a.O.

Zapf, Dieter/Machowski, Sabine/Trumpold, Kai 2009: Emotionsarbeit in Serviceberufen. Hoher Einsatz mit Nebenwirkungen. In: Personalführung, Jg. 42, H. 6, S. 18–29

(Betriebliches) Demographiemanagement als (mikro-)politische Arena
Eine Chance für mehr Geschlechtergerechtigkeit?

Karin Reichel

1. Einleitung

Die bereits vor fast zwanzig Jahren gestellte Frage, ob der Schrumpfungsprozess der Bevölkerung in Deutschland die Chancen der Frauen im Erwerbsleben „automatisch" verbessert (vgl. Stiegler 1993, S. 30), muss auch 2011 noch verneint werden. Zu dieser Einschätzung komme ich aufgrund einer mikropolitischen Analyse der Interessen und Strategien der AkteurInnen des betrieblichen Demographiemanagements.

Seit Jahrzehnten erleben beinahe alle industrialisierten Staaten eine tiefgreifende Veränderung ihrer Bevölkerungsstruktur, die sich auf folgende vereinfachte Formel bringen lässt: „Wir werden immer älter und wir werden immer weniger" (Regenhard 2007, S. 2).[1] Dieser demographische Wandel hat weitreichende gesellschaftliche und sozioökonomische Folgen und ist eines der zentralen Themen in der öffentlichen Debatte der betroffenen Gesellschaften (vgl. Schwentker/Vaupel 2011, S. 3ff.; Schmitt 2007, S. 3). Es werden dadurch nicht nur die sozialen Sicherungssysteme vor große Herausforderungen gestellt, sondern auch die Unternehmen (vgl. z.B. Günther 2010, S. 29; Brandenburg/Domschke 2007, S. 17ff.; Scheele 2006, S. 268ff.).[2] Der demographische Wan-

---

1 Die Kombination einer stetig ansteigenden Lebenserwartung bei Geburt (aktuell bei Mädchen ca. 82 Jahre, bei Jungen ca. 77 Jahre) mit einem Reproduktionsverhalten, welches das demographische Bestandserhaltungsniveau in Deutschland seit über 35 Jahren um etwa ein Drittel unterschreitet, führt (unter Ausklammerung der ohnehin schwer prognostizierbaren Migration) zu einer alternden Gesellschaft und einer Reduzierung der Bevölkerungszahl (vgl. Statistische Ämter des Bundes und der Länder 2011, Enquete-Kommission 2002, S. 15ff.). Wir leben in Deutschland also absolut länger und können relativ länger gesünder leben, gleichzeitig werden hier seit 1972 weniger Menschen geboren (rund 1,4 Kinder je deutsche Frau), als im selben Jahr sterben (vgl. Rostocker Zentrum für Demografischen Wandel, www.zdwa.de).

2 Der Rückgang des Erwerbspersonenpotentials ist allerdings nicht mit einem generellen Arbeitskräftemangel gleichzusetzen, da bisher nicht absehbar ist, wie viel über Einwanderung kompensiert werden kann, ob die Nachfrage nach Arbeitskräften, z.B. aufgrund weiterer Rationalisierungsmaßnahmen, sinkt oder ob Qualifikationsdefizite über Weiter-

del in der Arbeitswelt hat aus Unternehmenssicht eine quantitative, qualitative, regionale und zeitliche Dimension, wobei nicht der Bevölkerungsrückgang als die größte Herausforderung gesehen wird, sondern die („Über-")Alterung (vgl. Brandenburg/Domschke 2007, S. 15ff.). Zur Deckung des zukünftigen (sektoralen und regionalen) Fachkräftebedarfs werden vor allem folgende Lösungsansätze diskutiert: Heraufsetzung des Rentenalters, Förderung der qualifizierten Zuwanderung von jungen Arbeitskräften, mehr Frauen in die (Vollzeit-) Erwerbstätigkeit (vgl. McKinsey 2011; Günther 2010, S. 29f.; Enquete-Kommission 2002, S. 87ff.). Während noch vor wenigen Jahren nur ca. 40% der über 50-Jährigen erwerbstätig waren (vgl. Cuntz 2008, S. 260f.), werden ältere MitarbeiterInnen in Zukunft die Regel sein und nicht wie lange Zeit die Ausnahme. Alternde Belegschaften und die größere Heterogenität der Generationen im Betrieb bringen zahlreiche personalpolitische Herausforderungen mit sich, die mithilfe des sogenannten Demographie- oder Alter(n)smanagements (synonym: Age Management, strategisches Demographiemanagement, demographiefestes/ nachhaltiges Personalmanagement) in den Unternehmen bewältigt werden sollen (vgl. Preißing 2010a; Zölch et al. 2009; Deller et al. 2008; Brandenburg/ Domschke 2007). Eine klare Definition des relativ neuen Konzepts ist in den einschlägigen Publikationen (noch) nicht zu finden, stattdessen werden allgemeine Ziele formuliert und Handlungsfelder benannt. Es geht sowohl darum, den künftigen Personalbedarf zu decken, als auch darum, die physische und psychische Leistungsfähigkeit sowie die Motivation der MitarbeiterInnen langfristig zu erhalten und auszubauen (vgl. Deller et al. 2008, S. 112).[3] Mögliche Handlungsfelder für Führungskräfte und PersonalmanagerInnen sind insbesondere die Themen Personalbeschaffung, -auswahl, -führung und -entwicklung sowie die Arbeitsgestaltung und Gesundheitsförderung. Auffällig ist, dass Genderaspekte im Demographiemanagement wenig berücksichtigt werden (vgl. Cuntz 2008, S. 261). Wenn in den einschlägigen Publikationen zu diesem Thema Unterschiede zwischen den Geschlechtern gemacht werden (d.h., nicht nur pauschal von „Älteren"[4] die Rede ist), geht es in erster Linie um Frauen als „stille Reserve" und um die „dazugehörigen" Maßnahmen zur Vereinbarkeit von Familie und Beruf (vgl. z.B. Preißing 2010a, S. 176ff.).

---

    bildungsmaßnahmen u.Ä. ausgeglichen werden können (vgl. z.B. Brandenburg/Domschke 2007, S. 28ff.; Scheele 2006, S. 267).

3   Ich verstehe unter Demographiemanagement daher im Folgenden immer „Betriebliches Demographiemanagement" und setze den Schwerpunkt auf Unternehmen (insbesondere in der Privatwirtschaft).

4   Um die Wechselwirkungen von Geschlecht und weiteren sozialen Ungleichheiten wie z.B. Alter oder Klasse begrifflich zu fassen, wurde der Begriff der Intersektionalität eingeführt (vgl. Lenz 2010, S. 158ff.).

Angesichts der Bestrebungen, auf die Frauen – als noch nicht voll ausgeschöpftes Arbeitskräftepotential – zuzugreifen und diese als (künftiges) Leistungspotential bzw. „Lückenfüller" zu nutzen[5], stellt sich die Frage, ob das Konzept des Demographiemanagements zukünftig eine Chance für mehr Geschlechtergerechtigkeit im Erwerbsleben bieten kann. Bisher sind nach wie vor nachteilige Differenzierungslinien für Frauen zu konstatieren, vor allem hinsichtlich der Verteilung von Macht, Ressourcen und gesellschaftlicher Anerkennung, auch wenn die Organisationshierarchie in Deutschland heutzutage nicht mehr selbstverständlich mit der Geschlechterhierarchie gleichgesetzt werden kann (vgl. Projektgruppe GiB 2010 und die Beiträge in diesem Buch).[6] Angesichts der wachsenden Konkurrenz auf dem sich globalisierenden Weltmarkt und der Demographieentwicklung sind Frauen in Deutschland nicht nur als qualifizierte Arbeitskräfte, sondern auch als (potentielle) Mütter gefragt (vgl. Kahlert 2006, S. 296). Die sich daraus ergebenden gesellschaftlichen und personalpolitischen Herausforderungen könnten Anlass dazu geben, Diskussionsprozesse in Gang zu setzen, an deren Ende entweder mehr Geschlechtergerechtigkeit bei der Verteilung von Erwerbs- und Familienarbeit steht (vgl. Schmitt 2007; Scheele 2006, S. 267) oder sich die Geschlechterverhältnisse im Sinne einer (Re-)Traditionalisierung verfestigen oder gar verschlechtern (vgl. Auth 2004, S. 31).

Sowohl beim Thema Demographiemanagement als auch beim Thema Geschlechtergerechtigkeit geht es um die Umverteilung von Ressourcen und damit auch um Macht- und Mikropolitik. Um die Frage beantworten zu können, ob das Konzept des Demographiemanagements eine Chance für mehr Geschlechtergerechtigkeit im Erwerbsleben bieten kann, werde ich im Folgenden zunächst darstellen, dass und wie das betriebliche Demographiemanagement als (mikro-)politische Arena betrachtet werden kann. Im Anschluss daran werde ich die AkteurInnen sowie ihre Ressourcen und Interessen skizzieren, um am Ende ein Fazit zu ziehen.

2. Demographiemanagement als (mikro-)politische Arena

Aus einer mikropolitischen Perspektive kann eine Organisation als ein soziales Handlungssystem betrachtet werden, in dem die konfligierenden Interessen der

---

5 Das Gesamtpotential an zusätzlichen weiblichen Fachkräften wird bis 2025 auf mehr als 2 Mio. Vollzeitäquivalente geschätzt (vgl. McKinsey 2011, S. 26).

6 Laut Global Gender Gap Report 2010 liegt Deutschland im globalen Ranking auf Platz 13 von 134 Ländern (2008: Platz 11 von 130 Ländern), bei der ökonomischen Partizipation und den Chancen für Frauen auf Platz 37, bei den Bildungsabschlüssen auf Platz 51, beim Thema Gesundheit auf Platz 47 und bei der politischen Teilhabe auf Platz 15 (vgl. www3.weforum.org/docs/WEF_GenderGap_Report_2010.pdf).

handelnden Akteure durch ein Set formeller und informeller Regeln und mithilfe von Machtspielen ausbalanciert werden. Damit knüpfe ich an ein konzeptuales Verständnis von Mikropolitik an, das alles organisationale Handeln als interessengeleitetes, politisches Handeln betrachtet (vgl. Küpper 2004, Sp. 863; Brüggemeier/Felsch 1992, S. 134f.). Folgerichtig sind betriebliche Entscheidungsprozesse nicht vorrangig sachrational, sondern handlungsrational, d.h., aus ihrer sozialen Rationalität heraus verstehbar (vgl. Neuberger 1995; Küpper/Ortmann 1992). Handlungen werden erst dann ausgelöst, wenn Interessen gefährdet sind oder wenn sich die Chance einer besseren Interessenrealisierung ergibt (vgl. Nienhüser 1998, S. 243).

Beim Thema Demographiemanagement steht neben einer veränderten Rekrutierungspraxis und -strategie die Bewältigung des organisationsinternen demographischen Veränderungsprozesses im Fokus. Aus mikropolitischer Sicht werden hierbei – wie in jedem Veränderungsprozess – die Karten neu gemischt. Die ohnehin bereits bestehenden Konfliktlinien zwischen den unterschiedlichen Interessengruppen im Betrieb verschieben bzw. verkomplizieren sich aufgrund der Zunahme der sozialen Heterogenität (vgl. z.B. Nienhüser 1998, S. 493ff.), und die Politisierung von personalpolitischen Entscheidungen nimmt zu. Insbesondere die Implementierung konkreter Maßnahmen erfordert die strategische Analyse der bestehenden Interessenkonstellationen, da jede erfolgreiche Organisationsentwicklung auch erfolgreiche (Mikro-)Politik ist (vgl. Jüngling/Rastetter 2011, S. 32; Reichel 2010). Während der Umsetzungsprozess zur Schaffung von mehr Geschlechtergerechtigkeit unmissverständlich auf die Großgruppe der Männer abzielt, die zugunsten der Frauen zunächst einmal Macht und Ressourcen abgeben müssten (vgl. Wiechmann 2006, S. 117), stehen die GewinnerInnen und VerliererInnen im Prozess des Demographiemanagements noch nicht fest. Organisationen (bzw. genauer gesagt: die darin handelnden AkteurInnen) sind weder geschlechtsneutral noch alter(n)sgerecht, sondern „zentrale Orte der Herstellung von sozialer Ungleichheit" (Wilz 2010, S. 513). Sie reproduzieren und verkörpern einerseits die gesellschaftlichen Strukturmuster (also auch die vorherrschenden Geschlechterverhältnisse[7] und den „Jugendwahn"), haben andererseits aber auch eigenständige Gestaltungsspielräume zum Auf- oder Abbau von Geschlechtersegregation (vgl. Krell 2010; Wilz 2010) und Alters(a)symmetrien

---

7   Das Konzept der „gendered organization" von Acker (1990) besagt, dass die unterschiedliche Verteilung von Einkommen, Aufgaben und Positionen zwischen Männern und Frauen auf der gesellschaftlichen Trennung von Produktions- und Reproduktionsarbeit fußt und in der vergeschlechtlichten „Substruktur" von Organisationen verankert ist. Diese Vergeschlechtlichungen finden auf vier Ebenen statt und wirken offen und sichtbar (wenn z.B. Tätigkeiten oder Hierarchieebenen nur einem Geschlecht offenstehen) oder tief verborgen in vermeintlich geschlechtsneutralen Vorgängen (vgl. Wilz 2010, S. 516f.).

(vgl. Conrads et al. 2008; Brandenburg/Domschke 2007, S. 89ff.). Begrenzt werden diese Gestaltungsspielräume einerseits durch die Bevölkerungsstruktur (Makrodemographie) und das sich daraus ergebende Arbeitskräftepotential und andererseits durch die bereits bestehende Personalstruktur (Mikro- oder Organisationsdemographie)[8] und den sich daraus ergebenden Machtverhältnissen (vgl. Nienhüser 1998, S. 6ff.). Die Personalstruktur kann die Interessendurchsetzungswahrscheinlichkeit der AkteurInnen gefährden oder befördern und wirkt vor allem über die Mechanismen Ähnlichkeit, Sozialisation und Prozesse der Machtverteilung (vgl. ebd., S. 148).

Wenn Demographiemanagement als politische Arena betrachtet werden soll, interessiert zunächst, welche AkteurInnen daran beteiligt sind sowie deren Wahrnehmungen, Interessen, Ressourcen, Handlungsorientierungen, Verhaltensmuster sowie Strategien und Taktiken (d.h., wie sie also letztlich ihre Machtquellen zur Interessendurchsetzung nutzen).

3. AkteurInnen und ihre Interessen im Demographiemanagement

Handelnde AkteurInnen sind zwar alle Stakeholder, aber ich konzentriere mich hier neben den Organisationsmitgliedern auf die PolitikerInnen, die mit ihren gesellschaftspolitisch relevanten Weichenstellungen (u.a. qua Gesetz und Verordnung) die Rahmenbedingungen für personalpolitische Entscheidungen festlegen und damit Korridore des Handelns mit gestalten.[9] In Unternehmen sind es auf der einen Seite die mit Legitimationsmacht ausgestatteten Führungskräfte, die ein Interesse daran haben, eine bestimmte Qualität und Quantität an Arbeitsvermögen kostengünstig aufrechtzuerhalten. Auf der anderen Seite stehen die von diesen Entscheidungen betroffenen MitarbeiterInnen, die ein Interesse an der gewinnbringenden Verwertung ihres Humankapitals haben und als AkteurInnen bzw. unterschiedlich große und einflussreiche (formelle oder informelle) Akteursgruppen um die Verteilung der (knappen) Mittel konkurrieren. Im Hin-

---

8 Nienhüser (1998) unterscheidet vier Grunddimensionen zur Beschreibung der Personalstruktur, die nicht völlig unabhängig voneinander sind: die soziale Heterogenität (d.h. die Streuung eines oder mehrerer sozialer Merkmale wie z.B. Lebensalter, Dienstalter, Qualifikation, Nationalität und Geschlecht), die Dominanz einer oder weniger Gruppen (z.B. die numerische und/oder machtbezogene Dominanz einer bestimmten Alters-, Qualifikations-, Nationalitäten- oder Geschlechtergruppe), das „Alter" des Personals (z.B. der Anteil dienst- oder lebensälterer ArbeitnehmerInnen) und das Qualifikationsniveau (d.h. der Bestand an Fähigkeiten, Fertigkeiten und Kenntnissen; vgl. ebd., S. 246).

9 Deren Entscheidungen fallen allerdings nicht im „luftleeren Raum", sondern werden in unterschiedlichem Ausmaß bereits von mehr oder weniger einflussreichen Interessengruppen mit beeinflusst.

blick auf die Frage nach dem Einfluss des Demographiemanagements auf die Zu- oder Abnahme der Geschlechtergerechtigkeit interessieren hier vor allem die Unterscheidungen nach Alter und Geschlecht. Eine wichtige Rolle spielen in diesem Zusammenhang auch die mit gesetzlich verankerten Rechten ausgestatteten InteressenvertreterInnen. Im Folgenden werde ich diese relevanten Akteursgruppen, ihre Interessen und Ressourcen[10] im Prozess des Demographiemanagements skizzieren.

PolitikerInnen

Bevor Gesetze und Verordnungen erlassen werden, müssen sich auch in der Politik zunächst einflussreiche AkteurInnen finden, die sich für diese Themen einsetzen und den politischen Meinungsbildungsprozess voranbringen. Nach Wiechmann (2006) setzen sich in der Politik eher die Frauen für Themen wie soziale Gerechtigkeit und Bildung ein. Politikerinnen haben es allerdings häufig selbst schwer, sich in der politischen Arena mit ihren männlich geprägten Spielregeln zu behaupten (vgl. Hoecker 2008).

Die Politik reagiert auf die mit dem demographischen Wandel schon lange absehbaren Herausforderungen mit verschiedenen Maßnahmen (vgl. Enquete-Kommission 2002)[11], die nach Einschätzung von Mayer (2011) zwischen Verwalten und Gestalten schwanken. Während bspw. die bisher staatlich geförderte Altersteilzeit ausläuft, steigt das Renteneintrittsalter ab 2012 schrittweise auf 67 Jahre.[12] Des Weiteren spielt zur Förderung der Erwerbstätigkeit das Thema „Vereinbarkeit von Familie und Beruf" eine herausragende Rolle in der politischen[13] und öffentlichen Diskussion (vgl. www.bmfsfj.de). Nach eigenen Aussa-

---

10 Das können formale Entscheidungskompetenzen oder Verfügungsgewalt über Finanzmittel sein, aber auch Beziehungen, Expertenwissen und Statusmerkmale (vgl. Jüngling/ Rastetter 2009, S. 135).
11 Die Enquete-Kommission zum demographischen Wandel wurde bereits 1992 eingesetzt und legte 2002 ihren Schlussbericht vor (vgl. Enquete-Kommission 2002).
12 Aber auch gesetzliche Regelungen sind nicht geschlechtsneutral: Obwohl das Renteneintrittsalter für alle gilt, sieht es so aus, als ob diese Maßnahme unter den vorherrschenden (Geschlechter-)Verhältnissen die Frauen benachteiligt. Noch vor wenigen Jahren erreichten 36% der Frauen das Renteneintrittsalter von 65 Jahren, aber nur 20% der Männer. Frauen bekommen nicht nur seltener eine Erwerbsminderungsrente zugebilligt, sondern können sich einen frühen Renteneintritt (mit Abschlägen) aufgrund kürzerer Beitragszeiten und niedrigerer Beiträge (aufgrund ihrer unterbrochenen Erwerbsbiographie, Teilzeitarbeit, Entgeltdiskriminierung etc.) häufig finanziell nicht leisten (vgl. Cuntz 2008, S. 261).
13 Dazu tragen einige Gesetze wie das Teilzeit- und Befristungsgesetz (2001), die Gesetze zu Elternzeit und -geld (zuletzt novelliert 2007) und das Pflegezeitgesetz (2008) bei (vgl. Klenner et al. 2010, 194f.). Es ist allerdings zu befürchten, dass dadurch andere

gen setzt sich das Bundesfamilienministerium gemeinsam mit den Spitzenverbänden der deutschen Wirtschaft, Gewerkschaften und großen Stiftungen dafür ein, dass immer mehr Unternehmen den Nutzen von Familienfreundlichkeit erkennen, und unterstützt sie bei der Umsetzung. Dabei wird beispielsweise für Arbeitszeitmodelle geworben, die flexibel und familienfreundlich sind. Arbeitgeber sollen motiviert werden, Müttern mehr Karrierechancen und Vätern mehr Familienzeit zu ermöglichen (vgl. http://www.bmfsfj.de/BMFSFJ/Familie/familie-und-arbeitswelt.html).

Die Einführung des Elterngeldes – das 14 (statt zwölf) Monate lang gezahlt wird, wenn beide Partner pausieren – hat dazu geführt, dass 2009 immerhin 23,6% der Väter (im Vergleich zu 96% der Mütter) diese Leistung bezogen. Drei Viertel der Männer tun dies allerdings nur die gesetzlich mindestens vorgeschriebenen zwei Monate (vgl. „Tagesspiegel" vom 20.05.2011) – u.a. beeinflusst von den bei der Umsetzung relevanten betrieblichen AkteurInnen (vgl. Höyng 2008). Auch beim – nach langen Diskussionen und gegen den Widerstand der deutschen Wirtschaft – 2006 in Kraft getretenen Allgemeinen Gleichstellungsgesetz (AGG) wird deutlich, dass Gesetze zwar eine notwendige, aber keine hinreichende Bedingung für den Abbau von Benachteiligungen sind (vgl. Rastetter/ Raasch 2009).[14] Insgesamt kann eine tendenziell positive Bilanz gezogen werden (vgl. z.B. Sieben/Schimmelpfennig 2011), entscheidend für den Abbau von Diskriminierungen sind aber immer die betrieblichen AkteurInnen und deren Engagement im Unternehmen.[15] Die im Folgenden dargestellten betrieblichen AkteurInnen spielen bei der Umsetzung von Gesetzen, Verordnungen und Initiativen in den Organisationen die zentrale Rolle.

Gleichstellungsziele vernachlässigt werden (z.B. Lohngerechtigkeit oder die Verbesserung der Arbeitsbedingungen an „Frauenarbeitsplätzen"; vgl. Jüngling/Rastetter 2011, S. 26).

14 Gesetzliche Grundlagen sind oft unverbindlich formuliert, substanzielle Sanktions- und Kontrollmechanismen fehlen, und es existiert kein allgemeines Monitoringsystem, das Fortschritte und Rückfälle präzise dokumentiert (vgl. zum Thema Gleichstellungspolitik Bothfeld et al. 2010, Böckler impuls 16/2009).

15 Betriebliche Chancengleichheitspolitik gab es zwar auch bereits vor dem Inkrafttreten des AGG, aber nach Meinung von Rastetter und Raasch (2009) ist die symbolische Wirkung des AGG nicht zu unterschätzen: „Es drückt den politischen Willen zur Gleichstellung ebenso wie eine gesellschaftliche Sensibilität gegenüber Diskriminierungen aus. Politische und soziale Werte dringen in die Betriebe ein, ob sie es wollen oder nicht, und wirken langfristig auf das Bewusstsein und das Handeln der Verantwortlichen und der Belegschaft" (ebd. 2009, S.197).

ArbeitgeberInnen

Bei den betrieblichen AkteurInnen spielen vor allem die für Personalpolitik verantwortlichen Führungskräfte für die Reproduktion und Veränderung von Ungleichheiten im Betrieb eine wichtige Rolle. Da Organisationen darauf angewiesen sind, spezifisches Humankapital zu sichern und die Transformation in Arbeitsleistung zu gewährleisten, versuchen sie, passende MitarbeiterInnen zu finden und langfristige Austauschbeziehungen aufzubauen (vgl. Nienhüser 1998, S. 13).[16] Im Unternehmen steht das Erreichen der Organisationsziele im Vordergrund, aber die Frage nach dem Weg dahin ist keine reine Sachfrage – es geht immer (auch) um Positionen und Besitzstände, Ressourcen und Karrieren, Einfluss und Macht (vgl. Küpper/Ortmann 1992, S. 7). Die in der Vergangenheit getroffenen personalpolitischen Entscheidungen[17] haben dazu beigetragen, dass in vielen Organisationen das Thema Demographiemanagement aktuell noch keine Rolle spielt: Mehr als die Hälfte aller deutschen Unternehmen beschäftigen zurzeit keine MitarbeiterInnen über 50 (vgl. Schrep 2008, S. 3; Cuntz 2008, S. 260; Brandenburg/Domschke 2007, S. 77). Personalstrukturen sind immer das Ergebnis von Problemhandhabungen und abhängig vom Personalbedarf und von den Personalbedarfsdeckungsmöglichkeiten. Da aber nicht nur die gewünschten Effekte eintreten, schaffen Personalstrukturen auch (neue) Probleme (vgl. Nienhüser 1998, S. 265ff.). Bisher wurden (und werden) ältere MitarbeiterInnen z.B. häufig als Belastung betrachtet: Sie seien bei höheren Lohnkosten weniger produktiv, flexibel und belastbar als jüngere ArbeitnehmerInnen (vgl. Schrep 2008, S. 3f.; Conrads et al. 2008, S. 40f.). Dabei wird meist ausgeblendet, dass der Erhalt der Leistungsfähigkeit im Alter nicht nur von individuellen Faktoren abhängt, sondern zu einem Gutteil auch von altersgerechten und lernförderlichen Arbeitsbedingungen (vgl. ebd., S. 42ff.). Hinweise auf ein Umdenken finden sich u.a. in einer Studie von McKinsey (2011), in der den Unternehmen drei Handlungsoptionen vorgeschlagen werden, um ihren Fachkräftebedarf dauerhaft zu decken. Sie sollen erstens ihre bereits vorhandenen Potentiale besser ausschöpfen und ihre Attraktivität als Arbeitgeber erhöhen (z.B. stärkere Einbindung von älteren und weiblichen Arbeitskräften, konsequentere Weiterbildung

---

16 Welche BewerberInnen als „passend" eingeschätzt werden und wie die Austauschbeziehungen gestaltet werden, hängt zum einen von der organisationalen Demographie und den sich daraus ergebenden Machtverhältnissen und zum anderen von den Anforderungen der zu erledigenden Arbeitsaufgaben ab (vgl. Nienhüser 1998, S. 265).
17 Diese Entscheidungen haben nicht nur einen maßgeblichen Einfluss auf das Erwerbsleben, sondern auch auf das außerbetriebliche Leben, z.B. darauf, ob die Beschäftigten ihre Arbeit mit ihren privaten Bedürfnissen vereinbaren können und ob sie sich und ihren Angehörigen damit eine menschenwürdige Existenz finanzieren können (vgl. Klenner et al. 2010, S. 10ff.).

für alle). Zweitens wird empfohlen, Kooperationen und Partnerschaften einzugehen (z.B. Netzwerke bilden, staatlich geförderte Programme unterstützen), und drittens soll der eigene Bedarf an Fachkräften gesenkt werden (z.b. Prozesse optimieren, Outsourcing und Offshoring ausweiten). Der jeweils im Unternehmen notwendige Maßnahmenmix soll sich am langfristigen Bedarf und ökonomischen Wert der benötigten Fachkräftegruppen orientieren (vgl. ebd., S. 18ff.). Hier wird zum einen deutlich, dass von diesen Entwicklungen in erster Linie die gefragten hochqualifizierten (männlichen und weiblichen) Fachkräfte profitieren (vgl. auch Jurczyk 2005, S. 116). Zum anderen wird auch klar, dass der zukünftige Fachkräftebedarf in Deutschland nicht genau bestimmt werden kann, da die Firmen versuchen werden, ihren Bedarf an Fachkräften möglichst zu senken. Unter dem Primat kurzfristiger Kostengünstigkeit gibt es Ausweichstrategien für Unternehmen, die dazu führen, dass (auch qualifizierte) Arbeitsplätze ins billigere Ausland verlagert werden. Veränderungen in Richtung Demographiemanagement wird es erst dann geben, wenn das Erreichen der Organisationsziele gefährdet ist.

Auch das Thema Gleichstellung wird in den Betrieben (erst) dann entdeckt, wenn damit komparative Kosten- und Wettbewerbsvorteile zu erreichen sind (vgl. Maschke/Wiechmann 2010, S. 489). Der notwendige Veränderungsdruck in Richtung mehr Chancengleichheit für Frauen und Männer kann entweder durch (mächtige) betriebliche Akteure erzeugt werden, oder er ergibt sich vor dem Hintergrund des drohenden Fachkräftemangels aus bestimmten betrieblichen Kennzahlen[18] wie dem steigenden Frauenanteil in bestimmten Bereichen (z.B. der Medizin), der hohen Fluktuation unter Arbeitnehmerinnen, zu langen Elternzeiten, der Abwanderung von qualifizierten Frauen etc. (vgl. Jüngling/Rastetter 2011, S. 27; McKinsey 2011, S. 25f.). Als Gleichstellungsmaßnahmen werden in der Privatwirtschaft vor allem die Verbesserung der Vereinbarkeit von Beruf und Familie sowie die Förderung von weiblichen Fach- und Führungskräften vorangetrieben (vgl. Jüngling/Rastetter 2011, S. 29). Viele Maßnahmen, die unter dem Label des Demographiemanagements ergriffen werden (Vereinbarkeit von Beruf und Familie, Gesundheitsmanagement, lebenszyklusorientierte Personalentwicklung etc.), kann man unter dem sich verschärfenden Wettbewerbs- und Rationalisierungsdruck auf den Absatz- und Arbeitsmärkten auch als (personalpolitische) Strategien betrachten, mit einem vermehrten Zugriff der Unternehmen auf die „ganze Person" der Arbeitskraft zu reagieren. Die Grenzen zwischen Erwerbsarbeit und Privatleben verwischen dabei zunehmend: Soziale Kompetenzen und Ressourcen aus dem Privatleben sollen für den Erwerbsbereich

---

18 Kennzahlen werden von interessengeleiteten AkteurInnen allerdings oft als nicht hinterfragbares Zahlenwerk dargestellt – häufig, um dem betrieblichen (mikropolitischen) Geschehen eine rationale Fassade zu geben (vgl. Reichel 2010, S. 272).

mobilisiert werden und leistungssteigernd wirken, Aufgaben aus dem Betrieb sollen notfalls in der Freizeit und zeitlich hochflexibel bearbeitet werden (vgl. Jürgens 2005, S. 169). Da insbesondere Care-Work[19] immer auch Stabilität und Verlässlichkeit der zeitlichen Rahmenbedingungen braucht, ist eine zeitlich (und räumlich) entgrenzte Arbeit aber nicht per se eine Entlastung, sondern kann durch den erhöhten Organisationsaufwand und extensives Zeithandeln auch zur Belastung werden (vgl. Jurczyk 2005, S. 113ff.). Insbesondere bei Führungspositionen haben ohnehin immer noch die Arbeitskräfte bessere Karrierechancen, die neben überdurchschnittlichen Leistungen eine hohe zeitliche Flexibilität und Mobilitätsbereitschaft mitbringen. Wer hier aufgrund anderer Verpflichtungen seine Arbeitszeit reduzieren will oder muss, hat mit Schwierigkeiten zu rechnen – teilzeitarbeitende Führungskräfte sind in deutschen Unternehmen immer noch die Ausnahme. Von dieser indirekten Diskriminierung sind vor allem Frauen mit Familienaufgaben betroffen, aber auch engagierte Väter, Menschen mit ehrenamtlichen Verpflichtungen oder Mitarbeitende, die aus anderen Gründen mehr Eigenzeit für sich beanspruchen (vgl. Bessing/Mahler Walther 2011; Vedder/ Vedder 2004, S. 306ff.). Auch der Ausstieg aus dem Erwerbsleben soll zukünftig mithilfe von Lebensarbeitszeit- oder Langzeitkonten flexibel gehandhabt werden können. Diese Ausstiegsmodelle sind an einer lebenslangen Vollzeitbeschäftigung orientiert und funktionieren nur, wenn in der „Rush-Hour des Lebens" (vgl. Schwentker/Vaupel 2011, S. 9) mehr gearbeitet wird. Insbesondere Frauen haben aber gerade in diesen Jahren aufgrund familiärer Pflichten wenig Zeit und profitieren daher seltener von solchen Modellen (vgl. Cuntz 2008, S. 261ff.).

Ob es die Frauen unter den beschriebenen Rahmenbedingungen und Geschlechterverhältnissen schaffen, genug Ressourcen und Einfluss zu mobilisieren, um ihre Chancen im demographischen Wandel zu nutzen und mehr Geschlechtergerechtigkeit zu erstreiten, werde ich im Folgenden analysieren.

Arbeitnehmerinnen

Im Jahr 2010 waren 66,1%[20] der deutschen Frauen im erwerbsfähigen Alter (76% der deutschen Männer) erwerbstätig, davon aber nur 55% in Vollzeit. Ein Drittel der Frauen benennt als Grund für die Teilzeitbeschäftigung (durchschnittliche Wochenarbeitszeit: 18,5 Std.) die Betreuung von Kindern oder die Pflege von Angehörigen (vgl. Bundesagentur für Arbeit 2011). Die wachsende Frauen-

---

19 Damit ist die Sorge bzw. Fürsorge für sich selbst und für andere (Kinder, Kranke, alte Menschen) sowie für die Gestaltung persönlicher Beziehungen jeglicher Art gemeint (vgl. Jurczyk 2005, S. 109).
20 Die großen Unterschiede zwischen den alten und neuen Bundesländern müssen hier aus Platzgründen leider ausgeblendet werden (vgl. dazu Scheele 2006, S. 273).

erwerbsbeteiligung (2005: 60%) geht mit einem zunehmenden Anteil von atypischen und prekären Beschäftigungsverhältnissen einher. Frauen arbeiten häufig in befristeten und Leiharbeitsverhältnissen, in Minijobs sowie in Teil- und Vollzeitarbeit im Niedriglohnbereich. Stiegler nannte das bereits 1993 „Kalkül mit der Notlage", da Mütter oder Pflegende i.d.R. keine andere Wahl haben, als schlechte Löhne und Arbeitsbedingungen zu akzeptieren, die mit den Arbeitsverhältnissen verknüpft sind, die einzugehen sie überhaupt in der Lage sind (ebd., S. 19). Daran hat sich bis heute wenig geändert, und in diesen Beschäftigungsverhältnissen haben Frauen wenig Sicherheit, wenig Rechte und wenig Macht, d.h. sehr wenig Ressourcen für die Durchsetzung eigener Interessen (vgl. Fuchs 2010, S. 143ff.; Klenner et al. 2010, S. 197ff.).[21] Während insgesamt immer mehr Frauen erwerbstätig sind, reduziert sich die Prozentzahl arbeitender deutscher Mütter mit einem Kind auf 58,4% und mit drei Kindern auf 36% (vgl. Ladwig/Domsch 2009, S. 86ff.). Die Anzahl der Kinder spielt also bei vielen Müttern eine entscheidende Rolle – bei den meisten Vätern nicht. Es sind immer noch überwiegend Frauen, die nach der Familiengründung die Versorgung der Kinder übernehmen, während Männer ihre Erwerbsorientierung eher noch verstärken (vgl. Projektgruppe GiB 2010; Allmendinger et al. 2008). Diese Frauen nehmen durch die familienbedingten Unterbrechungen oder Reduzierungen ihrer Erwerbstätigkeit erhebliche Nachteile in Bezug auf Qualifizierung, Beschäftigungssicherheit, beruflichen Aufstieg, Einkommen und Altersvorsorge in Kauf (vgl. Jürgens 2005, S. 172). Viele dieser individuellen Entscheidungen sind nicht (ganz) freiwillig, zumal die Akkumulation von Benachteiligungseffekten im Verlauf der Berufsbiographie (z.B. die Potenzierung familienbedingter Einkommenseinbußen über die Lebensjahre) zunächst weder bewusst noch absehbar ist (vgl. Fuchs 2010, S. 171ff.).

Viele aufstiegsorientierte Frauen in Deutschland entscheiden sich gegen Kinder und für die Karriere[22] und haben dadurch im Kampf um Arbeitsplätze und beruflichen Aufstieg bessere Chancen als Mütter[23] (vgl. Jurczyk 2005,

---

21 Insgesamt gibt es einen Trend zu weniger formalisierten (d.h. häufig: prekären) Arbeitsverhältnissen für beide Geschlechter (vgl. Scheele 2006, S. 272ff.). So vervierfachte sich beispielsweise der Anteil der unfreiwillig Teilzeittätigen von 6% im Jahr 1992 auf 22% im Jahr 2009 (vgl. Statistisches Bundesamt 2010, S. 32f.).
22 Nach Angaben des Statistischen Bundesamts Deutschland hatten im Jahr 2008 28% der westdeutschen Akademikerinnen (mit Hochschulabschluss, Fachhochschulabschluss oder Abschluss an einer Verwaltungsfachhochschule) im Alter von 40–75 Jahren keine Kinder. Bei den ostdeutschen Frauen mit akademischem Grad betrug dieser Anteil lediglich 11% (vgl. Statistisches Bundesamt 2009).
23 Dies ändert sich manchmal mit fortschreitendem Alter: Während jüngere Frauen häufig nur teilzeitbeschäftigt sind, weil Betreuungsmöglichkeiten für ihre Kinder fehlen, haben ältere Frauen immer öfter Angehörige zu pflegen (vgl. Cuntz 2008, S. 261f.) – 73% der

S. 115ff.). Aber auch karriereorientierte Frauen mit hohem Humankapital (d.h. mit qualifizierten Hochschulabschlüssen sowie beruflichen Qualifikationen und Erfahrungen) schaffen es selten in höhere Führungspositionen – die Schaltzentralen der Wirtschaft sind fest in Männerhand. Frauen sind in den Vorstandsetagen und Führungsgremien weiterhin stark unterrepräsentiert (vgl. Funken 2011; McKinsey 2010; Holst 2009; zusammenfassend Krell 2010). Auch dies hat viele Ursachen, die hier nicht alle erläutert werden können (vgl. Holst 2009 und die entsprechenden Beiträge in diesem Band). Als ein Grund wird auch hier die mangelnde Vereinbarkeit von Karriere und Familie genannt (vgl. Walther/ Schaeffer-Hegel 2007, S. 15ff.), doch nach Krell (2010) sind die Vereinbarkeitsprobleme (als vermeintliche „Karrierekiller" für Frauen) keine objektiven Barrieren, sondern werden interessengeleitet als Hindernisse konstruiert (vgl. ebd., S. 426ff.). So führen Männer bspw. „rationale Kostengründe" ins Feld und argumentieren gegen Frauen und Vereinbarkeitsmaßnahmen als Kosten- und Unsicherheitsfaktoren, z.B. Ausfallrisiko (vgl. Wiechmann 2006, S. 128f.).

Während für Männer eine erwerbslebenslange Vollzeitbeschäftigung nach wie vor das normative Leitbild ist,[24] gestalten sich die Erwerbsbiographien von Frauen höchst unterschiedlich (vgl. Fröse 2009, S. 35). Die Genusgruppe der (beschäftigten) Frauen ist keine homogene Akteurinnengruppe:

> „Ihre unterschiedlichen Ansprüche an Arbeit, Kariere und Macht hängen eng mit ihren unterschiedlichen Lebensentwürfen und Lebensphasen zusammen, die sich allerdings nicht allein durch generationenspezifische Deutungsmuster erklären lassen." (Wiechmann 2006, S. 125f.)

Mit der Unterschiedlichkeit der Erwerbsverläufe ist ein entscheidener Nachteil für eine gemeinsame Strategiebildung zur Interessendurchsetzung verbunden: eine mangelnde Einheit aufgrund der Interessenvielfalt. Wenn Frauen versuchen, ihre Interessen durchzusetzen, so treffen sie als heterogen strukturierte Gruppe auf die immer noch einheitlichere Interessengemeinschaft der Männer (vgl. ebd.).

Diese Erkenntnis spielt auch im Rahmen des Demographiemanagements eine wichtige Rolle. Wie bereits erwähnt, werden in den Handlungsfeldern des Demographiemanagements Geschlechteraspekte bisher wenig berücksichtigt. Wenn sich dies ändern soll, müssen Frauen aktiv werden und für ihre Interessen eintreten (vgl. z.B. Bischoff 2009, S. 108). Interessanterweise bescheinigen vor allem Männer den Frauen im Organisationshandeln eine stärkere Orientierung an Sachinteressen und den Männern eine stärkere Orientierung an ihren Eigeninteressen (vgl. Rastetter 2009; Wiechmann 2006, S. 126f.). So dienen Frauen-

---

Pflege im häuslichen Umfeld wird von Frauen übernommen (vgl. Gender-Datenreport 2005).

24 Obwohl seit Jahren mehr als 50% der Männer nicht mehr in einem „Normalarbeitsverhältnis" (d.h. einer unbefristeten Vollzeitanstellung) arbeiten (vgl. Höyng 2008, S. 445).

netzwerke eher der Verbesserung der Arbeit, Männernetzwerke sind eher Machtnetze („Männerbünde") und daher effektiver für die Förderung der eigenen Karriere (vgl. ebd. 2006, S. 147). Da es mehr Geschlechtergerechtigkeit nur mit den Männern oder gegen die Männer geben kann, werde ich deren Interessen und Ressourcen im Folgenden skizzieren.

Arbeitnehmer

Bisher führen männlich geprägte Regelungen und Mechanismen in vielen Organisationen dazu, dass der Zugang zu Machtpositionen und einflussreichen Arbeitsstellen für Männer nach wie vor wesentlich leichter ist als für Frauen (vgl. z.B. Funken 2011; Projektgruppe GiB 2010). Dieses eindeutige Ungleichgewicht zulasten der Frauen ist eine wichtige Machtquelle der Männer. Besonders in Männerdomänen (z.B. im gewerblich-technischen Bereich oder auf höheren Führungsebenen) sind Frauen als Konkurrentinnen nicht willkommen, da Ängste vor Verlusten oder Verschlechterungen aufkommen oder einfach die „Herrenrunde" gestört wird. Das kulturelle Leitbild hegemonialer Männlichkeit und die darauf beruhende männliche Vergemeinschaftung haben dort eine identitätsstabilisierende Funktion und schaffen eine soziale Nähe unter den Mitgliedern, die durch strenge Verhaltensnormen kontrolliert wird und eine Aufnahme von Frauen und „abweichenden" Männern nicht zulassen kann (vgl. Funken 2011; Wippermann 2010; Jüngling/Rastetter 2009). Die institutionelle Verunsicherung – die radikale Veränderung homosozialer Berufswelten (Polizei, Militär, Hochschule, Wirtschaft, Technik ...) durch Frauen und die damit einhergehende Bedrohung des männlichen Macht-, Ressourcen- und Prestigeerhalts – geht mit einer individuellen Verunsicherung des Rollenbildes einher (vgl. Meuser 2010). Da sich Männer immer noch in hohem Maß über ihre Arbeit bzw. ihr geregeltes, lebenslanges Normalarbeitsverhältnis und ihre Rolle als Haupt- und Familienernährer definieren (vgl. Kortendiek 2010, S. 446; Meuser 2010, S. 431; Fröse 2009, S. 36), führt der gegenwärtige Strukturwandel mit der Flexibilisierung von Arbeitsmodellen und Erwerbsbiographien zu Rollenunsicherheiten (vgl. zusammenfassend Wedgwood/Connell 2010). Der Umgang damit ist unterschiedlich:

> „Gegenwärtig lassen sich sowohl Ansätze einer ‚Modernisierung' von Männlichkeit beobachten als auch Beharrungstendenzen im Sinne einer Verteidigung tradierter, aber gefährdeter Privilegien – und das mitunter in ein und demselben Kontext." (Meuser 2010, S. 432)[25]

---

25 Hierin spiegelt sich (auch) der Konflikt, der sich insbesondere für junge heterosexuelle Männer ergibt aus der Diskrepanz der Erwartungen zwischen den Hegemonieansprüchen der homosozialen Männergemeinschaft einerseits und den Gleichheitserwartungen der jungen Frauen andererseits (vgl. Meuser 2010, S. 430).

Da heutzutage offener Widerstand gegen mehr Chancengleichheit als politisch nicht korrekt gilt, ist mit verdecktem Widerstand zu rechnen (vgl. Jüngling/ Rastetter 2009, S. 135ff.). Welchen Nutzen und Mehrwert sie selbst von mehr Geschlechtergerechtigkeit haben könnten, wird von vielen Männern (noch) nicht erkannt – es fehlen die konkreten Gewinnaussichten.[26] Deshalb wird das Thema Geschlechtergerechtigkeit entweder ignoriert oder gar als Bedrohung empfunden (vgl. Wiechmann 2006, S. 130f.).

Veränderungen gegenüber tradierten Männlichkeitsmustern stellt Meuser (2010) vor allem bei jungen Männern und in zwei Dimensionen fest: in einem gewandelten Verständnis von Vaterschaft und in einer (ästhetisierenden) Bedeutungsaufwertung des männlichen Körpers (vgl. ebd., S. 432). Auch Höyng (2008) kommt zu dem Schluss, dass die steigende Zahl der aktiven Väter auf eine (langsame) Änderung der ausgeprägten männlichen Erwerbsorientierung hindeuten könnte (vgl. ebd., S. 445ff.). Diese Einstellungsänderungen stoßen offensichtlich nach wie vor an Grenzen, die einerseits von den Strukturen des Arbeitsmarktes und andererseits von den Beschäftigungsverhältnissen gesetzt werden (vgl. Meuser 2010, S. 432; Döge 2007, S. 29). Männern wurde es in den letzten Jahren trotz ihres Rechtsanspruchs in vielen Betrieben wesentlich schwerer gemacht als Frauen, ihre Erwerbstätigkeit aufgrund familiärer Pflichten zu unterbrechen (vgl. Höyng 2008; Peinelt-Jordan 2004, S. 222ff.). In einer männlich geprägten Wettbewerbskultur fühlen sich auf Dauer viele Berufstätige allerdings nicht wohl (vgl. Szebel-Habig 2009, S. 75; Matthies 2007). Laut einer neuen Studie der Gesellschaft für Konsumforschung leiden in Deutschland insbesondere die 30- bis 39-Jährigen unter ihrer Arbeitsbelastung: 46% geben an, häufig oder fast immer Stress am Arbeitsplatz zu erleben. Gerade diese angehenden LeistungsträgerInnen zeigen sich gleichzeitig wenig inspiriert durch ihren Arbeitgeber, ihr Bestes zu geben (vgl. http://www.inqa.de/Inqa/Navigation/themen, did=257934.html).

Hier zeichnen sich Konfliktlinien ab, die sozusagen „quer" zu den Geschlechterfragen liegen und die bei zunehmend älter werdenden Belegschaften aller Voraussicht nach an Brisanz gewinnen. Je mehr Generationen gemeinsam aktiv im Erwerbsleben stehen, desto vielfältiger werden die Interessenkonflikte auch zwischen Alt und Jung. So stellt sich in älter werdenden Belegschaften z.B. die Frage nach der Sinnhaftigkeit des Senioritätsprinzips bei Einkommen und Aufstiegschancen. Wenn sich dadurch die Aufstiegschancen der nachfolgenden MitarbeiterInnen verschlechtern, erhöht sich u.U. die Fluktuationsneigung der Aufstiegswilligen (vgl. Nienhüser 1998, S. 9f.). Um sowohl jüngeren als auch älteren MitarbeiterInnen eine Perspektive zu bieten, müssen neue Formen der altersgerechten Laufbahnplanung entwickelt werden (vgl. Preißing 2010a,

---

26 Auf die Ausnahmen weist Höyng (2008) hin.

S. 181f.). Auch Männer konkurrieren also nicht nur mit Frauen, sondern ebenfalls mit ihren Geschlechtsgenossen, die allerdings unter den gegebenen Verhältnissen (noch) wesentlich einfacher zu Bundesgenosssen werden.[27]
Bei der Lösung dieser sich abzeichnenden Interessenkonflikte sind auch die Interessenvertretungen der ArbeitnehmerInnen gefragt, auf die ich im Folgenden eingehe.

InteressenvertreterInnen

Im Vergleich zu einzelnen Beschäftigten verfügen die mit mehr gesetzlich verankerten Rechten ausgestatteten InteressenvertreterInnen (Betriebsräte, SchwerbehindertenvertreterInnen etc.) über ein gewisses Maß an Legitimationsmacht. Sie haben beispielsweise bei mitbestimmungspflichtigen Themen (z.b. Arbeitssicherheit, Sozialleistungen, Gesundheitsschutz, Gleichberechtigung) ein erzwingbares Initiativrecht. Mit dem AGG und dem novellierten BetrVG verfügen die Betriebsräte über ein erweitertes Instrumentarium für gleichstellungsförderliche Maßnahmen in den Unternehmen (vgl. Maschke/Wiechmann 2010, S. 490ff.).[28] Diese Handlungsspielräume zur Erzeugung von Veränderungsdruck werden aber nur aktiv genutzt, wenn ein Problembewusstsein[29] vorhanden ist und sich im Gremium (einzelne) einflussreiche AkteurInnen finden, die bestimmte Projekte (interessengeleitet) vorantreiben (vgl. z.B. zum Thema Diversity Management Losert 2011, S. 228; zum Thema Gleichstellungsförderung Maschke/Wiechmann 2010, S. 493). Wichtige Voraussetzungen für mehr Geschlechtergerechtigkeit sind auch hier das Geschlechterwissen der AkteurInnen und die Machtverteilung im (häufig männerdominierten) Gremium (vgl. Dölling 2003). Nach der Analyse der Rolle von Betriebsvereinbarungen zur Verankerung von Gleichstellung und Chancengleichheit kommen Maschke und Wiechmann (2010) zu dem Schluss, dass einige kreative Ideen zur Vereinbarkeit von Beruf und Familie existieren, aber die Spielräume bisher nicht ausgeschöpft sind. Auch sie vermuten, dass vor allem solche Themen beliebt sind, die weniger Widerstand erzeugen – nicht solche, die mit Veränderungen von Ressourcen, Macht, Arbeits- und Organisationskulturen einhergehen (vgl. ebd., S. 509). Klenner et al.

---

27 Zur Untersuchung der Wechselwirkungen von Diskriminierungen nach vielfachen sozialen Ungleichheiten wie Geschlecht, Klasse, Alter, Qualifikation, Migration etc. ist auch im Demographiemanagement das Konzept der Intersektionalität nützlich (vgl. Lenz 2010, S. 158ff.).
28 Tarifverträge spielen bisher eine untergeordnete Rolle, da die – offenbar nach wie vor am traditionellen, männlich geprägten Normalarbeitsverhältnis orientierten – Gewerkschaften ihre Gestaltungs- und Verhandlungspotentiale für mehr Chancengleichheit (noch) nicht ausnutzen (vgl. Maschke/Wiechmann 2010, S. 495ff.)
29 Im Rahmen der WSI-Betriebsrätebefragung von 2007 rangiert das Thema Gleichstellungsförderung auf dem vorletzten Platz (vgl. Maschke/Wiechmann 2010, S. 511).

(2010) stellen fest, dass das Vorhandensein von Betriebsräten einen tendenziell positiven Einfluss auf die Geschlechtergerechtigkeit in der Privatwirtschaft hat. So reduzieren sich in Unternehmen mit Betriebsrat bei dessen Klientel (d.h. nicht bei Führungskräften) die betriebsgebundene Segregation, der Einkommensabstand und die Ausbreitung von (geringfügiger) Teilzeitarbeit und Randbelegschaften. Davon profitieren viele Frauen aber nicht, da sie in Unternehmen ohne Betriebsrat arbeiten (vgl. ebd., S. 13). Der ausgleichende Einfluss der Interessenvertretungen kann u.a. damit erklärt werden, dass die Betriebsräte (auch) ein Interesse an einer homogenen und damit mächtig(er)en Arbeitnehmerschaft haben. Je homogener die Bedürfnisstruktur der Beschäftigten, desto besser kann der Betriebsrat deren Forderungen bündeln und damit seine eigene Machtposition stärken (vgl. Nienhüser 1998, S. 192).

Der Erfolg ihrer Arbeit ist jedoch auch abhängig von der Wahrnehmung sich bietender Chancen und dem geschickten Einsatz informeller Strategien sowie mikropolitischer Taktiken. Die Konfliktlinien verlaufen auch hier aufgrund der Interessengegensätze u.U. nicht nur zwischen ArbeitnehmerInnen und ArbeitgeberInnen, sondern auch zwischen gleichstellungsaktiven und -abstinenten Betriebsratsmitgliedern und den von ihnen vertretenen Beschäftigten. Die Akteursgruppen können je nach Problembewusstsein und Interessenlage auch „lagerübergreifende" Koalitionen eingehen (vgl. Maschke/Wiechmann 2010, S. 513f.).[30]

4. Fazit

Dass vor allem qualifizierte Frauen infolge des demographischen Wandels als Arbeitskräfte gesucht sind, ist eine notwendige, aber keine hinreichende Bedingung für mehr Geschlechtergerechtigkeit im Erwerbsleben. Angesichts der herrschenden Geschlechter- und Machtverhältnisse in den Betrieben stehen die Chancen dafür eher schlecht. Diskriminierungen auf betrieblicher Ebene sind generell schwer zu ändern, weil die von den herrschenden Verhältnissen Profitierenden aktiv werden müssten und dazu aus eigenem Antrieb wenig Veranlassung haben (vgl. Krell 2010, S. 426). Solange die Schaltzentralen der Wirtschaft weiterhin fest in Männerhand sind, werden frauenfördernde Maßnahmen wie z.B. die aktuell heftig diskutierte Frauenquote auch in Zukunft auf starke Widerstände stoßen. Für Maßnahmen zur betrieblichen Gleichstellungsförderung gibt es häufig selbst dann keine Mehrheiten, wenn deren Effizienzüberlegenheit (entscheidungsrational) nachweisbar ist. Denn in die Kosten-Nutzen-Erwägungen werden

---

30 So zeigt beispielsweise die Untersuchung von Riegraf (1996), dass sich der Betriebsrat mit dem Management sowie Teilen der männlichen Beschäftigten zu einer konservativen Koalition von Gleichstellungsverhinderern verbündet (vgl. ebd., S. 231).

auch etwaige Reibungsverluste einbezogen, die entstehen, wenn Veränderungen von Vorteilsverhältnissen (in der Regel zuungunsten der Männer) anstehen (vgl. Maschke/Wiechmann 2010, S. 538). Ansätze, die beide Geschlechter ansprechen (z.B. Diversity, Familienfreundlichkeit, Work-Life-Balance und wahrscheinlich auch Demographiemanagement), wecken offensichtlich keine Geschlechterkampf-Assoziationen und werden daher von den betrieblichen AkteurInnen besser akzeptiert (vgl. Jüngling/Rastetter 2011, S. 30). Allerdings wird die Frage nach den Geschlechterverhältnissen auch im Rahmen des Demographiemanagements fast ausschließlich zur Vereinbarkeitsfrage – die „natürlich" immer nur im Hinblick auf die Mütter gestellt wird (vgl. z.B. Preißing 2010a; Brandenburg/ Domschke 2007). Regelungen, die – wie bisher – überwiegend von weiblichen Beschäftigten in Anspruch genommen werden, verfestigen aber die Karrierenachteile für (potentielle) Mütter, da sie als Zusatzaufwand und -kosten speziell für Frauen gewertet werden. Unter Gleichstellungsgesichtspunkten sind nur Konzepte weiterführend, die flexible Arbeitszeitregelungen zur Vereinbarkeit von Beruf und Familie für beide Elternteile auch in qualifizierten Positionen ermöglichen und gerade auch Väter aktiv fördern (vgl. z.B. Jüngling/Rastetter 2011, S. 28f.; Stiegler 1993, S. 20). Gesetzliche Regelungen zur Förderung der Chancengleichheit eröffnen zwar Handlungsspielräume für den Abbau von Diskriminierungen im Unternehmen, sind aber oft unverbindlich formuliert und ohne substanzielle Sanktions- und Kontrollmechanismen (vgl. Bothfeld et al. 2010). PolitikerInnen setzen stattdessen in erster Linie auf Überzeugung, Sensibilisierung und Bewusstseinsarbeit, können damit aber keine entscheidende, richtungsweisende Rolle für das Vorantreiben der Gleichstellung übernehmen.[31]

Warum in den Betrieben weder die Spielräume „für das Machbare noch für das [gleichstellungspolitisch, KR] Wünschbare" (Maschke/Wiechmann 2010, S. 509) ausgeschöpft werden, ist aus einer mikropolitischen Perspektive heraus erklärbar. Jede Entscheidung ist demnach das Ergebnis eines komplexen Aushandlungsprozesses, dem zahlreiche Interessenkonflikte zugrunde liegen. Wenn der demographische Wandel dazu führt, dass die Belegschaften älter werden und die soziale Heterogenität zunimmt, dann entstehen neue Interessengruppen und -konflikte, die eine zunehmende Politisierung personalpolitischer Entscheidungen zur Folge haben. Diese Entscheidungen orientieren sich auch weiterhin nicht in erster Linie an Gerechtigkeitsnormen. Am Ende setzen sich die AkteurInnen bzw. Akteursgruppen durch, die über die meisten Machtressourcen verfügen und/ oder die besten Taktiken anwenden, um ihre Interessen durchzusetzen. Eine die-

---

31 Die Autorinnen des IAB-Betriebspanels 2008 kommen beispielsweise zu der ernüchternden Erkenntnis, dass die freiwillige Vereinbarung von 2001 zwischen Privatwirtschaft und Bundesregierung in dieser Hinsicht keine nennenswerten Fortschritte gebracht hat (vgl. Kohaut/Möller 2010).

ser Taktiken ist die Koalitionsbildung zur Stärkung der eigenen Position, die sich in erster Linie am Vorhandensein gemeinsamer Interessen und nicht unbedingt an der gemeinsamen Zugehörigkeit zu einer Genusgruppe oder Alterskohorte orientiert. Daher profitieren beispielsweise gut ausgebildete Frauen wahrscheinlich auch in Zukunft im Rahmen des Demographiemanagements von den Entwicklungen auf dem Arbeitsmarkt, während gering qualifizierte Frauen bzw. Beschäftigte in prekärer Beschäftigung und/oder mit niedrig bewerteten Tätigkeiten nach wie vor zu den VerliererInnen gehören werden (vgl. Maschke/ Wiechmann 2010, S. 538).

Die hierarchisierte Arbeitsteilung zwischen den Geschlechtern ist nach wie vor ein tendenziell stabiles und zentrales Scharnier für die (Re-)Produktion von Ungleichheiten in der Gesellschaft (vgl. Jurczyk 2005, S. 103). Solange die Frauen als Genusgruppe die Hauptlast und die Risiken der privaten und unbezahlten Arbeit fast alleine tragen, wird es weiterhin keine grundlegenden Änderungen in den Geschlechterverhältnissen geben (vgl. Stiegler 1993). So kommt auch Scheele (2006) zu dem Schluss, dass „die unveränderte Erwerbsorientierung von Männern und die fehlende ‚Maskulinisierung' von Nicht-Erwerbsarbeit inklusive einer entsprechenden Neustrukturierung und Anpassung von Erwerbsarbeit an Bedarfe der Nicht-Erwerbssphäre" (ebd., S. 277) das eigentliche Problem sind. Angesichts der Einstellungsänderungen auch bei jungen Männern (z.B. zum Thema Work-Life-Balance) könnte der demographische Wandel auf lange Sicht vielleicht doch der Katalysator für eine partnerschaftliche(re) Arbeitsteilung zwischen den Geschlechtern sein.[32] Denn die auch von vielen Personalverantwortlichen als notwendig erachtete Mobilisierung der bisher noch nicht erwerbstätigen Mütter und pflegenden Töchter für den Erwerbsarbeitsmarkt ist ohne eine Veränderung des Geschlechtervertrags nicht umsetzbar – außer die Haus-, Sorge- und Pflegearbeit wird komplett gesellschaftlich als Erwerbsarbeit organisiert und finanziert (vgl. Stiegler 1993, S. 19ff.). Eine Entdichtung und Entschleunigung der Erwerbsarbeitszeit für Männer und Frauen hätte zahlreiche Vorteile, von denen alle profitieren würden. Wenn alle aktuell weniger, aber insgesamt länger arbeiten, bleibt auch in der „Rush-Hour des Lebens" mehr Zeit und Energie für den Erhalt der eigenen Gesundheit und Leistungsfähigkeit, für lebenslanges Lernen, für die Erziehung von Kindern, die Pflege der Alten usw. (vgl. Schwentker/Vaupel 2011, S. 9f.; Stiegler 1993, S. 30f.). Stiegler (1993) weist allerdings darauf hin, dass dies nur mit einer entsprechenden sozialen Absicherung funktionieren kann:

---

32 Auch im Personalmanagement gibt es Stimmen, die dafür plädieren, Personalpolitik so zu gestalten, dass nicht nur das bestehende innerbetriebliche Humankapital langfristig erhalten bleibt, sondern auch dessen Ressourcenquellen (d.h. Familie, Gesellschaft, Bildungssystem etc.; für einen Überblick vgl. Ehnert 2009).

„Damit könnte die heute typisch weibliche Erwerbsbiographie mit ihren Lücken und ihrer reduzierten Verfügbarkeit zur Normalbiographie werden, allerdings mit allen sozialen Sicherungen der heute typisch männlichen Erwerbsbiographie versehen." (Ebd., S. 30)

Ob und wie dies finanzierbar wäre, ist noch eine offene Frage. Fest steht: Wenn Frauen ihre Interessen durchsetzen wollen, müssen sie sich (auch) mit ihrer Einstellung zu Macht und deren strategischem Einsatz beschäftigen und (mehr) mikropolitische Kompetenz – als eine Art soziale Kompetenz – erwerben, die bisher eher von Männern genutzt wird (vgl. Jüngling/Rastetter 2009, S. 142ff.; und Cornils/Rastetter in diesem Band).

Literatur

Acker, Joan 1990: Hierarchies, Jobs, Bodies: A Theory of Gendered Organisations. In: Gender and Society, Jg. 4, H. 2, S. 139–158

Allmendinger, Jutta/Leuze, Kathrin/Blanck, Jonna M. 2008: 50 Jahre Geschlechtergerechtigkeit und Arbeitsmarkt. In: APuZ (Aus Politik und Zeitgeschichte), H. 24–25, S. 18–25

Auth, Diana 2004: Die alternde Gesellschaft: Bessere Arbeitsmarktperspektiven für Frauen? In: Breit, Gotthard (Hg.): Die alternde Gesellschaft. Politische Bildung. Beiträge zur wissenschaftlichen Grundlegung und zur Unterrichtspraxis. Schwalbach/Ts., S. 31–40

Becker, Ruth/Kortendiek, Beate (Hg.) 2010: Handbuch Frauen- und Geschlechterforschung (3. Auflage). Wiesbaden

Berger, Peter A./Kahlert, Heike (Hg.) 2006: Der demographische Wandel. Chancen für die Neuordnung der Geschlechterverhältnisse. Frankfurt/M.

Bessing, Nina/Mahler Walther, Kathrin 2011: Work-Life-Balance: Vorteile für Beschäftigte und Organisationen. In: Krell et al. 2011, S. 497–510

Bischoff, Sonja (2009): Mit (mehr) Frauen in Führungspositionen der Wirtschaft in die Zukunft? In: Fröse/Szebel-Habig 2009, S. 101–109

Böckler impuls 16/2009: Klare Regeln verkleinern den Unterschied, S. 4–5. Internet: http://www.boeckler.de/pdf/impuls_2009_16_gesamt.pdf [09.08.2011]

Börsch-Supan, Axel 2011: Ökonomische Auswirkungen des demografischen Wandels. In: APuZ (Aus Politik und Zeitgeschichte), H. 10–11, S. 19–26

Bothfeld, Silke/Hübers, Sebastian/Rouault, Sophie 2010: Gleichstellungspolitische Rahmenbedingungen für das betriebliche Handeln. Ein internationaler Vergleich. In: Projektgruppe GiB 2010, S. 21–88

Brandenburg, Uwe/Domschke, Jörg-Peter 2007: Die Zukunft sieht alt aus – Herausforderungen des demografischen Wandels für das Personalmanagement. Wiesbaden

Brüggemeier, M./Felsch, A. (1992). Mikropolitik. In: Die Betriebswirtschaft (DBW), Jg. 52, S. 133–136

Bundesagentur für Arbeit 2011: Arbeitsmarktberichterstattung: Frauen und Männer am Arbeitsmarkt. Nürnberg

Bundesministerium für Familie, Senioren, Frauen und Jugend 2011: 4. Bilanz Chancengleichheit. Erfolgreiche Initiativen unterstützen – Potenziale aufzeigen. Internet: http://www.bmfsfj.de/BMFSFJ/Service/Publikationen/publikationen,did=173736.html [09.08.2011]

Conrads, Ralph/Kistler, Ernst/Staudinger, Thomas 2008: Alternde Belegschaften und Innovationskraft der Wirtschaft. In: APuZ (Aus Politik und Zeitgeschichte), H. 18–19, S. 40–46

Cuntz, Julia 2008: Neue Anforderungen durch ältere Belegschaften – Geschlechteraspekte berücksichtigen! In: Deller et al. 2008, S. 260–263

Deller, Jürgen/Kern, Stefanie/Hausmann, Esther/Diederichs, Yvonne 2008: Personalmanagement im demografischen Wandel. Ein Handbuch für den Veränderungsprozess. Heidelberg

Döge, Peter 2007: Männer – auf dem Weg zu aktiver Vaterschaft? In: APuZ (Aus Politik und Zeitgeschichte), H. 7, S. 27–32

Dölling, Irene 2003: Das Geschlechter-Wissen der Akteur/e/innen. In: Andresen, Sünne/Dölling, Irene/Kimmerle, Christoph: Verwaltungsmodernisierung als soziale Praxis. Geschlechter-Wissen und Organisationsverständnis von Reformakteuren. Opladen, S. 113–165

Ehnert, Ina 2009: Sustainable Human Resource Management: A conceptual and exploratory analysis from a paradox perspective. Berlin, Heidelberg

Enquete-Kommission 2002: Demographischer Wandel – Herausforderungen unserer älter werdenden Gesellschaft an den Einzelnen und die Politik. Deutscher Bundestag, Drucksache 14/8800, Berlin

Fröse, Marlies W. 2009: Mixed Leadership – Presencing Gender in Organisations. In: Fröse/Szebel-Habig 2009, S. 17–57

Fröse, Marlies W./Szebel-Habig, Astrid (Hg.) 2009: Mixed Leadership: Mit Frauen in die Führung! Bern

Fuchs, Tatjana 2010: Beschäftigungsverhältnisse. In: Projektgruppe GiB 2010, S. 141–189

Funken, Christiane 2011: Managerinnen 50plus – Karrierekorrekturen beruflich erfolgreicher Frauen in der Lebensmitte. Bundesministerium für Familie, Senioren, Frauen und Jugend. Internet: www.bmfsj.de [18.08.2011]

Gender-Datenreport 2005. Internet: www.bmfsfj.de [17.08.2011]

Günther, Tina 2010: Die demografische Entwicklung und ihre Konsequenzen für das Personalmanagement. In: Preißing 2010b, S. 1–40

Hoecker, Beate 2008: Frauen in der Politik: späte Erfolge, aber nicht am Ziel. In: APuZ (Aus Politik und Zeitgeschichte), H. 24–25, S. 10–18

Höyng, Stephan 2008: Männer – Vereinbarkeit von Berufs- und Privatleben. In: Krell 2008, S. 443–452

Holst, Elke unter Mitarbeit von Busch, Anne/Fietze, Simon/Schäfer, Andrea/Schmidt, Tanja/Tobsch, Verena/Tucci, Ingrid 2009: Führungskräfte-Monitor 2001–2006. Forschungsreihe des Bundesministeriums für Familie, Senioren, Frauen und Jugend, Band 7. Baden-Baden

Jüngling, Christiane/Rastetter, Daniela 2009: Machtpolitik oder Männerbund? Widerstände in Organisationen gegenüber Frauen in Führungspositionen. In: Fröse/Szebel-Habig 2009, S. 131–146

Jüngling, Christiane/Rastetter, Daniela 2011: Die Implementierung von Gleichstellungsmaßnahmen: Optionen, Widerstände und Erfolgsstrategien. In: Krell et al. 2011, S. 25–40

Jürgens, Kerstin 2005: Die neue Unvereinbarkeit? Familienleben und flexibilisierte Arbeitszeiten. In: Seifert 2005, S. 169–190

Jurczyk, Karin 2005: Work-Life-Balance und geschlechtergerechte Arbeitsteilung. Alte Fragen neu gestellt. In: Seifert 2005, S. 102–123

Kahlert, Heike 2006: Der demographische Wandel im Blick der Frauen- und Geschlechterforschung. In: Berger/Kahlert 2006, S. 295–309

Klenner, Christina/Krell, Gertraude/Maschke, Manuela 2010: Einleitung: Geschlechterungleichheiten im Betrieb. In: Projektgruppe GiB 2010, S. 9–19

Koch, Angelika 2007: Teilzeit in Führungspositionen für Beschäftigte mit Kindern. In: APuZ (Aus Politik und Zeitgeschichte), H. 7, S. 21–26

Kohaut, Susanne/Möller, Iris 2010: Frauen kommen auf den Chefetagen nicht voran. IAB-Kurzbericht 6

Kortendiek, Beate 2010: Familie: Mutterschaft und Vaterschaft zwischen Traditionalisierung und Modernisierung. In: Becker/Kortendiek 2010, S. 442–453

Krell, Gertraude (Hg.) 2004: Chancengleichheit durch Personalpolitik. Gleichstellung von Männern und Frauen in Unternehmen und Verwaltungen (4. Auflage). Wiesbaden

Krell, Gertraude (Hg.) 2008: Chancengleichheit durch Personalpolitik. Gleichstellung von Männern und Frauen in Unternehmen und Verwaltungen (5. Auflage). Wiesbaden

Krell, Gertraude 2010: Führungspositionen. In: Projektgruppe GiB 2010, S. 423–484

Krell, Gertraude/Ortlieb, Renate/Sieben, Barbara (Hg.) 2011: Chancengleichheit durch Personalpolitik. Gleichstellung von Männern und Frauen in Unternehmen und Verwaltungen (6. Auflage). Wiesbaden

Küpper, Willi 2004: Mikropolitik. In: Schreyögg, Georg/Werder, Axel von (Hg.): Handwörterbuch Unternehmensführung und Organisation (4. Auflage). Stuttgart, Sp. 861–870

Küpper, Willi/Ortmann, Günther (Hg.) 1992: Mikropolitik: Rationalität, Macht und Spiele in Organisationen (2. durchgesehene Auflage). Opladen

Ladwig, Désirée H./Domsch, Michel E. 2009: Zuwachs an weiblicher Positionsmacht durch Qualitäts- und Prozessmanagement In: Fröse/Szebel-Habig 2009, S. 85–100

Lenz, Ilse 2010: Intersektionalität: Zum Wechselverhältnis von Geschlecht und sozialer Ungleichheit. In: Becker/Kortendiek 2010, S. 158–165

Losert, Annett 2011: Forschungsskizze: Der Betriebsrat als Akteur im Diversity Management. In: Krell et al. 2011, S. 225–230

Maschke, Manuela unter Mitarbeit von Wiechmann, Elke 2010: Instrumente und Akteure betrieblicher Gleichstellungsförderung. In: Projektgruppe GiB 2010, S. 485–550

Matthies, Hildegard 2007: Männerkultur bremst weibliche Karrieren. In: APuZ (Aus Politik und Zeitgeschichte), H. 7, S. 32–38

Mayer, Tilman 2011: Demografiepolitik – gestalten oder verwalten? In: APuZ (Aus Politik und Zeitgeschichte), H. 10–11, S. 11–18

McKinsey & Company 2008: Deutschland 2020. Zukunftsperspektiven für die deutsche Wirtschaft. Zusammenfassung der Studienergebnisse. Frankfurt/M.

McKinsey & Company 2010: Women matter 2010. Women at the top of corporations: Making it happen. Internet: www.mckinsey.de [24.05.2011]

McKinsey Deutschland 2011: Wettbewerbsfaktor Fachkräfte. Strategien für Deutschlands Unternehmen. Internet: www.mckinsey.de [24.05.2011]

Meuser, Michael 2010: Junge Männer: Aneignung und Reproduktion von Männlichkeit. In: Becker/Kortendiek 2010, S. 428–435

Neuberger, Oswald 1995: Mikropolitik: Der alltägliche Aufbau und Einsatz von Macht in Organisationen. Stuttgart

Nienhüser, Werner 1998: Ursachen und Wirkungen betrieblicher Personalstrukturen. Stuttgart

Peinelt-Jordan, Klaus 2004: Elternzeit auch für Männer? In: Krell 2004, S. 297–305

Preißing, Dagmar 2010a: Kompetenzentwicklung im demografischen Wandel. In: Preißing 2010b, S. 141–193

Preißing, Dagmar (Hg.) 2010b: Erfolgreiches Personalmanagement im demografischen Wandel. München

Projektgruppe GiB 2010: Geschlechterungleichheiten im Betrieb, Arbeit, Entlohnung und Gleichstellung in der Privatwirtschaft. Berlin

Rastetter, Daniela 2009: Macht und Mikropolitik. Frauen müssen taktischer werden. In: Positionen. Beiträge zur Beratung in der Arbeitswelt, Heft 2, S. 1–8

Rastetter, Daniela/Raasch, Sibylle 2009: Das allgemeine Gleichbehandlungsgesetz (AGG) als Sparversion. Ergebnisse einer Unternehmensbefragung. In: Arbeit. Zeitschrift für Arbeitsforschung, Arbeitsgestaltung und Arbeitspolitik, Jg. 18, H. 3, S. 186–199

Regenhard, Ulla 1997: Dezentralisierung als Schritt zum Abbau der Geschlechterhierarchie? Anmerkungen zur Enthierarchisierung der Geschlechterdifferenz bei betrieblicher Restrukturierung. In: WSI-Mitteilungen, H. 1, S. 38–50

Regenhard, Ulla 2007: Gender im Abseits des demografischen Wandels. Zur wissenschaftlichen und medialen Debatte. Vortrag zur Fachtagung „Demografischer Wandel und Gender – ein blinder Fleck?" der Überparteilichen Fraueninitiative Berlin am 29.08.2007 im Abgeordnetenhaus von Berlin. Redemanuskript. Internet: http://www. cocotrain.de/vortraege.html [23.03.2011]

Reichel, Karin 2010: Reorganisation als politische Arena. Eine Fallstudie an der Schnittstelle zwischen öffentlichem und privatwirtschaftlichem Sektor. Wiesbaden

Riegraf, Birgit 1996: Geschlecht und Mikropolitik. Das Beispiel betrieblicher Gleichstellung. Opladen

Scheele, Alexandra 2006: Feminisierung der Arbeit im demographischen Wandel? In: Berger/Kahlert 2006, S. 267–292

Schilling, Axel 2009: „Gute Praxis" eines altersgerechten Personalmanagements. In: Zölch et al. 2009, S. 244–257

Schmitt, Christian 2007: Familiengründung und Erwerbstätigkeit im Lebenslauf. In: APuZ (Aus Politik und Zeitgeschichte), H. 7, S. 3–8

Schneider, Norbert F./Dorbritz, Jürgen 2011: Wo bleiben die Kinder? Der niedrigen Geburtenrate auf der Spur. In: APuZ (Aus Politik und Zeitgeschichte), H. 10–11, S. 26–34

Schrep, Bruno 2008: Hoffnung trotz Jugendwahn. In: APuZ (Aus Politik und Zeitgeschichte), H. 18–19, S. 3–6

Schwentker, Björn/Vaupel, James W. 2011: Eine neue Kultur des Wandels. In: APuZ (Aus Politik und Zeitgeschichte), H. 10–11, S. 3–10

Seifert, Hartmut (Hg.) 2005: Flexible Zeiten in der Arbeitswelt. Frankfurt/M.

Sieben, Barbara/Schimmelpfennig, Oliver 2011: Forschungsskizze: Gleichstellungspolitik nach dem AGG. In: Krell et al. 2011, S. 59–64

Spieker, Manfred 2007: Mehr Kinder oder mehr Erwerbstätige? In: APuZ (Aus Politik und Zeitgeschichte), H. 7, S. 8–14

Sporket, Mirko 2008: Age-Management – betriebliche Motive und Umsetzungsstrategien. In: Deller et al. 2008, S. 20–23

Statistische Ämter des Bundes und der Länder 2011: Demografischer Wandel in Deutschland. Heft 1: Bevölkerungs- und Haushaltsentwicklung im Bund und in den Ländern. Internet: www.destatis.de/jetspeed/portal/cms/Sites/destatis/Internet/DE/Content/Publikationen/ Fachveroeffentlichungen/Bevoelkerung/VorausberechnungBevoelkerung/Bevoelkerungs Haushaltsentwicklung5871101119004,property=file.pdf [09.08.2011]

Statistisches Bundesamt 2009: Mikrozensus 2008: Neue Daten zur Kinderlosigkeit in Deutschland. Internet: www.destatis.de [09.08.2011]

Statistisches Bundesamt 2010: Qualität der Arbeit. Geld verdienen und was sonst noch zählt. Wiesbaden

Stiegler, Barbara 1993: In Zukunft wieder Reservearmee? Frauen und demografischer Wandel. Forschungsinstitut der Friedrich-Ebert-Stiftung. Bonn. Internet: http://library.fes.de/ pdf-files/asfo/asfo-08.pdf [24.08.2011]

Szebel-Habig, Astrid 2009: Mixed Leadership: eine Nutzen-Kosten-Betrachtung. In: Fröse/ Szebel-Habig 2009, S. 59–84

Tagesspiegel Berlin vom 20.05.2011: „Ein Viertel der Väter geht in Elternzeit"

Ueberle, Max 2010: Betriebliches Gesundheitsmanagement im demografischen Wandel. In: Preißing 2010b, S. 279–310

Vahs, Dietmar/Leiser, Wolf 2004: Change Management in schwierigen Zeiten. Wiesbaden

Vedder, Günther/Vedder, Margit 2004: Wenn Managerinnen und Manager ihre Arbeitszeit reduzieren (wollen). In: Krell 2004, S. 277–292

Walther, Kathrin/Schaeffer-Hegel, Barbara 2007: Karriere mit Kindern?! In: APuZ (Aus Politik und Zeitgeschichte), H. 7, S. 15–20

Wanger, Susanne 2011: Ungenutzte Potenziale in der Teilzeit. Viele Frauen würden gerne länger arbeiten. IAB-Kurzbericht Nr. 9. Internet: www.iab.de [10.08.2011]

Wedgwood, Nikki/Connell, R.W. 2010: Männlichkeitsforschung: Männer und Männlichkeiten im internationalen Forschungskontext. In: Becker/Kortendiek 2010, S. 116–125

Wiechmann, Elke 2006: Gleichstellungspolitik als Machtspiel. Eine mikropolitische Analyse der Gleichstellungspolitik in kommunalen Reorganisationsprozessen. Freiburg

Wilz, Sylvia M. 2010: Organisation: Die Debatte um „Gendered Organizations". In: Becker/ Kortendiek 2010, S. 513–519

Wippermann, Carsten 2010: Frauen in Führungspositionen. Barrieren und Brücken. Bundesministerium für Familie, Senioren, Frauen und Jugend. Berlin

Zölch, Martina/Mücke, Anja/Graf, Anita/Schilling, Axel 2009: Fit für den demografischen Wandel? Ergebnisse, Instrumente, Ansätze guter Praxis. Bern u.a.O.

Verzeichnis der AutorInnen

Bührmann, Andrea D., Prof. Dr.; Professorin am Institut für Soziologie an der Universität Göttingen; Arbeitsschwerpunkte: Arbeits- und Wirtschaftssoziologie, Geschlechter- bzw. Diversityforschung, Methoden der empirischen Forschung, Theorien der Praktiken und Praxis; andrea.buehrmann@uni-goettingen.de

Busch, Anne, Dipl.-Soz.; Wissenschaftliche Mitarbeiterin an der Universität Bielefeld im SFB 882, Teilprojekt „Geschlechtsspezifische Chancendisparitäten im Erwerbsverlauf", Promotionsstudentin an der Berlin Graduate School of Social Sciences (BGSS)/European PhD in Socio-Economic and Statistical Studies; Arbeitsschwerpunkte: Berufs- und Geschlechtersoziologie, Lebenslaufforschung, quantitative Methoden; anne-busch@sowi.hu-berlin.de

Cornils, Doris, Diplom-Sozialökonomin; Wissenschaftliche Mitarbeiterin im BMBF-Forschungsprojekt „Mikropolitik und Aufstiegskompetenz von Frauen" an der Fakultät Wirtschafts- und Sozialwissenschaften der Universität Hamburg; Arbeitsschwerpunkte: Soziologie der Geschlechterverhältnisse, Entgrenzung und Subjektivierung, Mikropolitik in Organisationen; Doris.Cornils@wiso.uni-hamburg.de

Hansen, Katrin, Prof. Dr.; Professorin für Betriebswirtschaftslehre, inbes. Management und Personalentwicklung unter besonderer Berücksichtigung frauenspezifischer Aspekte, an der Westfälischen Hochschule, Vize-Präsidentin für Planung, Finanzen und Internationales; Arbeitsschwerpunkte: Managing Diversity, Women on Boards, Frauen in Führungspositionen, Interkulturelle Zusammenarbeit; katrin.hansen@fh-gelsenkirchen.de

Heidenreich, Vibeke, Sociologist and historian; Research fellow (ph.d. student) at Institute for Social Research (ISF), Oslo; Key activities: research on boards, women and management, gender quotas; vhe@socialresearch.no

Hermann, Anett, Dr.; Lektorin am Arbeitsbereich Gender und Diversitätsmanagement, WU Wien; Arbeitsschwerpunkte: Gruppen- und Teamforschung, Karriereforschung jeweils unter dem Fokus von Gender und Diversität, Mikrokredite und Empowerment von Frauen; anett.hermann@wu.ac.at

Holst, Elke, PD Dr.; Forschungsdirektorin Gender Studies am DIW Berlin und Senior Economist in der Abteilung SOEP; Arbeitsschwerpunkte: Labor und Gender Economics, insbesondere Gender Gaps in Führungspositionen, Verdiensten und der Arbeitszeit; eholst@diw.de

Krell, Gertraude, Prof. Dr.; Pensionierte Professorin für Betriebswirtschaftslehre mit dem Schwerpunkt Personalpolitik, Freie Universität Berlin; Arbeitsschwerpunkte: Chancengleichheit durch Personalpolitik (insbesondere mit Blick auf Führungspositionen und Entgelt), Verständnis und Verhältnis von Gender und Diversity, Diskursive Fabrikationen (bspw. auch von Ökonomie, Personal(lehren) und Emotionen, insbes. Leidenschaften) sowie deren Machtwirkungen; gertraude.krell@fu-berlin.de

Messerschmidt, Heidrun, Dipl.-Soz.wiss.; Wissenschaftliche Mitarbeiterin in der Qualifizierungsstelle Gender an der HTW Berlin, Leiterin der *efas*-Geschäftsstelle; Arbeitsschwerpunkte: Gender- und Diversityaspekte in Theorie und Praxis, insb. Gender in der Lehre, Pro-

Verzeichnis der AutorInnen

jekte zu Gender Mainstreaming an Hochschulen, Arbeits- und Organisations-/Innovationsforschung, soziale Ungleichheitsforschung; Heidrun.Messerschmidt@HTW-Berlin.de

Oehmichen, Jana, Dr.; Akademische Rätin/Habilitandin an der Professur für Management und Controlling, Georg-August Universität Göttingen; Arbeitsschwerpunkte: Corporate-Governance-Strukturen (speziell Aufsichtsrats- und Eigentümerstrukturen), Strategische Neuausrichtung von Unternehmen (speziell Internationalisierungsentscheidungen), Diversität in Führungspositionen; jana.oehmichen@wiwi.uni-goettingen.de

Rastetter, Daniela, Prof. Dr.; Professorin für Personal, Organisation und Gender Studies an der Fakultät Wirtschafts- und Sozialwissenschaften der Universität Hamburg; Arbeitsschwerpunkte: Frauen in Führungspositionen, Emotionsarbeit im Dienstleistungsbereich, Mikropolitik, Geschlechterverhältnisse in Organisationen, Personalauswahl; Daniela.Rastetter@wiso.uni-hamburg.de

Reichel, Karin, Dr.; Freie Wissenschaftlerin und Beraterin, Geschäftsführerin der Werkstatt für Organisations- und Personalforschung e.V.; Arbeitsschwerpunkte: Betriebliches Demographiemanagement, Personal-/Team- und Organisationsentwicklung, Mikropolitik in Organisationen, Soziale und kommunikative Schlüsselkompetenzen; kontakt@dr-karin-reichel.de

Ruppert, Andrea, Prof. Dr. jur.; Professorin am Fachbereich Wirtschaft und Recht der Fachhochschule Frankfurt am Main; Arbeitsschwerpunkte: Handels- und Gesellschaftsrecht, Verhandeln und Gestalten von Verträgen; ruppert@fb3.fh-frankfurt.de

Strunk, Guido, Dipl.-Psych. Dr. Dr.; complexity-research.com Wien und TU Dortmund; Arbeitsschwerpunkte: Karriere-, Bildungs-, Psychotherapie- und Chaosforschung; guido.strunk@complexity-research.com

Ulbricht, Susan, Dipl.-Soz.; Wissenschaftliche Mitarbeiterin im BMBF-Projekt „Der Erfolg selbstständiger Frauen – Gründungsverläufe zwischen Familie und Ökonomie" an der Hochschule für Wirtschaft und Recht (HWR) Berlin; Arbeitsschwerpunkte: Selbstständige Frauen, Gründungsforschung, Arbeitsmarkt und Geschlecht; susan.ulbricht@hwr-berlin.de

Voigt, Martina, Prof. Dr.; Professorin am Fachbereich Wirtschaft und Recht der Fachhochschule Frankfurt am Main; Arbeitsschwerpunkte: Soziale und kommunikative Schlüsselkompetenzen, Management Skills; sokosch@fb3.fh-frankfurt.de

Ebenfalls bei edition sigma – eine Auswahl

Silke Bothfeld, U. Klammer, Chr. Klenner, S. Leiber, A. Thiel, A. Ziegler
WSI-FrauenDatenReport 2005
Handbuch zur wirtschaftlichen und sozialen Situation von Frauen
Forschung aus der Hans-Böckler-Stiftung, Bd. 66
2005　　　　510 S. u. CD-ROM　　ISBN 978-3-89404-997-3　　　　€ 29,90

Andrea-Hilla Carl, Friederike Maier, Dorothea Schmidt
Auf halbem Weg
Die Studien- und Arbeitsmarktsituation von Ökonominnen im Wandel
fhw forschung, Bd. 48/49
2008　　　　189 S.　　　　ISBN 978-3-89404-794-8　　　　€ 15,90

Andrea Jochmann-Döll, Edeltraud Ranftl
Impulse für die Entgeltgleichheit
Die ERA und ihre betriebliche Umsetzung auf dem gleichstellungspolitischen Prüfstand
Forschung aus der Hans-Böckler-Stiftung, Bd. 120
2010　　　　204 S.　　　　ISBN 978-3-8360-8720-9　　　　€ 14,90

Detlev Lück
Der zögernde Abschied vom Patriarchat
Der Wandel von Geschlechterrollen im internationalen Vergleich
2009　　　　360 S.　　　　ISBN 978-3-89404-567-8　　　　€ 29,90

Friederike Maier, Angela Fiedler (Hg.)
Verfestigte Schieflagen
Ökonomische Analysen zum Geschlechterverhältnis
2008　　　　259 S.　　　　ISBN 978-3-89404-558-6　　　　€ 19,90

Detlef Oesterreich, Eva Schulze
Frauen und Männer im Alter
Fakten und Empfehlungen zur Gleichstellung
2011　　　　99 S.　　　　ISBN 978-3-8360-1104-4　　　　€ 29,90

Projektgruppe GiB
Geschlechterungleichheiten im Betrieb
Arbeit, Entlohnung und Gleichstellung in der Privatwirtschaft
Forschung aus der Hans-Böckler-Stiftung, Bd. 110
2010　　　　563 S.　　　　ISBN 978-3-8360-8710-0　　　　€ 29,90

edition sigma
Leuschnerdamm 13
D-10099 Berlin
Tel. [030] 623 23 63
Fax [030] 623 93 93
verlag@edition-sigma.de

www.edition-sigma.de